KB235482

희망복지
포트폴리오

희망복지 포트폴리오

김용하

한국보건사회연구원장

서민과 중산층을 위한

Welfare Plan

이미지북

한국의 사회와 경제는 1997년의 금융위기 이후 큰 변화를 겪고 있다. 경제위기의 해법으로 채택된 구조 조정과 노동시장 유연화정책은 빠른 경제 회복에는 성공하였지만, 비정규직 및 영세자영자의 증가와 소득 분배의 악화를 가져왔다. 지난 10여 년 간 양극화 현상의 완화를 위한 다양한 정책이 시도되었으나 뚜렷한 성과를 얻지 못하고 있는 실정이다.

더욱이 심각한 것은 저출산 고령화 현상이다. 2010년 현재 출산율은 세계 최저 수준으로 하락하고 있고, 고령화율 역시 지금은 11% 내외지만 2018년에는 14%를 돌파하고, 2026년에는 20%를 넘어서게 되며, 2050년경에는 38% 수준에 접근하게 되어 일본과 함께 최고령 국가가 될 전망이다. 그 결과 잠재 경제성장률도 빠르게 둔화되어 현재의 4% 대에서 장기적으로는 2% 수준 내외로 떨어질 전망이다.

저출산 고령화 및 양극화 현상의 완화를 위해서는 추가적인 복지 재정 지출과 사회보험료의 인상이 필요하다. 하지만 2008년에 발생한 글로벌 경제위기 이후 조세부담률을 높이기는 어렵고, 최근 발생하고 있는 남유럽발 재정위기로 정부 재정 건전성의 중요성이 강조되고 있어서 국채 발행에 의한 재원 조달은 부정적이다.

한국의 사회복지 시스템은 외형적으로는 잘 정립되어 있으나 아직 완전히 정착되지는 못하고 있다. 무엇보다도 사회보험과 공공부조정책 사이에 광범위한 사각지대가 존재하고 있다. 보험료 납입을 전제로 하는 사회보험제도는 보험료 납입 능력이 없는 비정규직과 영세자영자에게 적절한 사회안전망을 제공하지 못하고 있으며, 공공부조의 엄격한 급여 조건으로 극히 제한적인 사람만이 도움을 받을 수 있을 뿐이다.

인류사회가 직면하고 있는 초고령화 사회는 과거나 현재에서나 아직 어느 나라도 경험하지 못한 새로운 도전이 될 수 있고, 한국의 사회와 경제는 그 최전선으로 나아가고 있다. 지속 가능한 경제 성장과 성숙한 사회의 완성을 위해서는 현재의 사회복지 시스템의 전면적인 개혁과 패러다임의 대전환이 필요하다. 효과적으로 작동되고 있지 않은 분배 시스템의 조정과 필요한 니즈에 부응하지 못하고 있는 사회안전망을 재구축하면서 안정적인 재원 조달 방안이 마련되어야 한다.

압축 성장 과정에서 만들어진 불신·불만·불안으로 요약되는 사회갈등은 비용 없이 저절로 해결되지 않는다는 사실을 국민 모두가 인식하고 대승적 차원에서 양보하고 함께 노력하는 것이 필요하다.

이 책은 지난 몇 해 동안 필자가 이와 같은 문제의식에서 신문 등에 기고한 글을 모은 것이다. 이 책이 한국사회가 직면하고 있는 수많은 문제 해결에 도움이 되는 작은 희망의 빛이 될 수 있기를 바라마지 않는다.

2010. 7

김 용 하

6

● ● ● **CHAPTER 3**
한국형 사회보장제도의 DNA를 찾아서

10

CHAPTER 1

사회 통합의 길과 일자리 창출

‘허쉬만 터널 효과’의 교훈

경제 나아질 때 서민 불만 더 커져, 성장 위한 투자로 복지정책 강화를

한국은행 발표에 따르면, 지난 1분기 경제성장률은 0.1%를 기록해 마이너스 성장에서 벗어났다. 실업률도 약간 감소했고, 산업 생산도 회복 기미를 보이고 있다. 수출과 내수 모두 여전히 부진한 상태라 본격적인 회복에는 좀 더 시간이 필요하겠지만, 경제가 안정을 되찾고 있다는 게 대체적인 시각인 것 같다.

그러나 가계의 소득 격차가 확대되고 있어 문제다. 소득 5분위 배율 (상위 20%의 소득을 하위 20%의 소득으로 나눈 것)은 지난 해 1분기 8.14배에서 올해 1분기 8.68배로 상승했다. 더욱이 중간 계층의 경우도 기업 및 공공 부문의 구조 조정이 본격화 될 예정이어서 미래에 대한 불안이 가중되고 있다.

메말라 있는 민생과 민심은 조그만 불씨에도 활활 타오르기 쉽고, 최근 일련의 사태를 통해 그 현상을 목격하고 있다.

우리는 이 시점에서 '허쉬만 터널 효과'를 상기할 필요가 있다. 터널 속에서 길이 모두 막혀 있을 때는 어느 차선에 있는 사람도 참고 있지만, 한 차선이 먼저 트이면서 여전히 정체 상태인 다른 차선에 있는 사람은 불만이 고조된다. 이때 교통경찰의 지도는 먹히지 않고 짜증과 불만과 혼란이 중첩된다는 것이다.

이를 경제로 비유하면 경제가 어려울 때는 모두 고통을 감내하지만, 경제 회복이 고소득층에 먼저 일어나면 참고 있던 저소득층의 불만이 폭발하게 되는 것이다.

2002년 대선에서 노무현 대통령을 선택한 것은 김대중 대통령이 잘해서라기보다는 양극화라는 병을 치료할 수 있는 사람이 필요했기 때문이다. 그러나 노 대통령은 양극화라는 병을 평등 혹은 균형의 이름 아래 아래층을 올리는 정책보다는 위층의 성장을 억제하는 쪽을 택했다. 이는 당연히 저성장으로 연결될 수밖에 없는 숙명적 한계를 가지고 있었다.

반면 저성장을 해결하라고 뽑았던 이명박 대통령은 예상치 않은 글로벌 경제 침체의 복병을 만나 국민 여망을 단기간에 부응할 수 없게 된 데다 경제 회복을 위한 친기업정책들이 오히려 격차 확대의 결과를 가져올 것이라는 걱정이 팽배해지면서 민심은 크게 흔들리고 있다.

최근의 민심 이반 현상은 민생 문제에 가깝고, 정부는 이에 대한 확실한 대책 제시가 필요한 시점이다. 그러나 우리나라의 경제 규모에선 정부가 할 수 있는 역할은 극히 제한적이다. 기업과 근로자 그리고 시장이 스스로 잘해야 된다. 정부가 해야 할 일은 투자 촉진을 위한 세제 개편과 규제 혁파 그리고 안정적 경제활동을 할 수 있도록 사회적 자본을 제고하는 것이다.

국민 소득 수준이 높아지고 경제가 고도화 할수록 물적 자본과 인적 자본보다 사회적 자본의 중요성이 높아지게 된다. 사회적 자본은 신뢰를 기반으로 노사 간·계층 간·지역 간 갈등을 완화하고 사회를 통합시킴으로써 강화된다.

지금과 같은 경제위기 하에서 국민의 고통 분담과 동참을 끌어내기 위해서는 위기 이후 대한민국이라는 공동체가 함께 잘 살 수 있다는 명확한 비전을 제시해야 한다. 위기 극복을 위한 경제정책은 격차 확대를 불가피하게 내포하고 있기 때문에 성장정책은 복지정책과 함께 가야 양극화 심화를 막을 수 있다.

사회적 자본의 관점에서 보면 복지정책은 단순히 취약 계층을 도와주는 것이 아니라 안정적이고 지속 가능한 성장 기반 조성을 위한 투자의 개념에 가깝다.

물적 자원이 부족하고 인적 자본뿐인 대부분의 서구 선진국이 돈 많이 들어가는 복지국가를 선택하게 된 것은 돈이 남아서가 아니다. 그렇게 하지 않으면 국가 자체를 유지할 수 없다는 사실을 역사적 경험으로 알고 있기 때문이다.

삭막한 무한 경쟁에 노출된 국민의 안식처인 복지가 있을 때 보다 따뜻하고 더욱 강한 자유 시장경제 체제가 될 수 있다. 이렇게 될 때 가진 사람과 그렇지 못한 사람이 서로 포용할 수 있게 된다.

[한국경제. 2009. 6. 15]

경제위기와 사회 통합

기축년 새해가 밝았다. 한 해의 시작이라는 개념은 인간이 만들어 낸 것일 뿐 어제와 오늘이 크게 달라질 것은 없다. 그런데도 사람들은 한 해를 보내면서 아쉬워하고 새해를 맞이하면서 희망을 갖는다. 밝고 희망찬 새해가 되기를 소망하기 때문이다.

'더불어 사는 길' 함께 찾아야

새해 전망은 결코 밝지 않다. 아니 오히려 어둡다는 것이 대체적인 분위기라 할 수 있다. 세계적 경제위기의 한파가 현실로 다가오고 있다. 그나마 원유 가격이 안정되고 있고, 환율과 주식시장이 안정될 기미를 보여 다행스럽게 생각되지만 동네 시장 분위기는 여전히 싸늘하게 얼어붙어 있다.

이번 경제위기의 끝이 어디인지는 잘 모르지만, 미국 유럽 등 선진국의 동향을 보아서 우리도 긴장하지 않을 수 없다.

1997년 금융위기와는 달리 이번 세계적 경제위기는 우리나라만 잘한다고 해결될 일은 아닌 것으로 보인다. 세계 각국이 협력하여 무너진 신뢰 기반과 금융 시스템을 다시 재구축하는 것이 필요하지만, 세계 경제 질서의 재편이 요구되기 때문에 생각보다 시간이 더 오래 걸릴 수 있다.

더욱이 우리 지구는 화석 연료 등 자원 고갈, 지구 온난화 등 기후 변화, 인구 고령화 등 지속 가능성과 관련된 난제도 맞물려 있어서 거대한 혁신을 새롭게 만들어야 하는 과제를 안고 있다.

이러한 큰 혁신은 단기간에 해결하기 쉽지 않기 때문에 난국을 극복하기 위해서는 작은 혁신, 작은 변화부터 이어나가야 한다. 또 혁신만으로는 부족하다. 사회가 위기를 공감하고 함께 나아가는 분위기가 조성되어야 한다. 아무리 어려운 위기도 국민이 똘똘 뭉쳐 하나가 되어 있을 때 극복 가능하다는 것은 역사가 우리에게 주는 교훈이다.

국민이 하나 되는 것은 저절로 이뤄지는 것이 아니다. 우리 사회는 이번 경제위기가 아니더라도 많은 사회적 갈등을 안고 있다. 계층 간·지역 간·세대 간 갈등이 오랫동안 증폭돼 왔다.

이러한 갈등은 경제위기 아래 한층 커질 수도 있고 획기적으로 감소될 수도 있다. 우리의 갈등이 분배 과정에서 발생한 것이 많기 때문에 나눌 것 자체가 줄어들면 더 많이 싸울 수도 있다.

여기서 깊이 인식하여야 할 것은 싸우면 싸울수록 나눌 것 자체가 감소된다는 점이다. 따라서 우리 모두가 공존 공영할 수 있는 합의점을 가능한 빨리 도출해야 한다. 국가 에너지를 하나로 집중할 수 있는 공감대가 확보되어야 한다. 이것이 바로 국민 통합의 과정이다.

정진석 추기경이 새해 벽두에 던진 화두 '오병이어(五餠二魚)', 즉

예수님이 주신 다섯 개의 빵과 두 마리의 물고기로 5000명이 나누어 먹었는데도 모두가 배부르고 행복했다는 말씀은 의미가 깊다. 불가능한 이야기일지 모르지만 나눔의 행복을 말한 것으로 생각된다.

행복은 나누면 나눌수록 더 커지고 고통은 나누면 나눌수록 더 작아진다는 평범한 진리를 다시 한 번 생각해야 할 시점이다. 가진 사람은 나누는 마음을, 못 가진 사람은 이해하는 마음을 가져야 한다. 서로가 서로를 위하고 사랑하는 과정에서 물질적으로 부족한 이 순간을 기쁨과 행복으로 채울 수 있을 것이다.

서로 따뜻하게 껴안는 마음

정부도 국민 통합을 위한 정책을 과감히 펼침으로써 국민이 하나 되는 분위기를 조성해나가야 한다. 위기 앞에서 여야가 싸울 것이 무엇이 있는지, 노사가 다툴 것이 어떤 것이 있는지, 지역 간에 갈등할 것이 어디에 있는지 국민은 이해하지 못하고 있다.

자기편만 더 단단하게 뭉치려는 전략은 갈등을 증폭시키고, 종국에는 국가를 파탄으로 이끄는 것임을 인식해야 한다. 적과 내 편을 구분하기 전에 그야말로 백척간두에 서 있는 우리의 현실에 대하여 공감하고 함께 나아갈 방향을 모색해야 할 시점이다.

참으로 추운 이 겨울, 따뜻한 햇볕으로 부족하다면 우리가 우리를 서로 꼭 안아주어야 하지 않겠는가. [한국일보, 2009. 1. 3]

민생 안정 없이 위기 극복 없다

글로벌 경제위기에 따른 국내 경기 침체로 고용과 소득이 감소되고 있다. 서민 취약 계층이 몰려 있는 임시 일용직 일자리가 크게 감소하고 있고, 영세자영자의 폐업이 빠르게 증가하고 있다. 중간층 가계도 주름살이 늘어나고 있는 실정이다.

이번 경제위기는 경기 순환 과정에서 나타나는 경기 후퇴나 10년 전 IMF 경제위기와는 다른 현상을 보이고 있기 때문에, 미래에 대한 불확실성으로 막연한 불안감이 확산되고 있다는 점도 문제다.

이에 따라 세계 각국 정부가 특단의 대책을 강구하고 있고, 우리 정부도 금융시장 안정화 대책을 비롯하여 경기를 진작시키기 위한 정책을 추진하고 있다.

최근 정부는 6조원이 넘는 규모의 민생안정긴급지원 대책을 발표했다. 기초생활보장 및 긴급 복지 수급자 확대에 4510억원, 한시적 생계구호에 5385억원, 희망 근로 프로젝트에 2조 6000억원, 자산담보부 생활지원제도에 1300억원 등이 주요 골자다.

이번 정부 대책은 기존의 사회안전망 내에서 늘어나는 빈곤자에 대한 생계비 지원 예산 확보 이외에도, 최저생계비 이하의 소득 상태임에도 부양 의무자 기준 때문에 제대로 보호받지 못했던 100만 명과 재산 기준을 초과한 182만 명 중 근로 무능력자에 대하여 생존에 필요한 최소한의 식품비에 해당하는 금액을 지급하는 한시적 생계 구호 대책을, 근로 능력이 있는 비수급 빈곤층에 대해서는 과거 공공 근로적 성격을 가진 일자리 대책을 세웠다. 실직 상태에 있지만 사회보험 혜택도 받기 어렵고, 재산 기준 등으로 생계 지원도 받기 어려운 계층을 위한 저리융자제도도 포함되어 있다.

이번 민생 안정 대책은 일단 6조원이라는 대규모 예산이 투입된다는 점에서도 파격적이기도 하지만, 기존의 대책들과 다르게 다양한 계층의 복지 욕구에 선제적으로 대응하고 있다는 점에서 '따뜻하고 촘촘한 복지'의 지향점을 보여주고 있다. 특히 시혜적 복지가 가져올 수 있는 문제점을 사전에 차단하면서 현금·현물·일자리 등이 균형 있게 배열된 것도 인상적이다.

그러나 이번에 발표된 대책이 빛을 보기 위해서는 국회라는 관문을 거쳐야 하겠지만, 보다 더 중요한 것은 이들 대책이 제대로 실행되게 하기 위한 면밀한 세부 계획이 수립되어야 한다는 점이다.

무엇보다도 기존의 제도 혹은 정책과 일관성을 유지해야 하고 중복성이 없어야 한다. 특히 쟁점이 될 수 있는 희망 근로 프로젝트의 경우 지급 방식에 있어서 현금과 소비 쿠폰을 절반씩 지급한다고 되어 있지만, 소비 쿠폰이 가진 장단점에 대해서 충분한 논의가 있어야 한다.

그리고 기존의 사회 서비스나 자활후견기관이 제공하는 일자리와의 차별화와 동시에 형평성 유지가 필요하다. 만들어진 일자리가 과거 공공 근로같이 비생산적이 되지 않도록 해야 하고, 이를 위해서는 적정한 사업비 예산이 부가되어야 한다. 아울러 좋은 일자리 프로그램이 만들어져야 하고, 이때 인적 자원의 역량 강화를 위한 교육과 훈련비용도 아끼지 말아야 한다.

또한 국민들이 우려하는 것은 이들 예산이 누수 없이 필요한 사람에게 온전히 전달되는 것이라는 점을 인식하고 관리 체계도 재정비해야 할 것이다.

경기가 예상보다 장기화 될 경우도 감안하여 각 대책의 완급을 조절할 수 있도록 유연성을 가져야 하고, 경제가 회복된 뒤에도 빈부 격차와 계층 간 갈등이 확대되지 않도록 하는 체계적 정책 수립이 필요하다.

미국의 루즈벨트 대통령은 한 연설에서, 대공황에 지친 미국 국민들에게 이렇게 용기를 불어넣었다.

"우리는 다음의 네 가지 기본적 자유 위에 세워진 세계를 갈망한다.
첫째는 세계 각지에서의 언론과 표현의 자유이다.
둘째는 세계 각지에서의 신앙의 자유이다.
셋째는 세계 각지에서의 결핍에서의 자유이다.
넷째는 세계 도처에서의 공포에서의 자유이다."

이번에 발표된 정부 대책이 이들 네 가지 자유 중 '결핍에서의 자유'와 '공포에서의 자유'를 향한 첫걸음이자 발화점이 되어야 할 것이다.

[동아일보, 2009. 3. 23]

손에 잡히는 **중산층** 복원 **대책**이 **시급**하다

금융시장이 안정 기미를 보이고 있지만 실물 부문은 아직 차갑기 그지없다. 경제위기에서 얼마나 빨리 탈출하느냐도 걱정이지만, 위기 이후에 우리 경제사회가 어떻게 될 것이냐도 문제다.

10년 전 외환위기가 중산층 붕괴와 그에 따른 양극화의 심화라는 상처를 남겼기 때문에, 이번 경제위기가 또 우리 사회에 어떤 부담을 줄지 걱정이다.

중산층은 사회 안정의 중심축이다. 그러나 그 중산층이 고용과 소득의 불안정, 교육비와 의료비 등 가계 지출 부담으로 흔들리고 있다. 이에 대한 획기적인 대책이 수립되지 않으면 중산층 붕괴의 가속화는 물론이고, 미래에 대한 불안과 두려움이 적극적인 소비와 투자를 위축시켜 경제위기 극복을 더디게 한다.

현 경제위기의 본질은 공급에 비해 수요가 턱없이 부족하다는 것이다. 소비와 투자의 중심인 중산층이 살아나야 이 불균형을 해소할 수 있다.

최근 정부는 이른바 휴먼뉴딜정책을 발표했다. 그 골자는 중산층의 탈락을 방지하고, 미래의 중산층 육성을 위해 국가가 적극적으로 나서겠다는 것이다.

이는 위기 극복을 위해서는 역량을 키울 수 있는 기회와 교육의 자유를 배려하는 것이 중요하다는 노벨경제학상 수상자 아마티아 센 교수의 주장과 맥을 같이 한다. 진정한 경제 회복은 기업과 가계가 주도할 수밖에 없다.

그러자면 우선 국가가 취약 계층과 중산층을 지지하는 역할을 수행해야 한다. 이를 위해서는 교육비와 의료비 등 가계 부담을 덜어주고 아동·청소년의 역량 강화를 위한 투자를 적극적으로 확대해야 한다.

휴먼 뉴딜은 사회간접자본 중심의 녹색뉴딜사업과 함께 경제위기 타개의 중심축이 될 수 있다. 그 동안 정부 대책이 지나치게 물적 자본 확충에 기울었다는 비판을 누그러뜨리는 효과도 기대된다.

그런데 국민들의 반응이 왠지 신통치 않아 보인다. 이는 휴먼 뉴딜이 아직은 구체적인 계획을 선보이지 않았기 때문으로 여겨진다. 이 정책이 빛을 보기 위해서는 세부적으로 실행 가능한 계획을 서둘러 만들어야 한다. 위기가 심화되고 있는 현 시점에서 국민의 손에 잡히는 대책을 곧바로 내놓지 않으면 사후약방문이 될 우려가 있다.

정책의 구체성 못지않게 중요한 것이 종합성이다. 범정부적인 종합대책을 마련하지 않으면 사업의 중복과 예산 누수, 대책의 사각지대가 발생할 소지가 크다.

대책 간의 우선순위를 정하는 일도 중요하다. 무엇보다 제도의 시행을 뒷받침할 수 있는 재원을 마련하는 일이 중요하다. 국가 재원은 한정되어 있고 쓸 곳은 많다. 이 때문에 재원 배분은 항상 고도의 정책적 판단이 필요하다.

휴먼 뉴딜이 위기 극복에 꼭 필요하다면 재원 배분에서도 특단의 배려가 필요하다. 배고픈 이에게 물고기를 직접 잡아주기보다는 물고기 잡는 방법을 가르쳐주는 것이 장기적으로 바람직하다는 데는 누구나 공감한다.

그러나 단기적으로 고기 잡는 법을 가르치는 초기에는 물고기도 줘야 하고 교육훈련비도 따로 대줘야 한다. 그냥 물고기만 주는 것보다 비용이 더 들 수 있다는 점을 염두에 두어야 한다는 것이다.

강한 나라를 만드는 데 경제력보다 중요한 것이 사회 통합력이다. 최근 월드베이스볼클래식(WBC)에서 우리 대표 팀의 선전을 통해 얻은 것은 뛰어난 야구 성적만이 아니라 온 국민이 하나 됨이었다. 우리는 여기서 사회 통합의 힘을 확인할 수 있었다.

그러나 진정한 사회 통합은 운동 경기뿐만 아니라 평소에도 국민이 하나가 되어 있음을 느끼는 것이다. 그러기 위해서는 위기 상황에서도 온 국민이 하나 됨을 믿을 수 있도록 견고한 사회보장 시스템을 갖춰야 한다.

위기가 끝나면 누구에게나 밝은 미래가 있다는 믿음이 있다면, 모든 국민이 현재의 고통을 감내하고 위기 극복에 기꺼이 동참할 것이다.

[중앙일보, 2009. 4. 3]

또 한 해가 저물어가고 있다. 연말이 되면 가장 먼저 떠오르는 모습은 구세군의 종소리와 많은 사람의 옷깃에 단 사랑의 열매를 꼽을 수 있을 것이다.

구세군의 종소리와 사랑의 열매는 보기만 해도 얼어붙어 있는 우리의 마음을 따뜻하게 해준다. 그래서 호주머니 속에 구깃구깃하게 접혀 있던 지폐나 짤랑거리던 동전들이 나를 떠나는 순간 발걸음은 더욱더 가벼워짐을 느끼게 된다.

그러나 경기 침체 여파로 후원·기부금품 감소 현상이 곳곳에서 나타나고 있어 문제다. 전국 푸드 뱅크의 경우, 2008년 10월의 기부 물품은 작년 같은 달 대비 11%가 줄었다고 한다. 더욱이 급식을 보조하는 자원봉사자도 줄어들어 인건비 추가 부담과 급식의 질 저하가 발생하고 있다.

보육원도 사정은 마찬가지다. 어떤 보육원에서는 후원금과 후원 물품이 부쩍 줄어들어 두 차례 주던 간식이 한 차례로 줄어드는 날이 늘어났으며, 한국어린이재단의 단체 후원금도 지난 해보다 13% 줄었다고 한다.

후원은 줄어들고 있지만 복지 수요는 오히려 늘어나고 있다. 인천 지역 노숙자 쉼터에서 무료 급식을 이용하는 사람들은 올해 813명으로, 지난 해의 560명에 비해 45.2% 늘어난 것으로 나타났다.

의정부시 아동일시보호소의 경우 지난 해 179명이었지만 올해는 이미 204명을 기록했다. 이런 현상은 복지시설 간에 다소 차이는 있겠지만 전반적으로 나타나고 있는 것으로 보인다.

겨울이 되면 후원과 기부의 감소와 복지 수요 사이의 불균형은 더욱 심화할 것으로 우려된다. 현재 복지시설 예산의 상당 부분은 정부 지원으로 운영되고 있지만, 후원사업 등을 통한 보충이 없으면 삭막한 운영이 불가피한 것이 현실이다.

경기 침체의 여파로 개인이나 기업 사정이 나빠지고 있다. 라면이나 김밥이 잘 팔리는 것은 이러한 현실을 반영하는 것이다. 자기 생계도 꾸리기 어려운 사람들에게 남의 사정을 좀 봐주라는 말을 꺼내기도 쉽지 않다.

이런 상황에서는 민간의 후원 증가만 기다리고 있을 것이 아니라 정부가 먼저 나서야 한다. 어려운 시기에는 그 동안 민간 후원에 의존해왔던 각종 복지사업의 부족분에 대하여 정부가 한시적으로 긴급 수혈하는 것이 필요하다.

민간단체에 대한 지원 확대는 민간 인프라를 활용해 경제위기로 생기는 취약 계층에 대해 가장 기초적인 긴급 지원을 하는 것을 의미한다.

기부는 말 그대로 자발적인 것이다. 그래서 강제로 어떻게 할 수 있는 것이 아니지만, 기부가 잘 일어날 수 있도록 환경을 만들어주는 것은 반드시 필요하다. 기부와 관련한 조세제도도 대폭 정비해서 기부가 자연적으로 일어날 수 있도록 해야 한다.

기부가 이웃사랑 마음에만 기댄다면 기부행위는 한 번으로 곧 시들어버리기 쉽다. 기부가 기업이나 개인에게 도움이 되도록 만들어야 하는 것이다.

또한 기부가 일시적으로 끝나지 않고 지속적으로 이루어질 수 있도록 하는 다양한 아이디어가 나와야 한다. 기부자가 자신의 기부가 어떻게 사용되는지 알 수 있도록 하는 것도 기부를 촉진할 수 있는 방안이 될 것이다.

돈뿐만 아니라 자원봉사활동을 하고 싶어도 어떻게 해야 하는지 모르는 사람도 많다. 모금에서부터 전달에 이르기까지 기부를 저해하는 요소가 없는지 꼼꼼히 챙겨보아야 한다.

"나눔에는 위안과 기쁨과 고마움이 따른다. 나눌 때 내 몫이 줄어드는가? 물론 아니다. 뿌듯하고 흐뭇한 그 마음이 복과 덕을 쌓는다. 당신에게 건강과 재능이 남아 있는 동안 그걸 이웃과 함께 나눌 수 있어야 그 뜻이 우주에 도달한다"는 법정 스님의 말이 생각나게 하는 따뜻한 겨울이 우리 옆에 와 있다. [한겨레, 2008. 12. 5]

양극화 현상, 대안은 없는가?

양극화 현상의 심화가 계속되고 있다. 최근 한 연구에 따르면, 2008년 빈곤층 비율은 14.3%로 2007년의 14.4%보다는 낮지만 빈곤층 비율이 가장 낮았던 1990년의 7.6%에 비하여 거의 두 배로 늘어났다.

반면에 중산층 비율은 1990년 74.2%에서 2008년에는 63.3%로 대폭 감소하였다. 한 마디로 빈곤층은 늘고 중산층은 감소하는 양극화 현상이 급속히 진행되고 있는 것이다.

축구에서 미드필드가 약하면 경기 운영이 잘 안 되듯이, 국가에서도 허리 부분이 취약하고서는 안정적인 국정 운영이 되기 어렵다.

양극화 문제는 생산·교육·고용·주거·소비 등 모든 부문에 걸쳐서 일어나는 전방위성을 지니고 있다. 이는 우리나라뿐 아니라 동남아·아시아·아프리카 심지어 미국이나 유럽 할 것 없이 전 세계적으로 진행되고 있다.

양극화의 주범은 세계화에 있다는 것은 누구나 지적할 수는 있지만, 세계화의 대안을 제시하라고 하면 명쾌한 답을 듣기 힘든 것이 현실이다.

참여정부는 양극화 해소를 위하여 다양한 처방을 사용했지만 정권 내내 악화되기만 하였다. 빈곤율도 2002년 10.9%에서 2007년에는 14.4%로 악화되었다. 복지 지출은 늘어났지만 지니계수는 오히려 더 악화되었고, 부동산에 대한 극약 처방을 내렸지만 집값·땅값은 천정부지로 올랐다. 성장이 해법이라고 주장하는 사람도 있지만, 그것은 고도 성장기에서나 가능한 것이지 저성장기로 접어들고 있는 현시점에서는 한계가 있다.

노동집약적 60~70년대의 고도성장 시대에는 임금 증가가 분배 상태를 개선시켰고, 자본집약적 80~90년대에는 노동권 강화로 분배 상태가 나아졌다. 그러나 1997년 금융위기 이후 세계화 시대에는 경쟁력 있는 수출 기업과 내수 기업, 대기업과 중소기업 사이에서 생산과 고용 단계에서부터 양극화가 심화되고 있다.

이러한 난국의 대안으로서 유럽의 빈국에 속했던 아일랜드의 성장 모형이 강조되기도 한다. 아일랜드는 1987년 이후 노사 간의 사회적 협약을 통하여 정부 지출을 줄이고, 규제 완화와 시장 개방을 통하여 외자 유치에 성공해 고성장과 저실업을 달성했다는 점에서 평가받고 있다. 아일랜드 모형은 당연히 복지 축소 개념을 내포하고 있지만, 아일랜드도 기본적으로 복지 인프라를 갖추고 있는 국가인 것을 간과하는 경우가 많다.

한편 양극화의 대안으로서 사회 투자 국가 모형이 제시되고 있다. '제3의 길' 주창자 앤서니 기든스가 언급한 사회 투자 국가는 경제가 잘 작동하려면 교육·직업 훈련·주거·의료 등 사회 인프라가 중요하다는 것이다. 특히 보육 등 사회 서비스에 대한 공공 투자를 늘려서 단기적으로는 여성 노동력 확보, 중장기적으로는 인적 자본 유지 및 빈곤 예방 효과를 거둘 수 있다는 측면에서 복지의 투자적 기능을 강조하고 있다.

근로 연계 복지 등을 내용으로 하고 있다는 점에서 전통적 복지국가와 구분되고, 경제 성장과 사회정책을 상호 보완적인 관계로 인식한다는 점에서 신자유주의 노선과 구분된다고 주장한다.

그러나 사회 투자 국가 개념은 DJ정부의 생산적 복지, 현 정부의 참여 복지와 근본적으로 다르지 않다. 근로 연계 복지를 강조한 것이 생산적 복지요, 성장과 복지의 선순환을 강조한 것이 참여 복지이기 때문이다. 그렇지만 복지 인프라에 대한 근본적인 강화 없이 단순한 사회 서비스를 증가시킨다고 해서 양극화가 근원적으로 해소되기는 어렵다.

양극화의 해법이 단순한 복지 지출의 확대가 아니라는 점은 이미 실증되고 있다. 국가 시스템의 총체적인 개혁이 이루어져야 한다. 과거 급속한 성장 과정에서 뒤틀어져 있는 국가 시스템을 효율적으로 바로 잡아야 한다.

성장 잠재력을 억누르고 있는 다양한 경제 규제뿐 아니라 보육·교육·보건·환경 등 각종 사회제도와 나아가서는 정치 및 행정제도를 유연하고 생산적인 구조로 바꾸어야 한다.

이러한 개혁을 위해서는 사회를 하나로 통합하는 사회복지 시스템이 먼저 완성되어야 한다. 부자와 가난한 자가 서로를 이해하고 돕는 신뢰 관계 구축을 통하여 경제사회 개혁의 공감대를 확보해야 한다. 지금 성장과 복지가 균형을 이루는 새로운 한국적 발전 모형이 구상되어야 할 시점이다. [복지타임즈, 2009. 7. 20]

중도실용정책의 요체는 양극화 완화

이명박 대통령이 중도실용친서민정책을 표방하고 특유의 빠른 행보를 이어나가고 있다. 양 극단의 비난에도 불구하고 일반 국민의 호응을 얻고 있는 것으로 판단되지만 문제는 구체적인 내용이다.

최근 발표된 한 연구 자료에 따르면, 우리나라의 상대빈곤율이 계속 증가하고 있다. 1989년 8.6%였던 것이 2008년에는 14.3%로 증가한 것이다. 이에 따라 중산층 비율은 1992년 75.2%에서 2008년에는 63.3%로 감소되었다. 빈곤층과 상류층은 늘어나고 중산층이 줄어드는 전형적인 양극화 현상이 심화되고 있는 것이다.

우리나라 소득 양극화의 가장 큰 요인은, 정규직과 비정규직 간으로 양분되어 있는 노동시장의 양극화에 있다고 본다. 정규직은 고용 안정과 고임금을 모두 가지고 있는 반면, 비정규직은 고용 불안과 저임금 상태에 있다. 여기에 비정규직도 되지 못하는 영세자영자가 또한 다수 존재하고 있다.

더욱 문제가 되는 것은 각종 사회적 위험에 대처하기 위하여 만들어진 사회안전망조차도 정규직 위주로 만들어져 있어 비정규직과 자영자의 상당수는 사각지대에 존재하고 있다는 사실이다.

따라서 노동시장의 양극화 문제를 해소하지 않고는 소득의 양극화 문제를 근본적으로 풀기 어려운 것이 현실이다. 그렇지만 자유 시장경제 하에서 노동시장은 정부가 개입할 여지가 거의 없고 개입하는 것도 바람직하지 않다.

높은 경제성장률만이 해법이라는 주장도 설득력이 있지만, 최근 우리나라의 잠재성장률이 3%대로 하락했다는 연구로 볼 때 단기간에 성장률을 고도 성장기와 같이 높이는 것은 난망하다. 더욱이 지금은 글로벌 경제 침체기에 빠져 있다.

경제 활성화를 위한 백방의 노력이 주효하여 다른 국가보다는 빠르게 회복되고는 있지만, 미국을 비롯한 선진 각국의 경제가 회복되어야 우리 경제도 정상화 될 수 있기 때문에 한계가 있다.

한편 일자리 만들기 정책도 쉽지만은 않다. 제조업의 고용유발효과가 떨어지고 있는 상황에서 70~80년대와 같이 경제가 성장하는 만큼 고용이 비례하여 늘지는 않는다.

서비스산업 진흥을 통하여 고용을 증대시키는 것도 지식집약적이고, 부가가치가 높은 서비스 부문의 일자리 자체가 극히 제한적일 수밖에 없다. 도·소매, 이·미용, 택배 등 영세 서비스 부문은 열악할 뿐만 아니라 이미 공급 과잉이다. 정부가 예산을 지출하여 만드는 일자리는 단기적인 효과가 있을 뿐이지 근원적 처방은 안 된다.

우리나라의 수출 기업과 대기업은 국제 경쟁력을 갖추고 있고 국부 창출의 원천이다. 경제가 회복된다는 것은 이들 주력 기업들의 생산과 매출의 증대를 의미한다.

이들 주력 기업이 국내와 국외에서 벌어들인 소득이 국내의 내수를 주로 담당하는 중소기업이나 영세 상공인에게 자연스럽게 환류하여야 국민 전체가 고르게 발전하겠지만, 이 흐름이 원만하지 않다는 것은 이미 잘 알려진 사실이다.

가치를 창출하는 대기업이 자연스럽게 중소기업과 영세 상공인을 견인하는 구조로 가야 하지만, 글로벌 분업 체계 하에서 이것도 쉽지 않다. 더욱이 이러한 산업 구조가 정규직과 비정규직 간의 격차를 발생시키는 주요 원인이라고 볼 때 시장 메커니즘만으로는 양극화 문제를 해소할 수 없다.

따라서 양극화의 완화를 위해서는 국가가 소득 재분배에 적극적으로 개입하는 것이 불가피하다. 무엇보다도 소득 재분배 효과가 매우 미약한 조세 시스템부터 다시 살펴보아야 한다.

족보를 알 수 없는 종부세와 같은 세금의 정비는 불가피했다고 하더라도, 건국 이후 부분적인 손질만 거듭해오는 과정에 복잡하게 뒤엉겨져 있는 조세 체계를 전면적으로 개혁하여 조세의 형평성과 효율성을 제고하는 것이 필요하다.

또한 사회보험료를 잘 납부할 수 있는 정규직 중심으로 만들어진 경제 개발 단계의 사회보장 시스템도 복지가 필요한 서민 중심으로 재편되어야 한다. 사회적 위험이 높은 계층을 중심으로 두텁게 보호하는 복지제도로 바뀌어야 한다.

이러한 환류 시스템의 재구축이 성공해야 양극화 현상의 완화와 사회 통합의 강화가 이루질 수 있고, 이는 중도실용친서민정책의 요체가 될 것이다. [문화일보, 2009. 7. 20]

사회 통합 위해 사회보장의 사각지대 해소해야

세계적인 경제 침체에 대한 각국의 대응이 심상치 않다. 미국은 1930년대 대공황에 버금가는 수준의 경기진작책을 내놓고 있고, 중국도 사상 최대 규모의 사회간접자본(SOC) 투자 계획을 내놓고 있다.

이번 세계 경제위기는 책임 공방이 필요 없는 구조적인 문제라는 시각이 우세하기 때문에 대부분의 국가에서 범국가적인 대응이 이루어지고 있다.

반면에 우리나라에서만 근거 없는 비판과 공격이 난무하는 까닭은 무엇일까? 한 마디로 모래알처럼 흩어져 있는 민심이 근본적 원인이라 할 수 있을 것이다.

우리나라는 해방 이후 절대 빈곤의 상태에서 괄목할만한 경제 성장과 민주화를 동시에 달성한 모범적인 자유민주국가로 인정받고 있다. 하지만 압축 성장 과정에서 사회 분열과 갈등의 앙금이 축적되어 동맥경화 상태로 빠져들고 있다는 느낌을 버릴 수가 없다.

노사 간·지역 간·계층 간 긴장 관계가 지속되고 있으면서 사회적

스트레스가 증가되고 있는 것이다. 그나마 나눌 수 있는 파이 자체가 커지는 고성장 시대에는 이러한 갈등이 일정 부분 덮여져 넘어갈 수 있었다. 그러나 1997년 금융위기를 거치면서 잠재 성장력의 하락으로 경쟁이 격화되면서 이러한 갈등은 증폭되어 왔다고 할 수 있다.

물론 지난 10년간 이러한 갈등 완화를 위한 노력을 하지 않은 것은 아니다. 분배 개선을 위한 복지 예산을 지속적으로 늘려온 것이 이를 반증한다.

이제 국민총생산(GDP)에 대한 사회보장비 비중이 10% 선에 다가가고 있다. 그럼에도 불구하고 사회 통합의 지표라고 할 수 있는 지니계수는 금융위기 이후 악화된 상태에서 거의 개선되지 않고 있다.

선진국은 소득 재분배 이전 상태는 우리나라보다 훨씬 심각한 불균형 상태이지만, 조세와 사회보장제도를 통하여 갈등을 완화하고 사회 통합을 이루고 있다는 점에 주목할 필요가 있다.

우리 사회보장 시스템이 사회 통합에 실패하고 있는 것은 사회보험의 구조에 기인한다고 볼 수 있다. 우리 사회보험은 보험료 납입을 전제로 하기 때문에 보험료 납입 능력이 없는 사람에게는 애당초 사회안전망 구실을 못하는 것이다.

비정규직과 영세자영자들은 하루하루 근근이 살아가는 형편이다. 따라서 이들은 미래를 위하여 보험료를 납입할 여력이 없다. 이들이 노동을 제공할 수 있는 힘이 있을 때는 그나마 살아가지만, 실업·재해·질병·노령 등 사회적 위험에 봉착하게 되면 바로 빈곤층으로 전락하게 된다.

문제는 이러한 인구가 30~40%에 이른다는 점이다. 따라서 보험료 납입 능력이 있는 사람을 대상으로 하는 사회보험은 그들에겐 그림의 떡일 뿐이고, 결국 노동시장에서 소외받는 이들 계층이 사회보장에도 사각지대로 남게 된다.

GDP의 6%를 사용하는 사회보험이 그나마 직장이 안정적인 사람에게만 돌아가니 사회 통합 효과에 큰 도움이 되지 않을 것은 뻔하다. 따라서 경제가 어려워질 것을 대비하기 위해서도 사회보장의 사각지대 해소를 위한 시스템 개혁이 요구된다.

최근 여야는 12일까지 2009년 예산안 처리를 합의하고 이를 위한 작업을 서두르고 있다. 야당은 복지 예산을 3조원 이상 더 투입할 것을 주장하고 있고, 정부 여당도 이에 대한 검토를 하고 있는 것으로 알고 있다.

경제위기에 대비하여 복지 예산 증액을 검토하는 것은 환영할 일이지만 좀 더 신중함이 필요한 시점이다. 긴급 복지 지원을 위한 예산은 지금 바로 증액되어야 하지만, 위기에 대비한 대규모의 예산 편성은 위기의 강도와 진행 방향이 윤곽이 잡힐 것으로 보이는 내년 초 임시국회에서 해도 늦지 않다.

단기적인 대중요법적 예산 편성보다는 보다 근본적인 사회안전망 개편의 큰 그림을 먼저 그리고 예산을 조정하는 것이 지속 가능한 사회 통합을 위해서도 바람직할 것으로 판단된다.

이번 경제위기를 계기로 사회안전망이 전면적으로 보완된다면, 우리 국민이 대한민국호를 함께 타고 있는 공동 운명체임을 인식하는 계기가 될 것이다. [문화일보, 2008. 12. 12]

근로 빈곤층, 사회 통합 차원에서 대처해야

나라 경제가 위기에서 빠르게 벗어날 가능성이 커지고 있는 가운데, 근로 빈곤층을 지칭하는 워킹푸어(Working Poor)가 현안 문제로 떠오르고 있다.

워킹푸어란, 일할 능력과 의지는 있으나 잦은 실직과 낮은 소득 때문에 일하더라도 빈곤에서 벗어나지 못하는 계층을 말한다. 대략 300만 명 내외로 추정되는 근로 빈곤층은 우리나라만의 문제만은 아니다. 신자유주의 정책을 표방하고 있는 미국이나 일본뿐 아니라 복지국가로 불리는 서구 선진국도 동일한 문제에 직면하고 있다. 후진국은 대부분 빈곤하니 이 문제를 논할 필요도 없다는 측면에서 이는 절대적 빈곤의 문제라기보다는 상대적 빈곤의 문제라고 할 수 있다.

일을 열심히 하는 데도 적자 인생 또는 제로 인생을 벗어나지 못하는 상황이다. 그래서 자녀 교육도 마음대로 시키지 못하고, 아파도 병원 가기도 부담스런 현실은 한 마디로 희망이 없는 절망 상태로 규정할 수 있다. 더욱이 현재 살고 있는 집이 전세나 월세라면 그 불안감은 몇 배로 가중된다.

워킹푸어에게 가장 소중한 것은 유일한 돈벌이 수단인 건강한 신체 하나뿐인데, 그나마도 나이가 들어가면서 쇠약해지고 당뇨병이나 신장병 등 만성질환이 있으면 불안정성은 더 높아진다.

이들 계층은 재산도 없는 데다 국민연금보험료도 제대로 내지 못하기 때문에 노인이 되면 그대로 극빈곤층으로 전락할 수 있다.

여기서 중요한 포인트는 일을 열심히 했는데도 희망이 없다는 점이다. 이러한 현상이 지속되면 우리나라를 선진국 초입 단계까지 발전시킨 가장 큰 원동력이라고 할 수 있는 근면 신화도 무너질 수 있다.

현재의 국민기초생활보장제는 근로 능력이 있는 사람도 소득·재산·부양 의무자 기준에 미달하면 국가가 지원하도록 되어 있어 빈곤에서 벗어나고자 할 유인이 부족하다는 지적을 받아왔다.

이러한 제도적 여건 하에서 누가 열심히 일하고 누가 열심히 저축을 하겠는가. 따라서 근로 유인을 강화하면서 빈곤에서 탈출할 수 있도록 소득은 높이고 지출을 줄여주는 종합적인 대책 수립이 필요하다.

이러한 좋은 정책의 대표적인 예가 최근 정부가 발표한 대학학자금 안심대출제도다. 재학 중 이자 납부를 유예하고 졸업 후 일정 소득이 생긴 시점부터 최장 25년 동안 원리금을 상환토록 하여 근로 빈곤층 가구도 자녀 교육비 부담을 획기적으로 경감시킬 수 있게 되었다. 이러한 정책들이 주거비용, 의료비용 등 필수 생계비용도 감소시킬 수 있도록 추진되어야 할 것이다.

한편 워킹푸어의 탈빈곤을 위해서는 꾸준히 새 일자리가 창출될 수 있도록 경제 회복이 급선무지만, 인구 고령화와 여성의 경제활동 참여에 맞추어 영유아 및 노약자돌봄사업 등 사회적 서비스를 적극적으로 확대해나가는 것도 필요하다.

또한 영세자영자의 탈빈곤을 위하여 기존의 제도권 금융기관에서 받기 어려운 창업자금 등을 신용으로 대출해주는 마이크로크레딧제도의 활성화도 필요하다.

미국 등에서 성공적으로 평가되고 있는 일정 소득 이하 취업자에 대하여 세금을 환급하여 주는 근로장려세제도 대상 범위를 기존의 1인 이상 자녀를 부양하고 있는 근로자에서 특수직 근로자(학습지 교사, 보험 모집인, 사회 서비스 종사자)에게도 확대하고, 기초생활보장제도에서 근로 능력자에게 현금으로 지급되는 생계 급여와 통합 운영하는 방안에 대한 검토가 필요하다.

빈곤의 함정에 빠져 있는 근로 능력자에 대하여 탈빈곤 여건을 조성하기 위해서는 특성별 맞춤형 직업 교육 및 훈련 체계를 보다 강화하면서 근로 무능력자와 동일하게 적용하고 있는 생계 급여 체계를 열심히 일할수록 더 많은 급여가 지급될 수 있도록 개선하는 것이 필요하다. 특히 탈빈곤 이후에도 일정기간 동안은 의료비·교육비·주거비 등 지원을 유지하여 확실하게 빈곤을 벗어날 수 있도록 돕는 것이 중요하다.

워킹푸어에 대한 적극적인 정책은 근로 빈곤층을 좌절감에서 건져내고, 잠재적인 사회 분열 요인을 걷어낸다는 점에서 절실하다. 또 사회 전반의 근로 의욕을 다시금 북돋울 수 있을 것이다.

우리 국민이 알게 모르게 퇴행의 길을 걸어왔던 빈곤과 분열의 DNA 요소를 불식하고, 근로와의 통합 DNA로 회귀하기 위한 획기적인 전환점이 될 것으로 기대된다.

지난 정부에서는 해결하지 못한 워킹푸어 문제의 해결은 참으로 이명박 실용정부에 걸맞은 '이명박표' 복지정책의 핵심이 될 수 있을 것으로 확신한다. [중앙일보, 2009. 8. 31]

비정규직 해법은 사회보장

　비정규직 문제라는 장마전선이 한반도에 머물면서 큰비가 내리고 있다. 장마의 성격에 대한 논쟁만 요란한 가운데 이미 곳곳에서 물난리 소식이 들리고 있다.

　비정규직 문제는 어제 오늘 새로 생긴 문제는 아니다. 어떻게 보면 비정규직은 자연적인 현상이다. 일에 따라서 정규직이 적합한 일자리가 있는 반면, 비정규직이 적합한 일자리도 있다. 다만, 1997년 경제위기 이후 노동시장 유연화가 진행되는 과정에서 증가된 비정규직 문제의 해결을 위하여 입법된 비정규직 관련법이 아이러니하게도 논란의 중심에 서 있다.

　우리나라의 비정규직 관련법은 비정규직 차별 금지와 비정규직 상태에서 2년 이상 계속 고용을 금지하는 내용이 주요 골자이지만, 지금 문제시되고 있는 것은 2년 이상 계속 고용 금지 조항의 유효성이다.

　이 조항의 정규직 전환 효과가 얼마나 큰지 여부가 쟁점이지만, 안타까운 것은 상반된 효과를 검증할 수 있는 과학적인 근거 자료가 제시되고 있지 않다는 점이다. 이 와중에서 정작 고통 받고 있는 대상은 비정규직 당사자라는 것이 문제이다.

근로자 고용시 정규직으로 할 것이냐 아니면 비정규직으로 할 것이냐는 경영자의 전적인 권한이다. 2년 이상 계약 금지 조항은 이러한 경영자의 선택권 자체를 부정하고 있지 않기 때문에 경영자는 비정규직 고용계약을 2년 이상 연장하지 않을 수 있다.

물론 근로자가 직무를 파악하고 숙련되는 시점에서 신규로 근로자를 뽑아야 한다는 점에서 경영자에게도 일부 손실이 있지만, 계약이 종료되는 비정규직 근로자의 충격이 훨씬 크다고 할 수 있다.

비정규직 문제는 우리나라와 같은 자유 시장 국가에서는 기업 자율적인 사항으로서 정부가 강제한다고 해서 해결될 문제는 아니다. 정부가 할 수 있는 것은 기업이 비정규직을 선호하게 만드는 환경을 개선하는데 도움을 주는 일 뿐이고, 이때 정규직 고용에 따른 비용 부담을 감소시켜주는 것이 요체라고 할 수 있다.

그러나 정규직과 비정규직 고용 사이의 비용 차이를 국가가 완전히 책임질 수 없는 상황에서는 정규직 전환 기업에 대한 정부 지원책은 한계가 있고, 정작 도움이 필요로 하는 중소기업에는 도움이 안 된다는 지적이 벌써부터 나오고 있다.

선진국에서도 비정규직은 존재한다. 그럼에도 불구하고 우리와 같이 큰 문제가 되지 않는 것은 비정규직에 대한 차별이 크지 않기 때문이다. 임금 차별이 거의 없을 뿐 아니라 비정규직이라 하여도 안정된 생활을 유지하는데 큰 문제가 없기 때문이다.

이는 무엇보다도 질병·재해·실업·노령 등 각종 사회적 위험으로부터 지켜주는 사회안전망인 사회보장제도가 충실히 갖추어져 있기 때문이다. 우리나라의 경우 임금 격차도 해소되지 않고 있지만 사회적 불안 요소가 더 격심한 비정규직에 대한 사회보장의 사각지대가 큰 것이 문제이다.

참여정부에서는 비정규직도 사회보험에 가입하면 된다는 식의 해법을 제시했지만, 보험료 납입 능력이 미흡한 비정규직에게는 큰 도움이 되지 못하였다.

따라서 비정규직에 대한 임금 격차 해소는 기업 차원에서 스스로 해결하도록 유도해야겠지만, 비정규직도 안정된 생활을 보장할 수 있도록 사회보장제도를 전반적으로 개선하는 것은 정부가 할 수 있는 그리고 반드시 해야 되는 일이라고 할 수 있다.

애매모호한 정규직 전환 기업에 대한 지원책보다는 보다 투명하고 현실성이 있는 비정규직 근로자에 대한 사회안전망 재구축을 서둘러야 한다.

비정규직 문제라는 장마 자체를 비켜갈 수는 없더라도, 비를 피할 수 있는 우산 정도는 비정규직 근로자의 손에 꼭 쥐어주어야 살만한 세상이라 할 수 있지 않겠는가. 이러한 배려야말로 이명박 대통령이 챙기고 있는 서민 대책의 중심이 될 수 있을 것이다.

[한국일보, 2009. 7. 9]

25.2되 별로 차가운 것은 아니지만 그렇다고 뜨겁지도 않은 이 온도는 2009년 12월 15일 현재 사회복지공동모금회의 '나눔의 행복온도'다. 금년도 목표 모금액 2212억원의 25.2%인 559억원밖에 모금되지 않았다는 것을 의미한다. 이 기관의 2008년 모금액 2703억원과 비교해도 매우 낮다고 할 수 있다.

기부와 자원봉사의 힘

다른 기관에 기부했거나 사회복지시설에 직접 기부했을 수도 있고, 아직 연말이 되지 않았으니 기부가 줄었다고 바로 속단하기는 어렵다. 그러나 지난 해는 글로벌 금융위기로 온 나라가 꽁꽁 얼어붙었던 해였는데 비해, 지금은 경기가 본격적으로 회복되고 있는 상태라고 할 수 있어 이 기부 금액 수준은 우리를 안타깝게 한다.

누구나 느끼듯이 우리는 매우 어렵고 힘든 세상에 살고 있다. 유럽의 복지국가와 같이 나라가 국민 생활을 책임지지도 않고, 옛날처럼 가족의 정이나 이웃의 정에 기대어 살 수도 없다.

복지제도가 상당 부분 두터워진 게 사실이지만, 어려운 이웃이 우리 주변에 많다는 것이 현실이다. 국가의 힘만으로는 빈곤과 소외의 음지 속에 있는 사람들을 따뜻하게 안아주기에는 역시 역부족이다.

유럽의 복지 선진국에서는 복지 지출을 위해 많은 세금을 내면서도 기부를 많이 한다. 자국민을 위한 지원도 쉽지 않을 텐데 저개발국 원조를 위해서도 돈을 척척 내놓는다. 삭막하게 보이는 미국만 해도 기부문화가 활성화 되어 있고, 남을 돕고 지원하는 배려의 정신이 생활화 되어 있는 것을 볼 수 있다.

1인당 GDP(국내총생산) 2만 달러 국가인 우리나라의 조세와 사회보장 부담을 합한 국민부담률은 GDP의 27% 내외로 추정된다. 선진국과 비교할 때 높지 않은 데도 기부가 적은 것은 마음의 문제로 생각된다.

그러나 우리에게도 희망은 있다. 올해 시작된 '내고장사랑카드'와 같은 것이 대표적 사례다. 카드 사용 금액의 일정 비율을 본인이 지정한 지방의 발전기금으로 적립하는 내고장사랑카드운동은 산업화 과정에서 소외된 지방을 돕는 상부상조의 전통을 새롭게 재현하는 것이다. 직접적인 기부와는 다르지만 추상적 기부와 달리 실체적으로 사람과 사람이 만나는 것은 기부하려는 마음을 더 크게 할 수 있다.

보건복지가족부가 추진 중인 휴먼 네트워크도 또 하나의 모델이 될 수 있다. 정형적이고 획일적인 복지제도는 개개인의 특수한 복지 욕구를 채워주기에는 한계가 있다.

우리나라 복지가 맞춤형 복지 수준으로 가기에는 아직 더 많은 시간이 필요하다. 따뜻한 보살핌이 필요한 사람들에게는 돈이나 물질도 중요하지만, 끈끈한 사람의 정이 더욱 그립기 마련이라는 점에서 멘토와 멘티 형태로 이어주는 휴먼 네트워크는 한 차원 높은 기부행위에 속할 것이다. 이런 사업들이 잘 정착되면 기부와 자원봉사가 일체화된 한국적 사회 통합 모형으로 평가될 수 있을 것이다.

내가 지닌 1%의 사랑 실천

연말연시에는 모두가 바쁘다. 바쁜 중에도 아쉬움이 가슴을 쓰리게 하는 때이기도 하다. 한 해 계획한 일들을 다 이루지 못한 아쉬움 때문이기도 하지만, 나이 듦의 외로움이 가슴을 때려서가 아닌가 한다.

난방온도만 높일 경우 추위는 면할 수 있을지 모르지만 얼어 있는 가슴을 녹이기에는 충분하지 않다. 따뜻한 마음으로 상처 입은 이들의 가슴을 서로 꼭 안아주어야 모두가 훈훈해질 수 있다. 금년에 선종한 김수환 추기경의 마지막 말씀이 생각난다.

"고맙습니다, 사랑합니다."

십시일반(十匙一飯)이라는 말이 그렇듯이 저물어가는 세모(歲暮), 내가 지닌 1%라도 사랑 실천을 시작해보는 것이 어떨까.

[한국일보, 2009. 12. 16]

따뜻한 시장경제와 봉사 지원의 체계성을 찾아서
― 미국의 AmeriCorps를 중심으로 살펴본다

1. 시장과 복지의 사각지대를 채우다

1993년 미국의 클린턴 대통령은 연방정부 봉사 프로그램인 아메리코어(AmeriCorps)를 창안했다. AmeriCorps는 봉사 학습(Service Learning)을 통한 지역사회 참여를 국민의 사회적 의무로서 그 가치를 강조하고, 이를 근거로 국가적 차원에서 국가 봉사활동을 활성화시켜 초·중·고→대학→성인기로 이어지는 평생 국가 봉사 학습 및 참여의 기반을 제공하는 데 목적을 두고 만들어졌다.

우리나라에도 파견되어 큰 도움을 주었던 케네디 대통령이 만든 평화봉사단(Peace Corps)이 해외 봉사 조직이라면, AmeriCorps는 국내 봉사 조직이라는 점이 다르다.

역사를 거슬러 올라가면 1930년대 대공황의 위기에서 청년 실업자에게 6~18개월간 미국 국립공원에서 봉사의 기회를 제공하고 임금을 지급했던 루즈벨트 대통령의 '시민보전단(CCC ; Civilian Conservation

Corps)'이 기원이라고 할 수 있다.

AmeriCorps는 지역사회의 자발적 결사체들이 상호 협력을 통해 지역사회 주민의 다양한 참여와 봉사를 장려하는 프로그램이다. 봉사자들이 지역사회 서비스 제공, 청소년 멘토링, 방과 후 아동보호, 주거환경 개선, 정보화 교육, 공원·숲 가꾸기, 재난·재해 극복 등의 영역에서 활동하고 있다.

AmeriCorps는 원칙적으로 자원봉사이지만, 단순한 자원봉사와는 달리 일정한 보상 체계를 가지고 있으면서 준공공 조직을 통하여 체계적으로 관리되고 있다는 점이 특징이다.

AmeriCorps는 정부와 민간 결사체들 간의 엄격한 경계를 극복하고, 상호 협력을 통해 분열된 사회 공동체를 치유하는 새로운 패러다임으로 평가받기도 한다.

반면에 지역사회의 결사체와 국가 봉사활동에 대하여 연방정부가 지원 명목으로 봉사정신을 왜곡하고, 결사체의 고유 영역에 대해 침범한 경우로 보고 "강제된 자원봉사(coerced voluntarism)"라 하여 국가 개입과 자원봉사는 결코 조화될 수 없다는 비판도 있었다. 하지만 시행 15년을 경과하는 현 시점에서 다양한 긍정적인 효과를 만들어냄으로써 새로운 사회봉사 개념으로 호평을 받고 있다.

우리나라의 경우에도 국가 봉사를 순수한 자원봉사의 개념으로 한정하여야 한다는 주장이 여전히 강하다. 그러나 AmeriCorps 형태의 국가 봉사는 모든 것이 돈으로 계산되는 차가운 시장 거래 개념과 공공 부조라는 이름으로 무상으로 제공되는 복지 개념 사이에 존재하는 비시장－비복지의 넓은 영역을 채워줄 수 있는 새로운 개념으로 검토할 가치가 있다고 본다.

가령 글로벌 경제위기 하에서 긴급히 제공되는 희망근로사업은 시장 개념도 아니고 복지 개념도 아니다. 사회적 기업, 대학생 학자금저리융자사업 등도 이러한 측면에서 보면 시장과 복지의 중간 영역에 위치한다. 문제는 이러한 중간 영역에 대해서 일정한 기준과 가치가 부여되지 않으면, 원칙의 부재 혹은 사회 정의의 혼란이 발생될 수 있다는 점이다.

실제로 희망근로사업 등이 그 필요성이 인정되면서도 비판의 목소리가 높은 이유도 이와 무관하지 않다. AmeriCorps는 이러한 중간 영역의 혼돈을 일정 부분 정제해주는 역할을 하고 있다는 점에서 주목할 필요가 있다.

필자는 여기서 미국의 AmeriCorps가 미국식 시장경제에서 어떻게 자리 잡고 있는가를 살펴봄으로써 한국에서의 적용 가능성을 점검해 보고자 한다.

AmeriCorps 개념을 잘 활용한다면, 이른바 희망근로사업의 효과성 제고와 청년 실업 문제의 완충, 노인 및 여성 인력의 활성화 효과 등이 크게 기대된다.

2. AmeriCorps, 미국인의 희망을 쏘다

AmeriCorps는 독립적 연방정부기구로서 지역사회 차원의 국가 봉사 조직에 기금 지원 및 협력 관계를 구축하는 '국가 및 지역사회서비스재단(Corporation for National and Community Service, 이하 CNCS)'의 3대 주력 프로그램(AmeriCorps, Senior Corps,

Learn and Serve America) 중 하나다.

AmeriCorps 사업은 다시 AmeriCorps State and National, VISTA (Volunteers in Service to America), National Civilian Community Corps(NCCC) 등 3개 하위 프로그램으로 구성된다.

AmeriCorps State and National은 최대 프로그램으로, 지역사회 서비스 제공을 위해 운영되고 있는 공공 및 비영리 조직에 대한 운영 지원을 목적으로 하고 있다.

AmeriCorps VISTA는 1963년 설립된 Volunteers in Service to America(VISTA) 프로그램이 1993년 AmeriCorps로 통합된 것으로, 취약 지역의 탈빈곤 관련 서비스 제공을 위해 집중적으로 봉사활동을 전개하고 있다.

AmeriCorps National Civilian Community Corps(NCCC)는 청년층(18~24세)을 대상으로 팀 단위 지역 봉사활동에 참여하도록 하여 숙식 제공 및 연중 10개월의 전일제 봉사 활동자에게 활동비를 제공하는 프로그램이다. NCCC는 환경 보호, 청소년 발달, 주거 환경 개선, 재난·재해 극복 등 지역사회 서비스 욕구 충족을 위한 다양한 영역에서 활동하고 있다.

2006년도 기준으로 AmeriCorps의 민간 자원 활동가는 7만 5000명 규모이고, 이들이 지역사회 서비스 활동을 수행하기 위해 모집·관리한 국가 봉사자 수는 137만 6000명이었으며, 총 6억 2400만 시간의 봉사활동이 이루어진 것으로 집계되고 있다.

AmeriCorps의 주요 활동 영역은 경제위기에 따른 취업 기회 제공, 친환경 에너지 관련 활동, 취약 계층 아동·청소년 교육 지원 및 멘토링 서비스(방과 후 프로그램 포함), 지역사회 환경 개선 및 공원 조성·관리, 취약 계층 정보화 교육 및 기술 지원, 지역사회 조직 역량 강화, 지역 보건의료 서비스 개선 및 주거환경개선사업, 재난지역 구호 및 구조, 보훈 대상자 지원 등이다.

우리나라로 치면 국가와 지자체가 운영하고 있는 각종 사회 서비스 사업과 경제위기 극복 일자리 대책의 일환인 공공근로사업의 영역과 상당 부분 일치하고 있다.

AmeriCorps의 특징은 일정한 경제적 보상이 이루어진다는 점이다. 18세 이상 모든 국민이 참여 가능하며, 연간 1700시간의 봉사활동에 참여할 경우 4725달러의 교육 자금(Education Award) 또는 적정 수준의 생활비를 지급할 수 있다.

교육 자금(4725달러)은 참여자에 따라 교육 및 직업 훈련비용으로 사용하거나, 교육 목적의 대출금 상환 목적으로 이용할 수 있다. AmeriCorps VISTA 프로그램의 연간(10개월) 참여자의 경우, 기본 생활 보장 이외에 활동기간 완료 후 4725달러의 교육 자금 지원 대신 1200 달러의 현금 수당을 선택 가능하도록 되어 있다.

AmeriCorps 사업에의 참여자는 봉사자들의 시민 참여 의식을 고양하는데 강한 긍정적 효과를 나타냈다. 지역사회 서비스 분야 고용 증대, 국가 봉사활동의 지속적 참여, 자기 계발 및 자아실현 등의 성과를 거둔 것으로 평가받고 있다.

AmeriCorps 참여자에 대한 활동 경험을 평가한 주요 연구 결과에 따르면, 참여자의 기술 향상은 물론 봉사와 사회 참여에 대한 인식의 개선이 나타났으며, 또한 교육 수준의 향상과 공공 서비스 부문으로 취업 유인 효과를 보였다.

조사 대상자의 90%는 AmeriCorps에 참여하는 과정에서 취업에 유용한 기술을 습득했다고 응답했으며, 46%의 응답자는 취업 관련 기술 습득이 AmeriCorps에 참여를 결정한 주요 이유였다고 밝혔다.

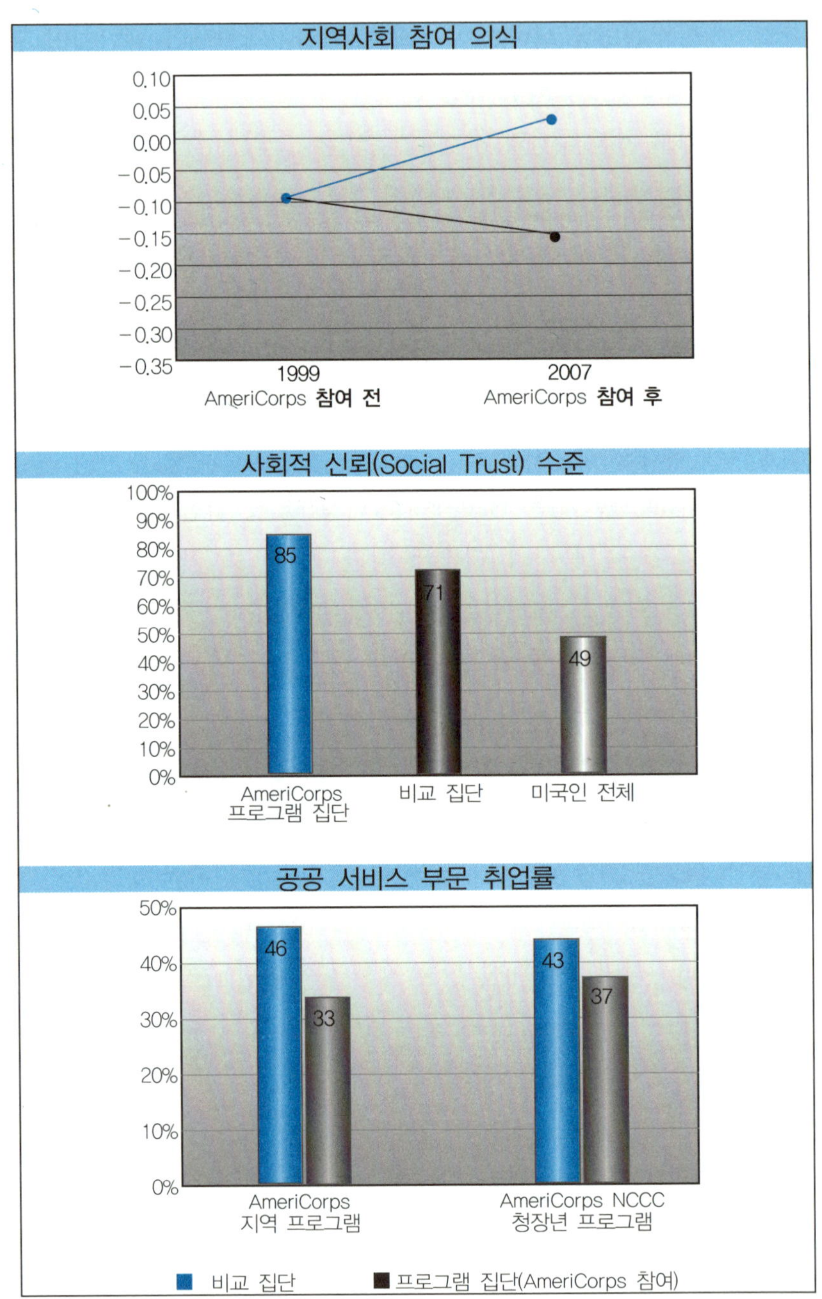

지역사회 참여 의식
0.10
0.05
0.00
-0.05
-0.10
-0.15
-0.20
-0.25
-0.30
-0.35
1999
AmeriCorps 참여 전
2007
AmeriCorps 참여 후

사회적 신뢰(Social Trust) 수준
100%
90%
80%
70%
60%
50%
40%
30%
20%
10%
0%
85
71
49
AmeriCorps 프로그램 집단
비교 집단
미국인 전체

공공 서비스 부문 취업률
50%
40%
30%
20%
10%
0%
46
33
43
37
AmeriCorps 지역 프로그램
AmeriCorps NCCC 청장년 프로그램
비교 집단
프로그램 집단(AmeriCorps 참여)

이는 국가 봉사활동을 통해 지역사회 발전을 위한 공익의 추구는 물론, 개인의 취업 능력 향상에 효과적인 시도가 될 수 있음을 시사한다.

AmeriCorps 참여자들의 66%가 활동기간 종료 이후에도, 활동 경험을 바탕으로 공공·사회 서비스 부문에 취업하고 있다(공공 부문 35%, 비영리 민간 부문 31%). AmeriCorps 활동을 종료한 경우에도 조사 대상자의 80%가 지역사회활동에 참여하고 있는 것으로 나타났으며, 이들의 72%는 국가 봉사활동에도 적극적으로 참여하는 것으로 나타났다.

AmeriCorps의 활동 경험은 단순한 봉사활동 이외에도 지역사회의 적극적 구성원으로서 참여하는 계기를 제공한 것으로 판단할 수 있는 것이다.

3. 한국형 AmeriCorps는?

우리나라는 자원봉사 참여율이 낮고 기부를 잘하지 않는 나라로 분류된다. 최근 통계에 따르면, 우리나라의 자원봉사 참여율은 선진국가들에 비하여 매우 낮다.

영국 59%, 미국 44%에 비하여 한국은 14% 수준에 불과하다. 그나마 자원봉사의 내용을 보면 더욱 실망스럽다. 지속적으로 일정하게 참여하는 사람은 일부에 지나지 않는다.

우리나라는 자원 봉사자의 관리 및 봉사활동의 체계적 지원을 위한 부처별·지역별 업무의 중복과 이를 조정하고 연계할 수 있는 정책 조정이 미흡할 뿐 아니라, 동일한 봉사활동 실적이 중복 관리되는 등 불필요한 행정력 낭비 가능성이 존재하고 있다.

주요 국가의 자원봉사 활동 참여율

국가	영국	미국	호주	한국
참여율 (조사연도)	59% (2008)	44% (2004)	34% (2006)	14% (2006)

* 자료 : 통계청 「사회조사 통계 보고서」, 2008

지자체별로 자원봉사지원센터가 운영되고 있지만, 실제로는 일부 지자체를 제외하면 제 기능을 수행하지 못하고 있다. 자원봉사의 수요자와 공급자를 효율적으로 연결하지 못하고 있는 것이다.

무엇보다도 자원봉사라는 개념이 가지고 있는 자발성·순수성·비대가성에 너무 비중을 둔 나머지 정부가 자원봉사를 방치 상태로 내버려두는 것은 가장 큰 문제점이라고 할 수 있다. 특히 지나친 경쟁 구조 하에서 따뜻한 공동체 정신이 사라져가고 있는 것도 큰 문제점이다.

따라서 미국 AmeriCorps 운영 성과를 바탕으로 급격한 사회 변화 속에서 공동체적 가치 규범의 상실 및 사회경제적 문제 해결을 위해 국가 차원의 국가 봉사활동 활성화 계기를 마련할 필요가 있다.

국가 봉사활동을 통해 사회 공동체의 가치를 증진시키고, 민간 자원을 적극적으로 연계·활용하여 사회 서비스의 양적 확충 및 질적 향상을 도모해야 한다. 아울러 기존의 사회서비스사업과 공익근로사업 등과 연계하여 한 단계 높은 국가 봉사를 기획해야 한다.

새로운 형태의 국가 봉사는 봉사자와 봉사활동의 체계적·전문적 관리 방안을 마련하여 봉사활동의 지속성을 크게 높일 수 있게 된다.

국가 봉사활동을 통해 지역사회 서비스를 제공하고 있는 비영리 민간봉사단체에 국가 봉사자를 연계하고 활동비를 지원하는 등 네트워킹과 컨설팅이 제공되게 된다.

국가 봉사활동의 순수성을 훼손하지 않는 수준에서 신중한 인정·
보상 체계를 마련하여 국가 봉사활동의 가치를 인식하고 지속적으로
참여하는 동인도 제시할 수 있는 것이다.

4. 한국형 AmeriCorps 적용 전략은 어떤 것이 있나?

○ 공공근로사업 가치 부여

경제위기 상황에서는 한시적으로 공공근로사업 참여자 중 희망자
에 한하여 한국형 AmeriCorps에 참여하도록 하고, 봉사 내용 및 시간
등에 따라 적정한 보상을 함으로써 공공근로사업의 정체성을 명확하
게 할 수도 있다.

현금 보상이 이루어지지 않는 봉사자에 대해서는 평생 국가 봉사활
동 참여를 촉진하기 위해 봉사 서비스 자기적립제도를 보다 체계적으
로 추진할 수 있게 된다.

공공근로사업의 범위가 매우 넓듯이 국가 봉사의 범위도 매우 광범
하다. 그리고 상당 부분 대상이 중첩된다. 공공근로사업 참여자 중 상
당수가 사업 참여에 따른 자부심을 느끼지 못했던 점도 개선이 가능
하다. 특히 공공근로사업의 경기 변동에 따라 신축적으로 조정할 수
있듯이 국가 봉사사업도 탄력적으로 조정이 가능하다는 점에서 유사
점이 있다.

○ 사회서비스사업 재구축

사회서비스사업과 연계도 가능하다. 사회서비스사업에 참여하는

인력들이 저임금과 고용의 불안정성 때문에 고통을 겪고 있고, 중·
장기적으로는 양질의 인력은 퇴출되고 최악의 저임금 외국인 근로자
로 채워질 가능성도 제기되고 있다.

따라서 사회서비스사업 중 전문성을 필요로 하는 분야는 숙련된 인
력 중심으로 운영될 수 있도록 특화하고, 상대적으로 적은 시간의 훈
련과 교육으로 가능한 분야는 국가 봉사 서비스 인력으로 충당함으로
써 사회 서비스 업무를 효과적으로 재구성할 수도 있다.

○ 노인일자리사업 적용

시장 경쟁력이 부족한 노인 인력 혹은 자활사업 참여 인력의 경우
도 국가 봉사사업 참여 형태로 조직화하여 체계적으로 운영한다면 보
다 효과적인 인력관리가 가능할 뿐만 아니라 주어진 능력에 적합한
분야에 투입이 가능할 것이다.

또한 이러한 노동에 대한 보상을 시장가격으로 평가하기 힘들기 때
문에 국가 봉사사업 보상 개념을 원용하면 탄력적으로 운영이 가능하
게 된다.

한편, 노인이나 장애인 중 부분적으로 노동력이 있는 사람이 국가
봉사에 참여할 경우에는 이를 적립해두었다가 본인이 수발 등 도움이
필요할 때에는 비용 부담 없이 돌려받을 수 있는 시스템도 구상이 가
능하다. 이러한 개념은 노인뿐만 아니라 장애인 등 시장에서 경쟁 열
위인 대상자에게 포괄적으로 적용할 수 있다.

○ 대학생 학자금융자사업 연계

MB정부는 최근 대규모 대학생 학자금융자사업을 발표하였다. 요지
는 돈이 없어 대학을 다니지 못하는 일은 없도록 하기 위해 소득 계층

별로 이자율을 차등화 하여 졸업 후에 장기간 분납하여 상환할 수 있도록 하겠다는 것이다. 획기적인 정책이라 할 수 있다.

어느 정책이나 비판이 없을 수는 없겠지만, 이 사업에 대해서는 졸업 후에 일정기간 융자금을 상환해야 하므로 한동안 빚 부담을 지게 된다는 것이다.

그런데 AmeriCorps 개념을 적용하면 대학생이 재학기간 중 여가 시간 혹은 방학기간 중에 국가 봉사활동을 수행하면 융자금의 일부 또는 전부를 상환할 수 있도록 한다면 대학생 학자금융자사업에 대한 비판을 상당 부분 완화할 수 있을 것으로 판단된다.

청년인턴제도의 일환으로 국가 봉사 개념을 접합하면 졸업 후 취업 전까지 실무 능력을 향상함은 물론 현장 경험의 제고 및 리더십의 배양이 함께 이루어질 수 있다. 이 기간에 참여한 봉사활동은 학자금 대출금의 상환 효과를 가질 수 있도록 할 수도 있다.

5. 세 마리 토끼를 한꺼번에 잡을 수 있는 기제

한국형 AmeriCorps의 설립 구상은 선진국에 비해 저조한 국가 봉사활동을 국가 차원으로 활성화하는 계기를 마련하고, 경제위기에 따른 고통 분담과 일자리 창출을 도모함과 아울러 새로운 국민운동으로 승화가 가능할 것이다. 다시 말해서 국가 봉사 활성화, 사회 서비스 확충, 일자리 창출 등 세 마리의 토끼를 한꺼번에 잡을 수 있는 기제가 될 수 있다는 것이다.

생소한 개념으로 생각될 수는 있지만 우리나라 국제협력재단(KOICA)에서 실시하고 있는 해외봉사사업은 일정 부분 이와 유사한 개념으로, 개도국에 대한 각종 원조사업에 국가 봉사 개념을 적용한 예라고 할 수 있다. 한국형 AmeriCorps는 이를 국내 국가 봉사활동으로 확대해보자는 개념이다.

자유 시장 체제와 복지국가 체제의 중간에서 가치의 혼란을 겪고 있는 우리나라의 현 상황에서 보상 가능한 국가 봉사 개념의 도입은 극렬한 사회 갈등을 완화하고 사회 통합을 유도할 수 있는 중요한 국가 시스템으로 검토할 필요가 있다. [월간조선, 2009. 12월호]

CHAPTER 2

저출산 고령사회 그리고 베이비 붐 세대

출산율이 또다시 떨어졌다. 황금돼지해다, 쌍춘년이다 해서 1.25까지 회복되었다가 2008년에는 1.19로 다시 하락한 것이다.

과거에는 출산이 자연스러운 일이었으나 가족계획을 하고부터 출산 자체가 부부간 의사 결정의 대상이 되었다.

출산 함수는 매우 복잡하다. 소득 수준, 보육비용, 교육비용, 사회 가치관, 여성 경제활동, 건강, 개인 취향 등 헤아릴 수 없이 많은 요소들이 영향을 미치고, 각 변수의 가중치가 사회와 개인과 시대에 따라 다르기 때문에 국가가 정책적으로 조정하기 어렵다.

출산율이 적정 수준 아래로 떨어질 때 나타나는 문제점은 새삼 언급할 필요도 없다. 그러나 경제적 파급 효과는 매우 장기적으로 나타나기 때문에 그 심각성을 피상적으로 인식하기 쉽다. 더욱이 출산에 대한 개인의 이해관계가 사회나 국가의 그것과 일치하지 않은 상황에서는 이를 조정하는 것은 매우 어렵다.

최근 정부는 출산율을 높이기 위해 여러 가지 방안을 마련하고 있다. 우선 보육비 부담을 줄여주기 위해 예산 지원을 늘렸다. 출산율에 부정적 영향을 미치는 가족계획 시절의 유산을 정리하고, 출산을 긍정적으로 인식시키기 위한 교육·홍보에도 힘을 쏟고 있다.

그렇지만 최근 경제위기의 영향으로 출산 여건이 악화하는 것이 문제다. 경제 상황에 따라 출산율이 바닥으로 떨어지지 않도록 안정적이고 장기적인 그랜드 플랜을 세우는 것이 한층 시급해졌다.

출산율을 획기적으로 높이기 위해서는 무엇보다도 우리 사회가 '살 만한 세상'이 되어야 한다. 태어나 학교에 다니는 동안 줄곧 치열한 경쟁을 해야 하고, 학교 문을 나서면 다시 비좁은 취업문을 열기 위해 안간 힘을 써야 한다. 그리고 힘들게 직장을 구했더라도 경쟁에서 살아남기 위해 잠시도 긴장을 늦출 수 없다.

사회적 경쟁 자체는 불가피하지만, 청년뿐 아니라 노인자살률이 OECD 국가 중 최고 수준인 것은 낮은 출산율과 무관하지 않다. 자본주의 사회에서, 경쟁에서 이긴 사람이 더 많이 얻는 것은 자연스럽지만 약자와 패자도 최선을 다하면 인간답게 살 수 있는 사회안전망이 갖춰져야 한다.

결혼과 출산을 권할 수 있는 사회가 될 수 있도록 출산에 직간접적으로 영향을 미치는 요소에 대한 점검이 필요하다.

자녀를 기르는 것은 즐거움이자 고통이다. 이 어려움을 덜어주고 즐거움은 크게 하려면 출산과 양육에 따른 가계 부담을 최소화하는 정책이 필요하다.

현재의 보육료 지원 방식이 제대로 정책 효과를 내고 있는지 세심하게 살펴야 한다. 보육시설과 관련된 정부 규제가 수요자의 다양한 욕구를 제한하지 않는가도 점검해야 한다. 정부의 보육정책이 시설에 자녀를 맡기는 가구와 직접 자녀를 키우는 가구 사이의 형평성을 유지하도록 하는 것도 중요하다.

그러나 이러한 정책적 고려보다 더욱 중요한 것은 보육에 대한 국가 개인의 책임을 명확히 하는 것이다. 한 국가의 인구가 많은 것이 반드시 바람직한 것은 아니지만, 개체가 지속적으로 유지되고 번창하는 것은 모든 생물이 본능적으로 수행해야 할 책무이다. 이는 국가라는 사회적 공동체에서도 마찬가지라고 할 수 있다.

이런 당위성과는 역행하는 '초저출산' 추세는 우리 사회와 나라의 밝은 미래를 위협하는 비상사태나 다름없다. 사회 전체, 모든 국민이 '저출산 경보'에 귀를 기울여야 한다. [한국일보, 2009. 4. 4]

저출산 고령사회의 역발상

우리나라에서 저출산 고령화 문제는 재앙으로 인식된다. 최근 기획예산처장관은 저출산이 핵폭탄보다 더 무서운 문제라고 지적했다.

우리나라의 고령화 속도는 세계적 수준이다. 고령인구비율은 2018년 14.3%, 2026년 20.8%, 2050년 38.2%로 급격히 증가한다. 2006년 출산율은 2005년의 1.08명에서 1.13명으로 높아졌지만 여전히 세계에서 가장 낮은 수준이다. 이렇게 되면 2026년에는 인구 10명당 2명이, 2050년에는 10명당 4명 이상이 노인이다.

이러한 수치를 보면 우리의 미래는 암울하다. 그렇지만 희망 보고서도 있다. 세계적 투자회사인 골드만삭스는 지난 연말 2025년 한국의 1인당 소득은 5만 달러를 넘어서 미국·일본에 이어 세계 3위가 되고, 2050년엔 8만 1462달러로 미국에 이어 2위가 된다고 전망했다.

장밋빛 전망에 도취될 필요는 없지만 왜 이렇게 보는가는 중요하다. 이러한 전망의 근거 중 하나는 기술 진보는 출산율과 무관하게 계속될 수 있다는 것이고, 다른 하나는 인구가 감소되기 때문에 1인당 국내총생산(GDP)은 빠르게 올라간다는 점이다.

《이코노미스트》지에서도 저출산이 반드시 비관적인 것은 아니라는 기사를 실었다. 인구 감소는 1인당 GDP를 오히려 향상시킬 수 있다는 것이다. 노동력이 줄어드는 만큼 기업들이 작업 효율성을 높이는 신기술을 개발할 것이기 때문에 노동생산성은 과거보다 높아지고 정년이 늦춰질 수도 있다는 얘기다.

과거 높은 출산율과 사망률을 통해 유지되던 인구 규모는 이제 저출산과 낮은 사망률을 통해 유지되고, 전체 경제 규모가 줄어 국가의 영향력이 줄어드는 것을 두려워하는 것은 오직 정치인들뿐이라는 주장이다.

《이코노미스트》지는 심지어 이러한 인구 변화는 인류의 황금시대를 알리는 전조가 될 수 있다고 주장한다. 역발상하면, 저출산은 잘못된 선택이 아니라 합리적인 선택이 된다.

골드만삭스나 《이코노미스트》지의 주장에 전적으로 동조할 필요는 없지만, 저출산 고령화에 대한 우리의 편협한 시각은 조정할 필요가 있다.

프랑스는 다양한 사회정책을 통하여 출산율을 2.0명 수준으로 회복시켜 저출산 문제 극복의 모범 사례로 꼽힌다. 그러나 프랑스 청년 실업률은 22.8%로 경제협력개발기구(OECD) 회원국 중 가장 높은 수준이다. 일자리 대책 없는 출산정책이 프랑스의 발목을 잡고 있는 것이다.

지난 해 프랑스 전역을 휩쓸었던 청년 폭동사태도 일자리 없이 늘어난 청년 인구와 무관하지 않다. 반면 우리나라와 비슷하게 저출산 문제에 시달리고 있는 일본은 최근 대졸자 취업률이 역대 최고인 96.3%를 기록하였다.

최근의 경기 회복이 주요 요인이지만 베이비 붐 세대라고 할 수 있는 '단카이 세대'가 노동시장을 대거 이탈하면서 공백이 생긴 데다 청년 인구 자체가 이미 적어진 상태이기 때문이다. 프랑스와 일본 사례는 저출산 고령화는 재앙이라는 단선적인 인식만으로 대책을 세워서는 안 된다는 것을 시사한다.

세계보건기구(WHO)에 따르면, 2005년 기준 한국인의 평균수명은 78.5세로 우리나라도 인생 80세 시대를 앞두고 있다. 장수는 인류의 오랜 희망이다. 절대 권력자였던 중국의 진시황도 누리지 못했던 장수를 우리 사회는 향유하게 된 것이다. 이는 재앙이 아니고 오히려 축복일 수 있다.

미래사회는 고도로 집적된 지식사회이다. 소수의 고급 인력이 국가 운명을 좌우하게 될 가능성이 높다. 따라서 부자연스러운 출산율 증가는 오히려 국가 부담을 증가시킬 수 있다.

단순히 출산율을 높이고 연금 급여 수준을 줄이는 방법을 궁리하기보다는 저출산 고령사회를 주어진 조건으로 보고, 강하고 효율적인 새로운 국가 모형을 구상하는 것이 필요하다. [서울신문, 2007. 5. 25]

우리나라의 출산율이 2009년에는 2008년의 1.19명보다 더 하락한 것으로 알려지고 있다. 이제 대한민국은 저출산 영역에서 세계 1위를 다툴 수 있는 수준이 되었다.

굳이 다른 나라와 비교하지 않더라도 인구가 유지되기 위한 출산율이 2.1명 정도라고 할 때, 지금의 출산율이 지속되면 향후 100년 이내에 우리나라는 현재 인구의 절반 수준으로 감소될 것으로 전망된다.

21세기 들어서 한국사회에서 가장 두드러진 이슈들 중 하나는 이와 같은 통계 수치에서 보듯이 저출산 현상이다. 저출산과 고령화 현상은 노동력 부족, 사회보장 부담 증가, 재정위기, 경제 성장 둔화 등 사회경제 전반에 걸쳐 심각한 문제를 발생시킬 것이다.

정부는 저출산 고령화 현상에 대처하기 위하여 범정부 차원에서 다각적인 노력을 쏟아왔다. 2005년 저출산고령사회기본법을 제정하고, 범정부 차원의 추진체로서 저출산고령사회위원회를 출범시켰다. 저출산고령사회기본법에서는 정책 성과를 가시화하기 위하여 매 5년마다 단계적 전략적 목표를 설정하고 계획을 수립, 추진하도록 규정하고 있다.

특히 저출산 해결 문제는 가장 큰 국가적 정책 이슈가 되었다. 각종 해결 방안을 모색하고 있지만 뾰족한 대안은 여전히 숙제로 남아 있다. 무엇보다도 저출산 문제를 해결하기 위해서는 정부의 각종 출산장려책도 중요하지만 사회안전망을 갖춘 사회를 만드는 것이 급선무일 것이다. 바로 일과 가정생활이 양립하는 사회 구조를 만드는 일이다.

부모들이 살아가는 과정에서 살만하다는 생각이 들어야 아이를 낳을 것은 당연하다. 요즘은 부모 못지않게 아이들 간의 경쟁도 만만찮아서 자칫 경쟁에서 뒤떨어지면 도태된다는 강박 관념에 사로잡혀 있다.

이처럼 입시 경쟁과 먹고 살기 힘든 취업 경쟁으로 이어지는 각박한 세상에 아이를 낳고 싶은 마음이 생기겠는가. 자본주의 사회에서 경쟁 자체는 불가피하지만 사회적 약자도 충분히 살아갈 수 있도록 사회안전망을 갖추는 것이 필요하고, 이를 위해 출산과 양육에 따른 가계 부담을 최소화하는 정책이 뒤따라야 한다.

'살만한 세상'이란 삶의 여유를 되찾을 수 있는 사회를 말한다. 육아와 보육과 교육과 의료 등 최소한의 부문에서 어느 정도 수준을 유지할 수 있도록 사회적 배려가 이뤄져야 한다.

그런 측면에서 일본이나 서구의 사회 환경과 출산율을 살펴보는 것은 매우 의미가 크다. 우리의 인접국인 일본의 경우 동양적 규범과 자녀에 대한 가치관이 서구에 비해 우리와 많은 동질성을 확보하고 있다.

일본의 출산율 추이를 토대로 일과 가정생활의 양립에 깊은 연구를 해온 일본 출신인 시카고대학교 야마구치 가즈오 교수의 '일과 가정의 양립과 저출산―그 실증과 정책 제언(Work life Balance and Low Fertility ; empirical Evidence and Policy Recommendations)은 우리에게 저출산정책 방향을 올바르게 살펴볼 수 있는 지침이 될 것으로 기대된다.

우리는 지금 프랑스 등 서구의 복지국가에서 출산율이 높다고 부러워하지만, 정작 그 사회가 애를 낳게 만드는 근본적인 구조가 무엇인가를 짚어야 한다. 동시에 야마구치 교수의 역저를 통해 저출산정책을 섭렵하는 것은 우리에게 확실한 대안을 강구한다는 측면에서 바람직한 일이다. 한국보건사회연구원이 야마구치 교수의 역저를 번역 출판한 이유도 바로 여기에 있다.

지난 10여 년 간 한국에서는 어떤 변화가 있었는가를 돌아보자. 무엇보다도 여성의 경제활동참가율이 큰 폭으로 늘었다. 40% 수준에서 50% 수준으로 크게 높아진 것이다. 단순하게 보면 여성의 경제활동참가가 늘면서 출산율이 하락한 것으로 보인다.

하지만 대다수 선진국의 경우 반드시 그렇지만은 않은 것으로 보인다. 한국은 출산율도 최하위권이지만 여성의 경제활동참가율도 경제협력개발기구(OECD) 회원국 가운데 최하위권에 속한다. 반면 북유럽 국가는 경제활동참가율이 70%이지만 출산율은 2.0명 수준이다. 이는 출산율을 높이기 위해서는 여성이 일을 하면서도 아이를 가지고 키울 수 있는 여건을 만들어주는 것이 중요하다는 것을 의미한다.

지구상에서 여성 1인당 평균출산율이 낮은 국가는 동유럽 국가군, 일본과 싱가포르, 독일과 이탈리아 등이다. 이들 국가의 공통점은 무엇일까. 하나같이 자연 자원은 부족하고 인적 자원으로 먹고 사는 국가들이다.

그러면 살기 어렵다고 반드시 출산율이 낮은가. 그렇지는 않은 것 같다. 50년 전인 1960년대에 한국은 최빈국이었으나 출산율은 6.0명이었다. 스웨덴처럼 인적 자원으로 버티는 나라 가운데서도 출산율이 2.0명 수준인 국가도 다수다. 경제사회적 환경을 어떻게 만드느냐에 따라서 출산율은 얼마든지 달라질 수 있는 것이다.

프랑스가 출산율을 2명까지 끌어올릴 수 있었던 데는 정부의 적극적이고 대대적인 출산장려정책이 있었기 때문이다. 출산과 양육은 국가 책임이라는 인식 아래 출산 장려 등 가족 정책에 투입되는 예산은 프랑스 국내총생산(GDP)의 3%에 달한다.

우리와 비슷한 경제·사회 환경을 가진 일본도 최근 3년 연속 다소 상승한 것으로 나타났다. 최근 수년 간 일과 가정 양립 정책을 꾸준히 시행한 결과다.

한국의 경우 2005년 이후 고작 5년 정도 출산장려정책을 추진하고는 벌써 국가가 노력해도 안 되니 대충 이 정도만 하자는 식이다. 더구나 지난 해 출산 장려를 위해 쓰는 예산은 GDP의 0.4%에 불과하다. 물론 경제가 어렵고 국가 재정도 어렵다. 그렇지만 아무리 어려워도 미래를 위한 투자 1순위가 무엇인지에 대해서는 진지하게 고민해야 한다.

물론 정부의 노력만으로 저출산 문제가 해결되는 것은 아닐 것이다. 국민의 의식이 근본적으로 바뀌어야 한다. 그러나 국민의 의식이 바뀌기 위해서는 여성이 출산을 해도 불리하지 않은 경제·사회적 환경을 만들어주는 데 있다.

출산을 기피하게 하는 제도나 세제 등을 과감히 바꿔나가야 한다. 그리고 저출산 문제 해결에 정부 예산의 최우선 순위를 배정하는 것은 최소한 필요조건이다. 이의 해결책의 하나로 일과 가정이 양립하도록 제도와 시설과 복지 대책이 뒷받침되어야 할 것이다.

이 책의 출간을 계기로, 야마구치 교수께서 지적한대로 일본과 같은 문제를 떠안고 있는 우리나라 역시 일과 가정의 양립을 달성하기 용이한 사회, 육아가 기쁨이 되고 출산율이 자랑이 되는 사회, 국가와 공동체, 모든 남녀가 공동 참여를 통해 향기가 물씬 풍기는 살기 좋은 사회가 되도록 함께 노력하는 계기가 되었으면 한다.

[야마구치 가즈오 저, '일과 가정의 양립과 저출산' (2010. 1) 발간사]

지난 해 한국의 합계출산율은 1.15명으로 2008년의 1.19명에 이어 또 다시 떨어졌다. 임신 가능한 연령대 여성의 출생아 수는 2.0명이 넘어야 인구 유지가 가능하다는 점을 감안하면, 1.15라는 수치는 한 세대가 지날 때마다 그 세대 인구의 반 가깝게 줄어든다는 것을 의미한다.

출산율이 떨어지는 직접적인 이유는 만혼화 즉 결혼을 늦게 하는 경향 때문이다. 좀 더 심하게는 결혼을 기피하는 풍조, 설사 결혼을 했다 하더라도 자녀를 하나만 갖는 데 있다.

2008년 기준으로 남자는 평균 31.4세, 여자는 28.3세로 10년 전보다는 남녀 모두 2년 이상 늦어졌다. 결혼이 늦어지는 것은 대학 진학률이 높아지고, 대학에 입학했다 하더라도 취업 준비 등을 이유로 졸업을 늦추며, 결과적으로 사회 진출 연령이 높아지고 사회 기반을 잡을 때까지 결혼을 미루기 때문이다.

그 결과 여성의 출산 연령대도 높아지고 있다. 통계청 자료를 보면,

20대 여성이 낳은 아이의 비중은 1981년 80.3%에서 지난 해에는 40.7%로 낮아졌다. 특히 20대 전반(20~24세) 여성의 출생아 수는 2만 4400여 명으로, 1981년의 33만 5331명과 비교하면 14분의 1 수준으로 줄어들었다.

반면 30대는 14.7%에서 57.1%로 높아졌다. 30대 전반(30~34세)의 출생아 수는 1981년 10만 2251명에서 2009년에는 19만 2900여명으로 오히려 늘어났다. 즉 지난 해 산모의 평균 초산연령은 29.84세로, 1981년의 24.1세보다 5.7세가 높아져 30대 전반 여성이 출산 주력층으로 자리를 잡아가고 있다.

여기서 생각해야 할 것은 2009년 출생아 수 44만 5200여 명의 의미다. 이 수치는 한때 인구가 많이 늘어날 때의 출생아 90만 명의 절반 수준이라는 점에서 우려된다. 게다가 향후에도 이 수치가 60만 명이나 80만 명으로 늘어나기가 쉽지 않다는 점이 문제다. 그나마 약 45만 명이 태어나고 있는 것도 베이비 붐 세대의 자녀 세대가 본격 출산 연령이기 때문이다.

다시 말해서 출산율이 세계 최저 수준이지만 그나마 출산율 산정시 분모가 되는 모수가 많기 때문에 이 정도라도 유지되고 있다는 점을 고려하면, 모수 자체가 본격 감소되기 이전에 출산율을 2.0명 수준으로 점차 끌어올려야 한다.

그러나 2009년 합계출산율 1.15명은 당초에 우려했던 수준보다는 덜 심각하다는 점에서 다소 안도할 수 있다. 2009년에는 글로벌 경제위기로 인해 출산율이 0점대로 떨어지지 않을까 걱정했었기 때문이다.

사회 일각에서는 출산율을 높이기 위한 보육 지원 강화 등 기존의 정부정책이 효과가 나지 않으니 패러다임 전환이 필요하다는 주장도 나오고 있지만, 그나마 정부가 노력했기 때문에 감소율이 줄었을 가능성도 고려해야 한다.

각 개인이 선택한 저출산 현상을 정책적으로 높이는 것은 쉽지 않지만, 출산과 육아가 쉬운 경제·사회적 환경을 만들기 위한 국가의 노력은 지속돼야 함은 명약관화하다. 보육에 대한 책임을 개인과 가족에게 전적으로 맡기는 상황에서는 출산과 관련된 개인의 이기적 행동을 막을 수 없다.

최근 일과 가정의 양립 필요성이 강조되면서 기업 내 보육시설, 재택근무, 유연근무시간제 등 기업의 부담을 가중시키는 정책이 추진되고 있다. 하지만 이런 정책에 호응할 수 있는 기업은 일부 대기업과 공기업에 한정된다는 사실을 잊지 말아야 한다.

출산율을 높이기 위해서 기업이 할 수 있는 정책도 궁극적으로는 국가의 유인 지원책이 전제되어야 성공할 수 있다. 또 정부의 보육 지원 효과를 높이기 위해서는 시설 중심에서 아동 중심 지원으로 속히 전환해야 한다. 그리고 부족한 보육시설에 대한 민간 투자를 늘리기 위해서는 보육료 등 각종 규제의 과감한 완화 또는 폐지를 검토해야 한다. [문화일보, 2010. 3. 3]

통계청은 지난 해 인구가 4930만 명으로 2005년보다 116만 명이 늘어나 당초 예상(4874만 7000명)보다 더 많이 증가한 것으로 추정된다고 밝혔다. 추정이 사실이라면 2018년에 4934만 명으로 최대 인구 규모에 도달한 이후 2019년부터 감소한다는 전망의 대폭적인 수정이 불가피해 보인다.

지난 해에 이미 2018년 예측 인구 규모에 도달했고, 최근의 추세로 볼 때 인구가 2018년 이후에도 몇 년 간은 더 증가하리라 판단되기 때문이다.

오차가 발생한 이유는 출산율·사망률·국제이동인구 등의 가정이 현실에서는 다르게 나타났기 때문이다. 출산율을 낮춰 잡았지만 예상보다 더 많이 태어났다.

사망률의 오차는 크지 않았다. 국제이동인구는 2005년부터 2008년까지 19만 7000명 감소한다고 봤으나, 실제로는 10만 명 증가하여 인구가 29만 7000명이 더 늘어나서 오차에 가장 큰 영향을 미쳤다.

인구 전망도 예측이므로 실제와 차이가 날 수 있다. 한 치 앞도 알기 힘든 세상에 몇십 년을 미리 내다보는 전망치는 먼 미래일수록 오차가 커질 수밖에 없다. 그러나 3년 만에 몇십만 명의 오차가 발생한 것은 정책 수립에 차질을 가져올 수 있는 만큼 인구조사 방식을 개선할 필요가 있다.

우리나라 인구는 행정안전부가 집계하는 주민등록 인구, 10년마다 통계청 조사에 기초한 센서스 및 총조사 인구(5년마다 한 번씩 중간조사도 함), 통계청이 센서스 인구를 기준으로 만드는 추계인구 등 세 가지가 있다.

정책의 기준이 되는 인구는 오차 때문에 문제가 되는 세 번째 추계인구이다. 여기서 짚고 넘어갈 점은 인구 기준을 센서스를 기초로 하여 만드는 추계인구에 의존해야 하는가이다.

인구센서스는 10년에 한 번씩 전국의 모든 가구를 방문하는 전수조사다. 일제강점기까지 거슬러 올라갈 정도로 유서가 깊다. 대한민국에 몇 명이 사는지를 알 수 없던 시절에 꼭 필요한 조사였고, 지금도 주민등록과 다르게 거주하는 실제 가구를 파악하기 위해서 필요성이 부분적으로 존재한다.

그렇지만 주민등록 관련 행정전산망을 100% 구축한 현 시점에서는 주민등록 인구 자체를 실시간 인구 기준으로 삼는 방안에 대한 검토가 필요하다. 출생신고와 사망신고 시점 차이는 일상적이므로 통계학적으로 감안하는 것은 큰 문제가 없다. 국내외 이동 인구도 출입국관리소 정보망과 연계하면 용이하게 파악할 수 있다.

주소지별 실제 거주 여부에 따른 오차는 최근 엄격하게 관리할 뿐 아니라 센서스 역시 오차가 발생할 수 있음을 감안하면 큰 문제가 안 된다. 특히 연령별·성별 총인구 파악에는 문제가 되지 않는다.

가구별 주택 및 재산도 현재의 국세 및 지방세 자료와 등기소 자료 등 실제 행정 전산자료를 통해 더 정확하게 파악할 수 있다. 수십 년 후를 내다보는 장기 인구추계는 현재의 방식대로 하면 되고, 5개년 정도의 중기 인구추계는 전년도 주민등록 인구를 기준으로 별도로 추계하여 정부의 중기 5개년 계획에서 매년 수정하여 반영하면 인구 수에 대한 정확도를 높일 수 있다.

통계청은 조사원이 5년마다 전국 가구를 직접 방문해 가구원 수와 거주 실태를 조사하는 인구주택총조사(인구센서스)를 올해를 끝으로 폐지하겠다고 최근 발표했다.

인구센서스에 들어가는 1800억원 상당의 예산도 예산이거니와 센서스 자체의 효용성이 떨어지는 상황에서 하나의 결단으로 보인다. 통계에서 가장 큰 근간인 인구 수의 정확도를 높이는 일은 저출산 고령사회에 정부정책과 기업 마케팅 측면에서 매우 중요하므로 제도 개선이 시급하다. [동아일보, 2010. 4. 24]

프랑스 사태, 타산지석으로

　최근 발생한 프랑스의 학생 시위는 우리에게 많은 시사점을 던져주고 있다. 이번 시위는 프랑스 정부가 내놓은 26세 이하의 젊은이들을 첫 고용 후 2년 내에 해고할 수 있도록 한 최초고용계약(CPE)에 대한 학생들의 반발에서 촉발되었다.

　프랑스는 그 동안 고용시장의 유연성 확보라는 세계적 추세를 외면해왔다. 경쟁국들이 구조 조정과 고용시장 개편에 나설 때 프랑스는 노동시간 축소와 정년 보장 등의 고용정책을 유지해왔다. 문제는 프랑스 정부가 이렇게 강력한 노동시장 보호정책을 시행하였음에도 고용 사정이 호전되지 않았다는 점이다.

　프랑스의 평균실업률은 9.5%이고, 18~25세 청년들 가운데 22% 가량이 실업 상태에 놓여 있다. 특히 지난 해 가을 소요 사태가 있었던 이민자 거주 지역의 청년실업률은 40%가 넘는다. 프랑스의 청년실업률은 영국(11%), 미국(12%), 독일(13%) 등 경쟁 국가들에 비해 수치상으로도 높다.

노동시장 유연화에 대한 저항

그래서 프랑스 정부는 작년부터 기업의 사회보험 부담을 줄여주고 노동시장을 유연화하는 정책을 시행하고 있다. 그 결과 프랑스의 실업률이 10%대에서 9.5%로 하락하였다.

그러나 이러한 노력에도 불구하고 청년실업률은 호전되지 않자 이번에 최초고용계약안을 내놓게 된 것이다. 이에 대하여 직업 안정성이 위협받게 된 26세 미만의 대학생들은 27세 이상은 보호받는 데 왜 우리만 위태로워져야 하느냐며 불공평함을 따지고 있다. 즉 기성 세대는 안정적인 일자리를 보호받으면서 청년 세대에게만 악법을 적용하는 것은 명백히 연령 차별이라는 것이다. 이러한 점 때문에 프랑스의 최근 사태를 세대 간 전쟁의 신호탄이라고 보는 시각도 있다.

그렇지만 이번 사태가 프랑스 정부가 추진하고 있는 세계화 정책에 대한 프랑스 인의 저항으로 보는 시각도 만만치 않다. 지난 해 5월 프랑스의 유럽 헌법 부결, 외국 기업의 자국 기업 적대적 인수에 제동을 거는 입법 등 보호주의의 연장선상에서 보는 것이다.

이러한 프랑스의 우향우 경향은 이웃 경쟁국인 독일의 개혁정책과 무관하지 않다. 프랑스 못지않게 노동시장이 경직적인 독일이 프랑스보다 앞서 어젠다 2010을 내걸고 슬림화·유연화정책을 추진한 것이다. 사실 프랑스는 미국과 영국 등의 신자유주의에 대해서는 애써 외면해 왔지만, 역사적으로 앙숙인 독일의 개혁 동향은 좌시하고만 있을 수 없었을 것으로 판단된다.

우리나라는 1997년 금융위기 이후 노동시장을 유연화하려는 정책을 꾸준히 추진하여 왔다. 그러나 최근 비정규직 법안을 둘러싼 노사정 간의 갈등을 보면, 우리나라도 프랑스와 유사한 어려움에 봉착해 있음을 알 수 있다.

비정규직 법안을 통하여 비정규직도 어느 정도 보호해야 하겠지만, 비정규직 보호가 고용주의 비정규직 고용 기피로 연결되게 해서는 안 된다.

프랑스 사태가 청년에게만 책임이 있는 것이 아닌 데도 청년층에게만 희생을 강요하여 발생하였음을 상기할 때, 비정규직 문제는 비정규직의 정규직화가 아니라 정규직이 가지고 있던 몫을 비정규직에게도 나누어줄 때 해결이 가능하다.

그러나 프랑스의 우경화 경향을 맹목적으로 따라서도 안 된다. 프랑스의 경우는 사회안전망을 충분히 갖춘 국가이다. 노동시장이 유연해진다 하여도 생계 불안으로 연결되지 않는다. 하지만 우리나라는 이러한 최소한의 안전망조차도 엉성한 상태이기 때문에 노동시장 유연화에 대한 근로 계층의 불안을 부정만 할 수 없다.

정규·비정규직 고통 함께 해야

세계화가 거역할 수 없는 추세라면 노동시장의 유연성 제고도 불가피한 선택일 수 있다. 이를 위해서는 비정규직만 일방적으로 당하고 있는 유연성에서 벗어나 정규직도 고통을 함께 하는 방향으로 나아가야 하고, 최소한의 사회안전망을 위한 비용에 대하여 사용자도 기꺼이 부담할 수 있어야 경쟁력 있는 지속 가능한 복지 공동체를 만들어 갈 수 있을 것이다. [경향신문. 2006. 3. 24]

우리나라의 출산율이 2009년에는 2008년의 1.19명보다 더 하락할 것이라고 한다. 이제 대한민국은 저출산 영역에서 세계 1위를 다툴 수 있는 수준이 되었다.

굳이 다른 나라와 비교하지 않더라도 인구가 유지되기 위한 출산율이 2.1명 정도라고 할 때, 지금의 출산율이 지속되면 향후 100년 이내에 우리나라는 현재 인구의 절반 수준으로 감소될 것으로 전망된다.

이러한 저출산 현상은 농촌 지역에서 오래 전에 나타난 문제였다. 청장년층의 이농 현상으로 농촌 인구가 급속히 감소하고, 그 결과 아이들을 보기 힘든 곳으로 변한 지 오래 되었지만 도시 지역 전반에도 확산되고 있는 것이다. 농촌 지역에서 나타나던 폐교가 이제 도시 지역에도 나타나고 있는 것이다. 이러한 와중에 희망의 불빛 같은 것이 농어촌 지역에서 보이고 있어 이목을 모으고 있다.

최근 통계에 의하면, 전국의 262개 시·군·구(행정구 등 포함) 가운데 2008년 출산율이 가장 높은 곳은 전남 강진군으로 2.21명을 기록하였다. 다음으로는 전북 진안군(1.9), 전남 영암군(1.9), 전북 임실군(1.88), 강원 인제군(1.84)과 화천군(1.82) 등 농촌 지역이 상위권을 휩쓸었다. 전국 평균출산율 1.19를 크게 웃도는 출산율이다. 반면에 합계출산율이 가장 낮은 곳은 0.79를 기록한 부산 서구라고 한다. 다음으로 광주 동구(0.8), 서울 강남구(0.82) 순이었다.

인구 감소를 주도하던 농촌 지역에서 출산율이 높고, 인구가 증가하였던 도시 지역의 출산율이 감소한 것이다. 물론 절대적인 신생아 수 자체가 농촌 지역이 많은 것은 아니지만, 출산율이 높아진다는 것은 매우 의미가 있다.

농촌 지역의 이러한 변화는 크게 두 가지 요인에 기인한 것으로 판단된다. 하나는 농촌 지역 총각의 국제결혼이다. 외국인 여성과의 결혼으로 맺어진 가정에서 자녀가 상대적으로 많이 태어나고 있는 것이다. 결혼 이민자의 수가 12만 명을 넘어서고 있고, 이들의 대부분이 농촌 지역에 거주하고 있기 때문일 것이다.

그렇지만 이것만으로 모두 해석될 수는 없다. 농촌 지역 지자체의 적극적인 출산장려책이 뒷받침되고 있는 것이다.

2008년 출산율 1위를 기록한 강진군의 2007년 출산장려금은 전국에서 가장 높은 지역 중의 하나였다. 강진군에서는 셋째아이 출산시 장려금 등을 770만원 지급한다. 둘째아이 출산장려금도 290만원 지급하였다. 이러한 강진군의 사례에서 농촌 지역의 출산율 제고 방향을 가늠할 수 있게 된다.

농촌 지역 출산율이 높아진 주요인이 외국인 배우자를 맞아들인 것이었다면, 이렇게 탄생한 다문화가족이 행복하게 잘 꾸려나갈 수 있도록 도와주는 것이 필요하다.

외국인과의 결합에서 가장 큰 문제는 언어 문제인 만큼 이를 극복

할 수 있도록 적절한 지원이 이루어져야 할 것이다. 지자체와 다문화 가족지원센터 등에서 다양한 노력을 하고 있지만 따뜻한 손길이 미치지 않은 곳이 아직은 많다.

또한 남편과 아빠 역할을 해야 하는 우리나라 남성들에 대한 교육도 보다 강화되어야 한다. 서로 다른 국가 간의 문화 차이에 대한 이해를 시키는 것이 필요하다. 한편 중앙정부에서 지자체에서 과감한 출산장려책을 펼 수 있도록 지원하는 것과 병행해 보건의료 인프라의 개선이 시급하다.

예들 들면, 강원도에서 분만이 가능한 산부인과가 없는 곳은 전체 18개 시·군의 절반인 9곳이다. 농어촌 지역에 응급의료 체계가 제대로 갖춰지지 못하고 있음을 보여준다. 즉 지역 주민들은 기본적인 응급의료 서비스 혜택을 받지 못하고 있는 실정이다.

농어촌 지역의 취약한 보건의료 인프라는 어제 오늘의 이야기는 아니지만, 이를 근본적으로 개선하지 않고서는 농촌 지역이 참으로 사람이 살만한 곳이 되기는 어려울 것이다. 농촌 보건의료 시스템의 개선을 위하여 획기적인 투자 확대가 요구된다.

농촌 지역에서의 아기 울음소리는 침체된 농촌 지역에 활력을 불어넣는 소리이고 희망의 소리이다. 농촌에서 태어난 사람들이 오늘날의 우리 경제를 부흥시켰듯이 농촌 지역의 출산율 증가는 우리나라 인구 문제 해결의 단초가 될 것이다. [농민신문, 2010. 1. 22]

　지난 2일은 '노인의 날'이었다. 하루에 11명의 노인이 자살한다는 통계가 우리를 우울하게 하고, 자기 부모를 필리핀에 버렸다는 기사가 우리를 슬프게 한다.

　우리나라도 이제 65세 이상 노인인구비율이 10%에 이르고 있다. 이대로 가면 2050년쯤에는 인구 10명 중에 4명이 노인인 세계 최고령 국가가 된다고 한다.

　고령자는 일반적으로 생산 가능 인구로 분류되지 않는다. 고령자가 많아지면서 노동력이 감소하고 소비인구비율이 높아지므로 저축률이 하락해 자본 축적이 감소될 수도 있다. 따라서 고령화 현상은 경제적으로는 분명히 부정적이다.

　그러나 개인의 입장에서 보면 조금이라도 더 오래 살고 싶은 것이 인지상정이다. 노인이 '당장 죽어야지'하는 말은 세계 3대 거짓말로 통한다. 이렇게 볼 때 우리나라는 개인 각자는 오래 살기를 원하지만 사회 전체적으로는 오래 사는 것이 부정적인 '구성의 모순'에 빠져 있다고 할 수 있다.

구성의 모순에 대한 해답을 찾기 위해서는 시간이 필요한 데, 시간이 충분하지 않아서 문제이다. 노인인구비율이 7%에서 14%로 진행하는 데 걸리는 기간이 프랑스는 115년, 스웨덴은 85년, 영국 47년, 독일 40년이었고, 이웃나라 일본도 24년 걸렸지만 우리나라는 18년이 소요될 것으로 예상되기 때문이다.

그나마 고령사회를 미리 경험하고 있는 국가를 벤치마킹할 수 있는 것은 행운이라고 할 수 있다. 고령국가들 중 대부분은 저축률과 경제 성장률이 낮고 사회보장 지출이 많으며, 그 때문에 재정 압박을 받고 있다. 단순하게 보면 저축률이 하락하지 않도록 하고, 사회보장 지출의 증가를 막아야 한다. 이를 위해 노인 고용을 높이고, 연금 깎는 것이 당연한 공식처럼 인식되고 있다.

그러나 '노인에게는 일자리가 최선의 복지'라는 명제만 하더라도 간단치 않다. 65세 이상 노인 일자리 만들기는 노인의 여가 선용이나 성취감을 위해서는 필요하겠지만, 노인에게 일을 통해 스스로 먹고 살게 하기에는 일자리 자체가 거의 없다. 더욱이 60대 노인에 앞서 아직 한참 일할 나이라고 할 수 있는 40대와 50대의 일자리 문제 해결이 우리에게는 급선무다.

연금 삭감도 그렇다. 이번 연금 개혁으로 국민연금으로는 최저생계비도 안 될 판이 되었다. 연금 못 받는 노인에게 2008년부터 지급되는 월 8만원 정도의 기초노령연금을 놓고 예산 타령 목소리만 높다. 재정 안정과 최소 생계 보장이라는 두 마리의 토끼를 잡아야 하지만 성격상 모두를 잡기는 쉽지 않다.

이러한 문제들에 대한 명쾌한 해답을 찾기는 어렵지만, 각 국가의 대응 방법에 따라서 문제의 심각성은 다를 수 있다.

예들 들면, 영국이나 아일랜드·네덜란드 등의 국가는 프랑스·독일·이탈리아 등의 국가에 비해서 고령사회 문제가 덜 심각하다. 이들 모두가 복지국가라는 점은 동일하지만, 전자의 국가는 후자의 국가에 앞서 과감한 복지 개혁을 단행하였다는 점이 다르다.

우리나라의 경우 현 수준의 복지로는 폭발하는 복지 수요도 감당하기 어렵지만, 현 제도를 그대로 외연을 확대하는 것은 선진국의 시행착오를 반복하는 것이기 때문에 지속 가능한 새로운 복지 패러다임으로 재설계하는 것이 시급하다.

이를 위해서 고령사회에 적용 가능한 경제 주체별 책임 분담 원칙을 분명하게 정립해야 한다. 국가는 어디까지 책임질 것이며, 기업과 개인이 스스로 해결해야 할 것은 무엇인지에 대한 사회적 합의가 필요하고, 적정한 복지 수준과 조세 및 사회보험료 부담 수준이 함께 결정되어야 한다.

이렇게 될 때 개인은 국가 보장선을 전제로 자기의 노후 설계를 미리부터 할 수 있게 되어 안심하고 살 수 있는 나라가 될 수 있는 것이다. [서울신문, 2007. 10. 12]

노인을 위한 나라는 없다

몇 년 전 퇴직하셨지만 왕성한 사회활동을 하고 계시는 K 교수님의 말씀을 듣고 신선한 충격을 받았다.

K 교수님은 노인정책을 젊은 사람들이 만드니 항상 2% 부족한 정책이 나온다는 화두부터 던졌다.

우리나라는 급속한 고령화의 길을 가고 있다. 노인인구비율이 10%를 넘어서고, 2018년에는 고령사회 기준점인 14%를 돌파하게 된다. 그리고 2050년이 되면 노인인구비율이 40% 수준에 이르게 된다.

이러한 현상에 대하여 그 동안의 시각은 노인의료비 지출과 노인 부양 부담이 늘어나고, 생산 인구가 줄어들어서 성장률이 둔화되어 국가 경제가 우려된다는 것이었다.

그러나 이러한 젊은 사람의 시각과 조금 다른 각도에서 보면, 고령 사회는 장수사회이고, 장수란 모든 생명의 본능적 지향점이라는 점에서 이상사회로 나아가는 것으로 볼 수 있다.

'빨리 죽어야지' 하는 말은 노처녀가 시집 안 가겠다는 말과 함께 노인이 하는 뻔한 거짓말로 분류된다. 보통 사람이라면 누구나 오래 살고 싶어 한다. 그러한 꿈이 보통 사람에게도 실현되는 것이 장수사회이다.

이제 인생 60은 옛말이고, 인생 80도 수정되어야 할 판이다. 따라서 고령사회는 비관적으로 보아야 할 것이 아니라 꿈과 희망으로 보아야 한다. 그런데 이런 말을 하면 어색하게 들리는 것은 우리 의식이 아직은 인생 60 사회에 머물고 있기 때문이다.

일단 노인이라는 호칭부터 바뀌어야 한다. 노인이라는 뜻을 가진 한자나 영어 모두 의존적인 인간, 낡은 인간이라는 개념을 가지고 있다. 서구에서는 시니어(Senior)라는 말로, 우리나라에서도 어르신이라는 호칭으로 바꾸어 사용하기 시작했다. 호칭뿐만 아니다. 노인은 소비 주체, 청장년은 생산 주체라는 구분도 바뀌어야 한다. 노인이 청장년보다는 덜 생산적일 수는 있지만 그렇다고 생산을 전혀 못 하는 세대는 아닌 것이다.

나이가 들어서도 열심히 일하는 어르신이 많고, 직접적으로 돈을 벌지 않아도 손자를 돌보거나 가사를 돕는 등 경제적으로 환산할 수 없는 부가가치를 이미 만들고 있다. 따라서 노인과 청장년을 구분하는 65세라는 경계의 의미가 없어지게 될 것이고, 더 나아가 법적·행정적 의미의 정년 개념도 사라져야 할 것이다.

고령사회에 적극적으로 대응하기 위하여 고령친화산업의 진흥을 이야기하지만, 고령친화산업의 개념도 단순히 신체가 불편한 고령자를 위한 편의 제공 콘셉트에서 한 단계 나아가 건강하고 아름다운 고령생활의 창출이라는 콘셉트로 블루오션을 개척해나가야 한다.

과거 고령자가 소수인 사회에서 고령자를 위한 상품은 시장가치가 없었다. 고령자의 소득 수준이 낮았기 때문이다. 그러나 베이비 붐 세대가 대거 고령화되어 가면서 가득 능력을 가진 고령 인구가 급속히 증가하고 고령친화산업의 기반이 형성될 것으로 예측된다. K 교수님이 함께 하고 있는 포럼에서만 해도 로션, 치약, 구두, 양복, 모자, 비타민 등 노인 맞춤형 상품 아이디어를 내놓고 있다.

2030년을 넘어서면 고령 세대는 더 이상 소외 계층도 아니고 변방 계층도 아니다. 고령 계층이 우리 경제사회의 중심 계층이 된다.

그렇지만 고령자 중심 사회는 일찍이 우리 인류가 경험한 세상은 아니다. 우리가 만들어나가야 하는 세상이다. 이러한 새로운 세상을 만들어나가는 첫걸음은 고령사회에 대한 부정적 의식 자체의 일소에서 시작해야 한다.

가령 저출산 문제는 우리나라가 해결해야 할 국정 어젠다이지만, 저출산을 하면 노인 비율이 많아지는 세상이 되어서 암울하게 된다든지 하는 지하철에 붙어 있는 광고를 보면 우리나라의 정책 수준이 멀었다는 생각을 갖게 한다.

65세라는 노인 경계 자체가 무의미한 세상에서는 더 이상 고령자는 피부양의 객체가 아니라 스스로 당당히 서는 주체가 된다. 고령사회를 희망사회로 만들어나갈 수 있는 국가여야 모두가 행복한 선진국가임을 인식하는 것이 중요하다.

아카데미상을 네 개나 수상한 영화 <노인을 위한 나라는 없다>라는 의미가 노인을 위할 필요가 없고, 모든 사람이 젊은 나라가 되기를 기대한다는 점을 명심할 필요가 있다. [약사공론, 2009. 9. 16]

노인의 진화와 독립선언

2009년은 찰스 다윈 탄생 200년, 『종의 기원』 발간 150년이 되는 해이다.

인류는 진화의 산물이지만 지금도 진화하고 있다. 진화의 큰 방향에 대해서는 우매한 인간으로서는 알 수 없지만, 평균수명이 늘어나고 노년기가 길어지면서 인류의 유전자에 노년기에 대비한 기제를 가지고 있는지에 대하여 의문이 제기되고 있다.

유전자 본연의 논리상 자기가 복제한 새 유전자가 스스로 생존할 수 있는 여건이 만들어지면 사라지는 것이 순리다. 이러한 의미에서 노년은 그 자체가 진화적으로 순리를 거역하는 성격을 지니고 있다. 평균수명의 연장에 따른 인구 고령화로 세계 각국은 노인의 생계를 위한 연금과 의료보장을 위한 막대한 비용으로 몸살을 앓고 있다.

인구 고령화에 지구 온난화, 자원의 고갈 등 외생적 여건의 악화까지 복합되면서 그 위력은 가공할만한 것으로 예상되고 있다. 인류 개개인의 삶의 연장이 인류의 공멸로 연결될 수 있다는 섣부른 주장까지도 나오고 있다. 이러한 의미에서 인류의 유전자에는 노년기에 대한 모범 답안을 가지고 있지 못한 것으로 보인다.

그렇지만 인간은 자연 선택에 의한 진화의 과정을 뛰어넘어 스스로 노년기의 삶에 대한 해답을 찾고 있다. 자연적 의미에서의 노년기는 잔여적 기간이었다. 태어난 목적을 모두 수행하고 보너스로 받은 기간 정도로 인식되어 왔다.

그러나 인간은 노년기를 청소년기와 장년기에 이은 제3의 인생 기간으로 인식하고 새로운 설계를 하기 시작했다. 경제·사회적으로 생산은 하지 않고 소비만 하는 기간으로 생각되었던 노년기를 생산하는 기간으로 바꾸어가고 있다.

노인들은 이제 스스로 생산적인 일을 찾고 만들어간다. 오히려 일자리가 없는 것을 한탄할 정도가 되었다. 노년기는 더 이상 자녀나 후손에 의존적 인생이 아니기를 희망한다. 노년 세대의 독립선언이다.

노년의 진화는 인간이 스스로 만들고 있는 인위적인 진화라는 점에서 자연적 진화와는 차별성을 갖는다.

자연 선택에 의한 진화는 너무 오랜 기간이 걸리고, 인간적으로 보았을 때 잔혹한 결말을 만들 수 있기 때문에 인간은 스스로의 지적인 진화를 본격화하고 있는 것이다. 수만 년 걸릴지도 모르는 진화를 단 100여 년에 만들어내고 있다.

따라서 국가의 경제·사회정책도 이러한 노년의 진화에 맞추어 변화시켜 나가야 한다. 무엇보다도 노년기를 폐기물 재활용기 정도로 생각하는 인식부터 바꾸어야 한다.

노년기는 독립된 인생의 한 기간이다. 이에 맞춰 노인의 자족적·자립적 생활이 가능하도록 경제·사회적 여건을 조성하는 것이 시급하다. 청장년의 힘만으로는 더 이상 노년을 부양하기 힘들 정도로 노

년의 비중이 커지고 있다. 이러한 개념의 연장선에서 직장에서의 정년
이라는 개념도 사라져야 한다.

그러나 노년이 아무리 생산적이라고 하더라도 청장년만큼 생산적
일 수는 없다. 노년기에는 질병·부상 등 사회적 위험이 높아질 수밖에
없다. 스스로 생활할 수 있을 때는 노년이 자립적으로 살아가겠지만,
사회적 위험에 빠졌을 때 사회보장제도를 통하여 노년을 지원하는 것
은 필요하다.

노년을 위한 사회보장안전망을 통하여 노년은 청장년과 교류하고,
청장년에게는 불확실한 미래에 대한 안심의 장이 된다. 이러한 의미에
서 연금제도는 인류가 만들어낸 사회적 진화의 산물이다.

인류는 진화 과정을 통해서 살아남도록 다듬어졌으므로, 사람의 몸
과 마음은 자신이 처하고 있는 환경에 관한 정보들을 잘 처리하도록
되어 있다. 인류는 개인적으로는 수명의 연장, 사회적으로는 인구 구
조 고령화라는 새로운 난제에 대하여 적극적으로 대응하고 있다.

인구 고령화에 대한 사회적 해답으로 '고려장'과 같은 극단적인 방
법이 선택되지 않기 위하여 노인 스스로 생산적 인간으로 진화하고
있는 것이다. '실버 파워'라는 단순한 수에 의한 인위적 사회 지배만으
로 노인의 삶을 보장받기에는 노년은 너무나 중요하고 아름답다.

[약사공론, 2009. 2. 17]

표류하는 국민연금 어떻게 바꿀 것인가?

대표적인 미래학자인 피터 드러커는 "앞으로 20년 내 사회와 기업에 치명적인 영향을 끼칠 주요 요소는 전쟁, 괴질 또는 혜성 충돌 같은 돌발 사태를 제외하면, 인구 구조의 변화와 지식의 중요성이 증대하는 것"이라고 설파했다.

실제로 현재 선진국의 노년부양비율은 20% 안팎이지만, 2030~40년경에는 40% 수준으로 높아질 것으로 전망되고 있다. 특히 2020년께 베이비 붐 세대가 대거 연금 수급 세대로 진입할 것으로 예상돼 인구 노령화가 급속히 진전될 것으로 보인다.

이러한 노령화 경향은 우리나라도 예외는 아니다. 우리나라 전체 인구에서 65살 이상 노령인구비율이 2000년에 7%를 넘어섰고, 2018년에 14%를 돌파할 전망이다. 2050년께는 이미 고령사회에 진입한 서구 선진국과 비슷한 인구 구조를 갖게 된다.

인구 노령화는 직접적으로는 공적연금제도의 위기로 이어진다. 연금보험료를 불입하는 가입자에 비해 연금을 받는 수급자가 빠르게 증가하고 있고, 그 결과 연금 재정 적자가 심화되고 있다.

재정 안정 우선이냐, 총체적 개혁이냐?

국민연금·공무원연금·군인연금·사학연금의 4대 공적연금에 대한 제도 개혁의 시도는 있었지만 근본적인 개선은 이뤄지지 못했다.

1998년 12월의 국민연금 재정 안정화를 위한 개혁이 그랬으며, 1999년의 국민연금 전 국민 확대 조처가 그랬다. 2000년의 공무원연금 개혁 또한 마찬가지였다.

최근에는 정부와 여당이 현행 국민연금 급여 수준을 10% 포인트 인하하고, 보험료를 현행 9%에서 15.9%까지 인상하는 재정 안정화에 초점을 맞춘 방안을, 야당이 현행 국민연금의 틀을 전면적으로 손질하는 기초 – 소득비례연금 2층화 방안을 제안하고 있다.

외형상으로는 정부와 여당은 재정 안정화 문제가 급하니 먼저 급여 수준을 낮추고 사각지대 해결은 별도로 논의하자는 것인 반면, 야당은 재정 안정화와 구조 개혁은 별개의 사안이 아니므로 함께 논의해 대안을 만들어보자는 태도다.

이러한 여야 견해 차이로 국민연금 개혁 작업은 표류하고 국민연금에 대한 불신은 높아지고 있다. 정부와 국회가 갈피를 못 잡고 있어 국민들의 혼란이 더욱 가중되는 양상이다.

여야 할 것 없이 국민연금이라는 뜨거운 감자를 두고 책임 회피에 급급하다는 여론의 비판이 거세다. 이제 국민들은 여야를 막론하고 정치권에서 연금 개혁을 할 의지가 있는지를 의심하고 있는 실정이다.

경제협력개발기구(OECD) 국가 중 인구 고령화 속도가 가장 빠르고, 저출산화 경향이 가속화되고 있는 우리나라의 국민연금제도는 저부담 고급여의 재정 불균형 구조, 광범위한 연금 사각지대의 존재, 국민연금과 공무원연금 등 특수직 연금 사이의 형평성 문제, 기금 운용에 대한 불신 확대로 더 이상 연금 개혁을 미룰 수 없는 실정이다. 이러한 상황에서 정치권이 표를 의식한 나머지 연금 개혁을 당리당략 차원에서만 본다면, 이것은 국회 본연의 의무를 저버리는 것이라고밖에 볼 수 없다.

국민연금의 기능을 분화시키자

세계은행은 최근 2005년 보고서에서 연금제도개혁안의 평가 기준을 제안했다.

첫째, 개혁안이 연금 시스템의 목표를 달성할 수 있도록 충실히 설계됐는가? 구체적으로, 개혁안이 고령자에게 자원을 효율적으로 배분해 고령자의 빈곤 위험에 대한 보장 기능을 합리적으로 제공하고 있는가 하는 점이다. 또 하나의 기준으로는 거시적 또는 재정적 환경이 개혁안을 뒷받침할 수 있는가 하는 점이 꼽혔다. 연금개혁안에 대한 장기적인 재정 전망이 이루어졌는지, 거시경제적 목표와 이용 가능한 정책 수단을 갖고 있는지를 따져봐야 한다는 것이다. 규제 감독 체계가 마련되어 있는가 하는 점도 중요한 기준으로 제시됐다.

정부는 지속 가능하고 효과적인 규제 감독 시스템을 설치하고 있어야 한다는 것, 이런 세계은행 평가 기준은 국제노동기구(ILO)의 제안과도 거의 유사하다. 연금 개혁의 기본 방향에서는 세계적으로 보편적 원칙이 확립되고 있다는 것을 뜻한다.

그러면 지금 우리가 선택해야 할 연금 개혁의 내용은 무엇일까?

우선, 국민연금제도의 보장성과 형평성 확보다. 국민연금제도는 우리 국민이면 누구나 일정한 노후 소득을 보장받을 수 있도록 설계돼야 한다. 국가가 책임지는 공적연금제도는 제한된 계층에게 높은 보장을 하기보다는 모든 계층에 균등한 보장을 해야 한다. 국민연금보다 높은 급여를 보장하면서도 재정 불안 문제가 더욱 심각한 공무원·군인·사학 연금의 제도 개혁이 먼저 이행돼야 한다.

둘째, 노후 소득 보장에서 국가가 책임질 부분과 국민 개개인이 책임질 부분의 합의를 이루는 것이다. 이때 국가의 책임 부분은 국가가 책임질 수 있는 부분에 한정해야 하고, 그 수준도 가능한 한 경제사회의 자율성을 해치지 않는 최소한이어야 할 것이다. 그 이상의 부분에 대해서는 국가가 개인이 여유로운 노후를 위해 노력할 수 있는 여건을 만들어줘야 한다.

국민연금기금의 합리적 운용 구조를 함께 마련하는 일도 중요한 과제다. 국민연금을 현행 방식대로 운용하면, 적립 기금은 1700조원까지 늘어나다가 2040년 중반에 급속히 고갈돼 금융시장에 큰 부담을 줄 수 있다.

이를 막기 위해서는 적립 기금이 성숙기까지 일정 수준 증가하고 난 뒤에는 적정 기금을 유지할 수 있도록 재정 방식을 만들어야 한다. 즉 세대 간 재분배가 필요한 '부과 방식' 부분과 각 개인이 부담한 보험료로 수지 균등한 연금 급여를 받을 수 있는 '적립 방식' 부분의 역할을 나눠야 한다. 이는 지금 국민연금제도의 기능 분화로 준비해야 될 것이다. 이를 위해서는 무엇보다도 공적연금 사각지대의 해소와 세대 간·세대 내 형평성 제고를 위한 다층화 체계의 구축이 필요하다. 각 공적연금제도는 소득 수준, 퇴직 연령, 직업 등 직역별 특성에 상응해 안정된 노후생활에 필요한 적정 급여 체계를 설계한다.

정부는 퇴직연금의 전환을 지원해야

국민연금은 수지 균형을 맞출 수 있는 적정 부담·적정 급여 체계로 운영하고, 이미 적립 기금이 고갈된 공무원연금 등 특수직역 연금은 제도 개혁 시점 이후 가입기간에 대해서는 장기적 수지 균형 체계를 구축하되 과거 가입기간의 '미적립 부채액'(미래 연금 지급에 상응하는 준비금 중 부족액)은 별도로 적립하는 방안을 마련해야 한다.

또 현행 퇴직금제도는 개별·기업별로 노사 합의에 의해 일시금 형태를 포함한 다양한 퇴직연금제도를 설계할 수 있도록 해 다양성과 신축성이 유지돼야 한다. 정부는 퇴직금제도를 퇴직연금으로 원활하게 전환할 수 있도록 세제 개편 등 지원 체계를 구축해야 할 것이다.

이러한 조건을 충족하는 대안이라면 국민을 설득할 수 있다고 본다. 지금 우리에게 필요한 것은 고령화 시대에도 지속 가능한 세대 간 부양을 위해 노령 세대와 근로 세대가 어떠한 사회계약을 체결할 것인가 하는 점이다. 이제 국회가 책임감을 갖고 나서서 이러한 사회적 합의 절차를 추진해야 할 시점이다. 말없는 다수 국민들은 21세기의 국가 경쟁력과 복지 공동체의 기반이 될 연금 개혁의 합의 과정을 주시하고 있다. [한겨레21, 2005. 12. 13. 제588호]

장사(葬事)문화 개선을 위한 선결 조건

보건복지가족부에 따르면, 지난 해 전국의 화장률이 처음으로 61.9%에 이르렀다고 한다. 1970년의 우리나라 화장률이 10.9%에 불과했다는 사실을 감안하면 매우 빠른 변화라고 할 수 있다. 더욱이 국민의 80.4%가 화장을 원하는 것으로 조사되고 있어 화장문화가 급속히 확대될 것으로 전망된다.

좁은 국토 면적을 생각하면 화장의 필요성은 불문가지다. 일본의 경우 화장률이 99.8%에 이르고, 대만도 88.2% 수준이다. 중국의 경우에는 아예 매장을 법으로 금하고 있어, 그 넓은 국토에도 불구하고 고분을 제외하면 무덤을 찾아보기 힘들다.

우리나라의 경우 2008년 사망자가 24만 6000명임을 감안하면, 아직 약 10만 개의 새로운 무덤이 만들어지고 있다 할 수 있으므로 의식 전환은 계속될 필요성이 있다.

그러나 장묘문화는 문화적·종교적인 현상이므로 강제할 수 있는 성격의 것이 아니다. 박정희 대통령 시절 구정을 금하고 신정을 권장

했으나 국민의 호응 부족으로 결국 구정으로 환원됐고, 가정의례준칙을 만들어 관혼상제에서 허례허식을 없애도록 했으나 생각한 만큼 개선되지 않았다.

따라서 의식 전환을 위해서는 법령 준칙의 강제보다는 자연스러운 변화 유도가 바람직하지만, 화장문화가 정착되기 위해서는 선결돼야 할 과제가 산적하다.

무엇보다 화장시설의 부족이 문제다. 화장을 하고 싶어도 화장할 수 있는 시설이 부족해 그러잖아도 슬픔에 싸인 유가족이 동분서주하는 모습을 흔히 보는 것은 잘못된 결과다.

물론 지자체에서는 화장시설을 확장하기 위해 노력하고 있지만 문제는 님비현상이다. 이러한 경향으로 인해 화장장을 포함한 장묘시설의 추가 확보가 난관에 봉착해 있다. 더욱이 화장시설의 지자체별 불균형은 지자체 간 새로운 갈등 요인이 되고 있다.

따라서 지자체 간의 이해관계를 조정할 수 있는 새로운 룰을 만들어야 하고, 이를 위해서는 지자체 간의 갈등 조정에 중앙정부도 적극적으로 나서야 한다.

화장이 늘어난다고 모든 것이 해결되는 건 아니다. 화장 이후의 유골을 어떠한 방식으로 남길 것인지도 문제다. 영화나 드라마에서 유골을 바다나 강물에 뿌리는 낭만적인 모습을 자주 보지만 모두 법을 어기는 행위다.

무덤 대신에 확산되고 있는 납골당도 하나 둘 사회 문제화하고 있다. 납골당이 무덤에 비해 훨씬 더 효율적인 것은 사실이지만, 무분별한 납골시설이 또 다른 흉물로 변하고 있는 것이다. 또한 잘못 관리된 납골시설이 언론 등에 노출되면서 이에 대한 반감을 넘어 모처럼 형성되고 있는 화장문화 증가에 부정적으로 작용하지 않을지 걱정된다.

따라서 납골시설이 단순 영리 차원을 넘어서 공공성을 가지고 관리될 수 있도록 하는 일이 중요하다.

최근에는 납골시설의 문제점을 개선한 자연장이 주목을 받고 있다. 자연장이란, 화장 이후 유골분을 지정된 산이나 바다에 뿌리거나 용기에 담아 묻는 것으로 수목장 등도 자연장의 한 방법이다.

우리나라에서도 2007년 5월 '장사 등에 관한 법률'을 개정해 이듬해 5월부터 시행하고 있으나, 자연장의 방법과 이를 위한 부지 확보 및 세부 계획 마련 등의 문제로 제도 정착에는 아직 시간이 필요한 상황이다.

1950년대 후반 이후 출생한 베이비 붐 세대가 본격적으로 사망하는 2030년대까지 현재의 매장문화가 지속된다면, 산야는 심각하게 훼손될 것으로 전망되는 만큼 장사문화의 개선은 시급한 국정과제의 하나다.

장사문화를 개선하기 위해서는 국민 각자의 의식 변화도 필요하지만 여건과 관련 제도도 함께 뒷받침돼야 한다. 국민의 의식 전환을 요구하기에 앞서 정부와 지자체는 할 일을 제대로 하고 있는지 꼼꼼히 점검할 때다. [문화일보, 2009. 12. 5]

2010, 베이비 붐 세대의 이동이 시작된다

베이비 붐 세대, 그들은 누구인가?

우리 인간은 한 치 앞도 내다볼 수 없는 존재다. 그러나 트렌드를 읽으면 미래를 예측할 수 있다. 오늘날 저출산 고령화 현상은 누구나 한 마디 하는 명확한 트렌드임에 틀림없다. 그럼에도 불구하고 이를 감안하지 않고 계획을 세우는 일이 허다하다.

2009년 관객 수 1000만 명을 돌파한 한국 영화 <해운대>가 쓰나미를 주제로 한 공포영화인 것과 마찬가지로, 우리나라 인구 구조에 있어서 쓰나미 같은 존재가 바로 '베이비 붐 세대'다. 베이비 붐 세대는 일단 규모가 큰 관계로 끊임없는 생존 경쟁에 시달리면서도 경제 성장을 함께 하는 과정에서 실제적으로 현대화 된 제1세대들이다.

소비의 상징인 마이카와 아파트 시대가 이들로부터 시작됐다. 이들이 움직이는 곳에서는 항상 북적거렸다. 거리에 차가 넘쳐났듯이 이들이 소득 수준에 따라 아파트 평형도 넓어졌다. 음식점과 술집도 이들의 취향에 따라 변하기도 하였다. 또한 이들이 차지하고 있는 자리에는 인사 적체가 심화되었다. 이들 때문에 피라미드형 수직적 조직이 다이아몬형 내지 수평형 팀제로 바뀌어야 했다.

베이비 붐 세대(Baby Boomer)라는 용어가 처음으로 사용된 곳은 미국이다. 합계출산율(TFR, 여성 1명이 평생 동안 낳을 수 있는 평균 자녀 수) 3.0 이상의 코호트(Cohort, 주로 같은 시기에 태어나 같은 경험을 같은 경험을 하면서 자라난 연령 집단)인 미국의 1946~1964년 중에 태어난 세대를 지칭한다. 인구 규모로는 7700만 명, 전체 인구의 30% 규모에 이른다.

1946년은 2차 대전이 종료된 시기로서 전후 세대를 대표한다. 일본의 베이비 붐 세대는 단카이(團塊) 세대라고 부른다. 제2차 세계대전 이후 1947~1949년에 태어난 세대로서, 동 기간 중 출생자 수는 806만 명으로 메이지 유신 이래 가장 높은 출생률을 기록하였고, 총인구와 취업자 수 등에서 차지하는 비중이 다른 연령대 인구 계층보다 월등히 높다.

2차 세계대전 참전국인 미국과 일본의 경우 베이비 붐 세대가 1946년부터 빠르게 시작되었지만, 우리나라의 경우 6·25 한국전쟁 이후인 1950년대 중반부터 60년대 중반 이전에 태어난 세대를 베이비 붐 세대로 규정하여 왔다. 1953년 6·25 한국전쟁이 끝난 이후 1955년부터 출생자 수가 급격히 증가하기 시작하여 60년대 초반까지 이어진다. 이 기준에 따르면, 이 기간에 태어나서 현재 생존하고 있는 인구 수는 716만 명 정도이고, 우리나라 인구의 15%를 점하는 최대 인구 집단이다.

그러나 우리나라의 경우 여기에 더해 1968년부터 1974년간 제2차 베이비 붐 세대가 존재한다. 경제 성장으로 빈곤의 늪에서 빠르게 벗어나면서 출생아 수가 80만을 넘는 시대가 창출되었다. 따라서 1968~

[그림 1] 한국의 베이비 붐 세대(2010년 기준)

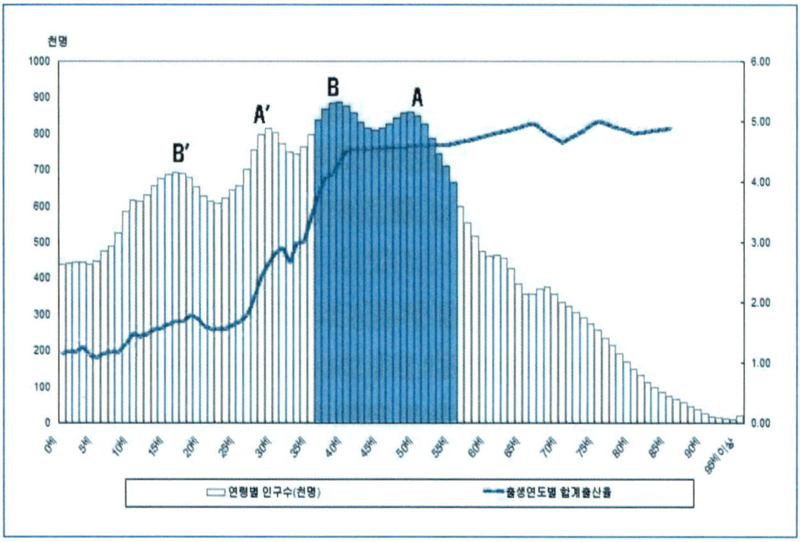

1974년 출생 코호트까지 합칠 경우 총인구의 34%인 1650만 명을 차지하는 거대 인구 집단이 된다.

더욱 흥미로운 것은 제1차 베이비 붐 세대와 제2차 베이비 붐 세대의 자녀 세대가 다시 1980년대에 두 개의 인구 집단 봉우리를 만든다는 것이다. 합하면 지금 현재 4개의 인구 봉우리가 만들어져 있음을 [그림 1]로 알 수 있다. 길게 보면 1650만 명의 제1차, 2차 베이비 붐 세대의 움직임이 쓰나미처럼 움직이면서 우리나라의 경제적·사회적 특징을 주도하고 있는 것이다.

베이비 붐 세대의 이동은 우리나라 인구 구조의 변화를 주도한다. 베이비 붐 세대는 2010년에는 전 인구의 33.6%를 점유하고, 점차 감소하여 2070년대가 되면 대부분 한반도를 떠나게 된다.

우리나라의 인구 구조는 생산 인구라고 할 수 있는 25세에서 64세의

[그림 2] 연령 계층별 인구구조 변화

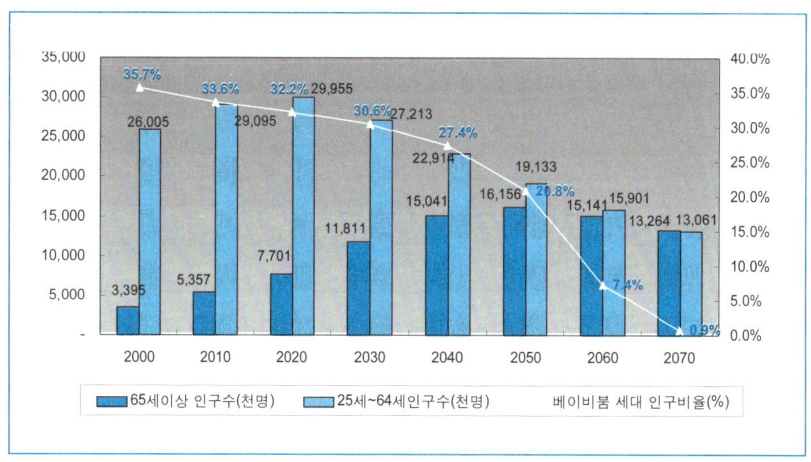

인구 수는 2020년대 극점인 2996만 명에 도달한 이후 점차 감소하여 2070년대에서 1326만 명으로 감소하게 된다.

반면에 65세 인구 수는 2010년의 536만 명 수준에서 점차 증가하여 2050년에는 1616만 명으로 거의 세 배로 늘었다가 점차 감소하여 2070년에는 1326만 명으로 줄어든다. 2070년에는 65세 이상 인구가 25세에서 64세의 인구 수보다 많게 된다는 것이 특징적이다.

베이비 붐 세대가 젊은층으로 있을 때 우리 인구는 생산 인구가 많았다가 베이비 붐 세대 인구가 노년층이 될 때에는 노년 인구의 중심 세력이 된다. 요약하면 생산의 중심 인구인 베이비 붐 세대가 소비의 중심 인구인 노년층으로 대이동하게 된다는 점이다.

이러한 베이비 붐 세대가 주도하는 인구 구조의 변화에서 문제는 이들 세대를 받쳐줄 신세대의 인구는 점차 적어지고 있다는 점이다.

1995년 이후 출산율이 극단적으로 떨어진 것으로 감안할 때, 이들이 노동시장에 진입해야 하는 2020년경에는 신규 노동시장 진입 인력은 극단적으로 최저선이 되는 반면에, 베이비 붐 세대는 65세 노인이 되기 시작한다. 초저출산 문제의 해결 고리가 극적으로 만들어지지 않은 한 2040년대까지 이러한 극단적 불균형은 계속될 것으로 전망된다.

베이비 붐 쓰나미, 무엇이 문제인가?

베이비 붐 세대의 인구 이동과 관련하여 일본에서 나타난 두드러진 특징은 베이비 붐 세대의 은퇴가 시작되면서 부동산시장 버블의 붕괴가 시작되었다는 점이다.

우리나라의 경우에도 이러한 현상이 발생할 것이냐는 데 대해 부동산시장에서 초미의 관심사가 되고 있다. 특히 베이비 붐 세대가 중형 아파트의 수요 붐을 일으켰다는 점에서 이들의 고령화는 중형 아파트의 수요를 감소시켜 아파트 가격의 하락으로 이어질 수 있다.

통계청에서는 주택 구입 인구(35~54세)의 감소와 베이비 붐 세대의 은퇴가 겹쳐 2011년 이후 주택 경기 침체가 예상된다는 전망을 내놓고 있다. 더욱이 베이비 붐 세대의 이동은 금융시장에도 큰 영향을 미칠 수 있다. 베이비 붐 세대가 노후 준비를 위하여 자산 시장에 투자했던 자금들이 노후 소비자금으로 전환한다면 금융시장에도 부정적인 영향을 미칠 수 있다.

그러나 다행인지 불행인지는 알 수 없으나 한국 베이비 붐 세대는 노후 대비 보유 자산이 적다는 통계가 나오고 있다. 40~49세 가구주 순자산은 약 3억 260만원으로 부동산이 2억 2600만원, 저축액은 6743만원에 불과하다. 한편 은퇴 후 퇴직금으로 구성하는 금융 자산이 은퇴 전보다 적어 삶의 질 하락이 예상되는 반면에 금융시장에의 충격

한국의 2006년 베이비 붐 세대 자산 현황

구 분	40~44세		45~49세		40~49세	
	금 액	비 중	금 액	비 중	금 액	비 중
총자산	29,298.8	100.0	31,261.1	100.0	30,260.2	100.0
저축액	6,768.5	23.1	6,719.0	21.5	6,744.3	22.3
부동산	21,630.4	73.8	23,603.4	75.5	22,597.1	74.7
기타(자동차 등)	899.8	3.1	938.8	3.0	918.9	3.0
부채	5,267.5	18.0	4,605.9	14.7	4,943.4	16.3

＊자료 : 베이비 붐 세대의 은퇴와 정책적 대응 방안, 현대경제연구원, 2009.

은 그리 크지 않을 수 있다는 것이다.

베이비 붐 세대의 변화로 우려되는 것 중의 하나는 저축률의 심각한 감소 현상이다. 일본의 경우 베이비 붐 세대가 속하는 50대의 가계저축률이 1998년 이후 점차 하락하고 있으며, 동세대가 정년을 맞는 시기에는 제로 또는 마이너스로 반전될 것이라는 전망이다. 가계저축률도 2003년 8%대에서 2010년에는 3%대로 하락할 것으로 전망되고 있다.

우리나라의 경우, 베이비 붐 세대가 본격적으로 은퇴가 시작되지 않았음에도 불구하고 가계저축률은 한 자릿수대로 하락하였다. 이는 베이비 붐 세대가 은행 대출 등을 동원해 무리하게 부동산에 투자하면서 부채가 증가한 것이 가장 큰 원인으로 보이지만, 일본의 예에서 보듯 보다 심층적인 분석이 요하는 대목이다.

이들 세대의 은퇴로 저축률이 더욱 심하게 하락할 수 있는 가능성이 문제시 된다는 점을 유의해야 한다. 저축률 감소는 투자 재원의 부족으로 연결되기 때문에 잠재적인 경제성장률에도 타격을 줄 수 있다.

노동시장도 큰 변화를 겪게 된다. 우리나라의 현재 리딩 그룹인 이들 세대가 쓰나미처럼 노동시장을 빠져나갈 가능성은 농후하다. 우리나라의 평균 정년 연령이 55세 내외인 점을 감안하면, 2010년이 되면 이들의 은퇴가 본격적으로 시작될 것으로 예상된다.

한국의 경우 베이비 붐 세대가 장기간 나타나므로 베이비 붐 세대의 은퇴에 따른 노동력 인구의 감소가 느리게 나타날 것으로 보는 측면도 있지만, 베이비 붐 세대의 은퇴 이후(2030년) 생산 인구가 급속히 감소하게 될 것이란 점에 유의해야 한다.

일본의 경우 베이비 붐 세대가 장기간 연마한 기능·노하우·지식을 전수할 차세대가 부족하며, 이는 종신고용제도 하에서 지식이 사람을 중심으로 축적되는 구조 하에서 더욱 심화되었다.

우리나라도 예외는 아닐 것이다. 우리나라의 경우 기능 전수 문제는 대기업보다는 중소기업에서, 제조업·건설업·운수업 부문에서, 사무직보다 기능직에서 심각할 것으로 예상된다.

대기업의 경우 고도화된 분업과 자동화 시스템으로, 기능의 중요성에서 시스템의 중요성으로 이동했다. 그러나 중소기업은 기능 전수 중심의 노동집약적인 구조를 가지고 있다. 이로 인해 중소기업의 인력난은 더욱 심화될 것으로 판단된다.

한편, 이들 세대가 은퇴하면 이들에 대한 경제·사회적 부양 부담이 대폭 증가하게 된다. 이들 세대는 1988년에 시작된 국민연금에 30년 가입한 세대들이다. 수급자 수도 많지만 연금액 수준도 높다. 국민연금의 급여 지출을 폭발적으로 증가시킨다.

이들은 국민연금의 최대 수혜자로 역사에 남겠지만 재정 악화의 주범이 될 전망이다. 공무원연금 등 특수직역 연금도 사정은 마찬가지다. 건강보험도 남의 일이 아니다.

이들이 고령자로 들어서게 되면 보험 급여 지출도 지금보다도 더 빠른 속도로 늘어나게 될 것이다. [그림 3]에서 볼 수 있듯이 베이비

[그림 3] 베이비 붐 세대 변화에 따른 국민연금 적립금 추이

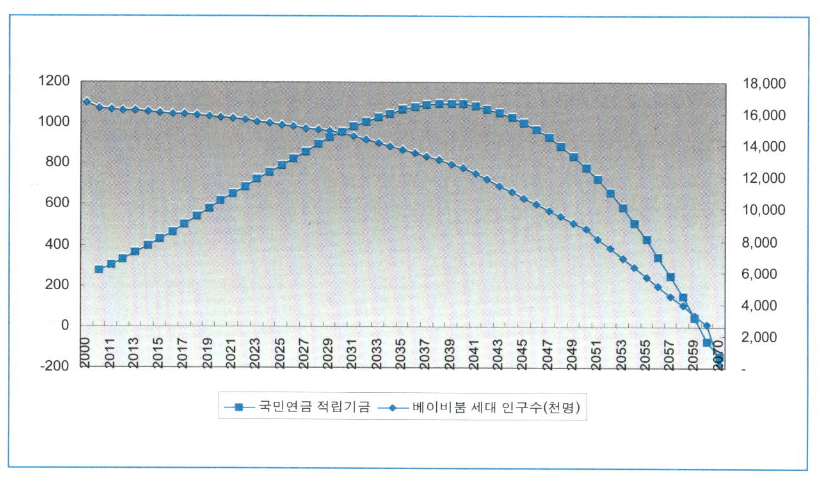

붐 세대의 이동과 국민연금기금의 규모는 함께 한다. 베이비 붐 세대
가 사라지는 시점에 국민연금기금도 동시에 바닥난다. 베이비 붐 세대
는 국민연금기금의 증식 주도 세대에서 국민연금기금의 잠식 주도 세
대가 된다.

　공무원연금·군인연금·사학연금 등 특수직역 연금제도의 수급자도
베이비 붐 세대가 은퇴하면서 눈덩이처럼 늘어나고 대규모의 적자가
발생하게 된다.

　이들 세대의 투표권은 가공할만하기 때문에 본격 은퇴 후 개혁도
거의 불가능하게 될 전망이다. 이러한 특수직역 연금 외에도 사회보장
급여의 급속한 증가는 정부 재정 부담도 급속히 악화시킬 것으로 전
망된다. 세수의 중심 세력이 세출의 중심 세력으로의 전환은 세율의
인상을 불가피하게 요구한다. 더욱이 베이비 붐 세대는 자신의 노후를
위한 준비가 부족한 세대다. 자녀의 교육을 위하여 너무 무리한 투자를

계속하고 있기 때문이다.

이 시간 현재 기러기 아빠의 대부분은 베이비 붐 세대들이다. 이들은 소득의 대부분을 저축이 아닌 자녀 교육 투자에 사용하고 있다. 인적 자원 투자는 바람직하지만 이들 자녀 세대가 과연 그들의 노후를 책임져줄 것이냐는 아무도 확언할 수 없다. 효의 가치와 세태의 변화 못지않게 그들 역시 치열한 생존의 정글에 내던져져 있기 때문에 기대하기가 어려울 것이다.

트렌드를 읽으면 미래가 보인다

시각을 달리하면 악재만 있는 것은 아니다. 나쁜 일이 있으면 그 가운데 좋은 일도 있는 법이다. 베이비 붐 세대의 은퇴 후에는 일자리 공백이 남겨진다. 베이비 붐 세대가 점하고 있는 엄청난 일자리가 쏟아지게 된다. 인사 적체가 풀리면서 만성적인 청년 실업 문제가 해소되고, 조직이 활력을 찾을 수 있게 된다는 전망도 있다.

이는 일본에서 베이비 붐 세대인 단카이 세대가 은퇴하면서 대졸 실업 문제가 일소된 사실로 미루어 짐작해 볼 수 있다. 물론 거기에는 경제가 계속 잘된다는 전제가 필요하다.

최근 일본을 보면 해결되었던 청년 실업 문제가 경기 침체로 다시 악화되고 있다. 특히 베이비 붐 세대가 임금 총액에서 차지하는 비중이 높으므로, 동세대 은퇴로 기업의 인건비 부담 경감 및 경상이익 상승도 가능하게 될 것이다.

일본의 경우 2007~2009년 베이비 붐 세대 퇴직으로 2.2조 엔의 인건비 삭감 효과 및 경상이익 5.2% 상승효과가 발생하였다고 보고되고

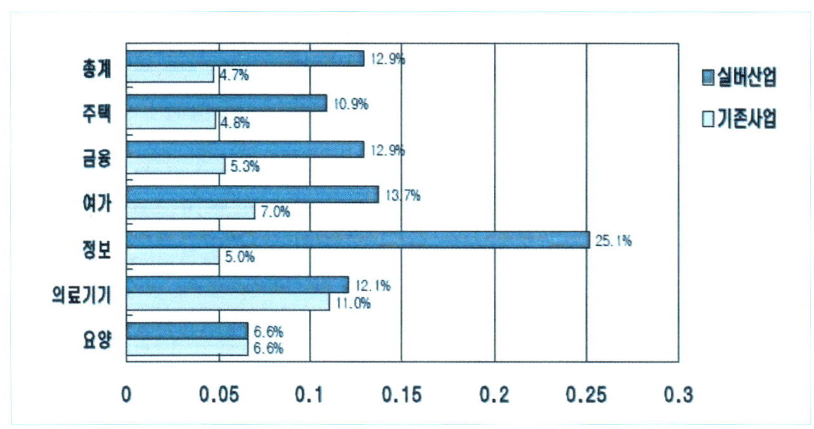

＊자료 : 대한상공회의소, 국내 실버산업의 성장성 전망, 2006

있다. 베이비 붐 세대의 은퇴는 근본적으로 해결되지 못하고 있는 노동시장의 경직성도 자연스럽게 진척될 수 있음을 보여준다.

산업 측면에서도 새로운 흐름이 조성된다. 베이비 붐 세대가 정년 후 은퇴 세대로 이행하여 소비 내용의 변화가 예상된다. 은퇴와 더불어 여행 등 여가생활 및 보건의료 부분에 있어서 소비 비중의 확대가 예상된다.

고령화에 따른 의료나 간호, 건강 관련 상품과 서비스 소비가 확대되며, 거주 주택의 교체와 수선 및 유지를 위한 지출이 증가하게 된다. 풍부한 시간적 여유로 여가·레저 관련 소비가 증가하며, 기존 고령층과 달리 신상품 서비스에 대한 수용도도 높은 세대이므로 현 노령 세대와는 다른 흐름을 보일 것으로 전망된다.

지금 현 노령 세대보다는 더 많은 보유 저축, 퇴직금 및 연금 수령 등 금전적 여유에 따라 소비가 확대되어 내수시장의 변화가 전망된다.

기존의 고령친화산업이 새롭게 성장하는 동력을 얻게 되는 것이다.

베이비 세대의 대이동에 대응하는 정책 대응이 필요하다

베이비 붐 세대의 이동에 따른 고령화와 저출산 현상은 지구상의 에너지 및 자원 고갈 문제와 동반하여 문제의 심각성을 배증시킬 것으로 보인다. 인구부양율이 아직은 매우 낮은 데도 불구하고 우리나라의 잠재 성장력이 지난 수년 간 감퇴되고 있었다는 점도 우려를 크게 만드는 요인이다. 문제는 발등에 떨어진 불과 같은 상황이지만 우리의 대응은 지지부진한 상황이다.

아마도 향후 10년은 베이비 붐 세대가 리딩 그룹으로 주도하는 세상이 될 것이다. 향후 10년은 인구 구조 측면에서는 노년 부양과 유소년 부양 부담이 가장 작은 시대이고, 이 시대는 대한민국이 한 단계 업그레이드 할 수 있는 절호의 기회이기도 하다.

베이비 붐 세대는 현재 한국인의 대표 세대다. 이들 세대는 고도성장을 주도하였고 대량소비사회를 열었다. 그러나 베이비 붐 세대가 우리나라를 위하여 할 일은 아직도 끝나지 않았다.

우리나라를 성장 지속 가능한 국가로 만들기 위한 마무리 작업도 해야 한다. 이 작업의 시작은 자기 세대의 이해를 과감히 버리는 것부터 시작하여야 한다.

미래 세대를 위하여 그리고 미래 한국을 위하여 베이비 붐 세대의 부모들이 하였던 것처럼 또 한 번 희생하는 과정 속에서 선진국으로의 도약은 한층 더 쉽게 기약될 것이다. [신동아, 2010. 1월호]

CHAPTER 3

한국형 사회보장제도의 DNA를 찾아서

사회보장의 새로운 패러다임
—경제 양극화 해소하려면 사회보장 인프라부터 개혁하라

우리나라가 글로벌 경제위기에서 탈출 중임을 보여주는 신호가 곳곳에서 나타나고 있다. 하지만 서민이 피부로 느끼기에는 아직 이른 감이 있다. 게다가 경제 상황에 대한 서민의 불만이 폭발하는 시기는 있는 사람이나 없는 사람이나 똑같이 위기 속에 있을 때보다는 경제 회복 과정에서 따먹을 과일이 주어질 때다.

허쉬만은 주변 사람이 하나 둘 위기를 벗어나는데 자기만 위기 속에 그대로 있을 때 불만이 폭발한다는 '터널 효과'를 주장한 바 있다. 10여 년 전 발생한 외환위기의 기억은 많은 이를 더욱 불안하게 할 수 있다. 위기가 끝난 뒤 일부 사람은 이전 상태를 회복했지만, 당시 구조 조정 혹은 파산을 겪은 이들은 지금도 위기 이전의 생활수준을 회복하지 못하고 있기 때문이다.

최근 한 연구에 따르면, 2008년 현재 우리나라의 빈곤층 비율은 14.3%로, 2007년의 14.4%보다는 낮지만 빈곤층 비율이 가장 낮았던 1990년의 7.6%에 비하면 두 배 가까이 늘었다.

반면 중산층 비율은 1990년 74.2%에서 2008년에는 63.3%로 대폭 감소한 것으로 나타났다. 빈곤층은 늘고 중산층은 감소하는 양극화 현상이 급속히 진행되고 있는 것이다.

축구에서 미드필드가 약하면 경기 운영이 잘 안 되듯 국가에서도 허리 부분이 취약하면 국정을 안정적으로 운용하기 어렵다. 이번 위기 회복 국면에서 우려되는 것은 10년 전에 발생한 사회의 양극화 현상이 또다시 반복되지 않을까 하는 점이다.

최근 정부에서는 국민의 이런 걱정을 불식시키기 위해 중도 친서민정책을 펴고 있다. 복지정책은 그 중심에 있다고 할 수 있다. 이 시점에서 중요한 것은 MB정부가 지난 정부 10년간 해결하지 못한 양극화 문제에 대한 해법을 제시하면서 차별적인 정책 방향을 정립하는 것이다.

공공부조와 사회보험의 엇박자

우리나라의 사회보장제도는 꾸준히 발전해왔다. 그 과정에서 다양한 사회적 위험에 대응할 수 있는 시스템을 갖췄다. 하지만 막상 경제 불황이 닥치고 보니 경제위기에 취약한 대응 구조가 드러났다.

공공부조제도인 국민기초생활보장제도는 그런대로 제 구실을 하고 있지만, 중간 계층의 사회안전망이 되어야 할 사회보험제도에는 문제가 많다.

먼저 고용보험은 안정적인 정규직 근로자를 주 대상으로 삼기 때문에 비정규직과 영세자영자, 취업 포기자가 많은 우리 현실에서 제 기능을 충분히 발휘하지 못한다.

건강보험제도는 높은 본인부담금과 광범위한 비급여 부분 때문에 중증 혹은 만성질환자에게 부담스럽다.

산재보험도 농어민과 자영업자에게는 별 도움이 되지 못한다. 국민 연금은 아직 보험료 징수액이 급여 지급액보다 훨씬 많은 상태여서 강제 저축 효과로 인한 소비 위축이 문제다.

기초생활보장제도가 튼실하다고는 하지만 국민이 빈곤층으로 전락 하기 이전 상태에서 계층을 유지해줘야 할 사회안전망으로서 사회보 험제도가 부실한 것은 문제가 아닐 수 없다.

또 공공부조와 사회보험 사이의 중간 지대가 너무 넓은 것도 시정 돼야 한다. 국민 복지정책을 기초생활보장제도 중심으로 운용하면 이 미 사회적 위험에 봉착한 중간 계층이 빈곤자로 전락한 다음에야 비 로소 국가가 개입하게 된다. 그때는 이미 늦다.

우리나라는 빈곤 탈피율이 굉장히 낮다. 빈곤으로 떨어지는 원인은 노령·질병·장애·실업 같은 사회적 위험이다. 이런 위험이 생겼을 때 바로 국가가 개입해야 중간 계층이 유지된다. 빈곤선을 올리고 수급 조건을 완화하는 방법으로 해결하려고 하면, 저성장 시대에는 빈곤층 이 늘어나는 속도를 당해내지 못할 수 있다.

금융위기 때는 차상위 계층 대책을 이야기했는데, 요즘에는 차차상 위 계층 등 빈곤 대책 대상자 기준이 점차 높아지고 있다.

중산층을 볼모로 하는 복지제도

그러나 빈곤을 공공부조로 해결하려고 하면 중산층은 빈곤한 사람 들을 위해 자신이 세금을 낸다고 생각할 수 있다. 저소득층이 많아지면 중산층의 부담은 점점 커진다.

이런 개념의 공공부조는 이제 한계에 이르렀다고 봐야 한다. 이미 사회보장을 위한 예산이 선진국보다 많지 않은 데도 정부가 분배에만 치중한다는 주장이 나오고 있다.

사회보장이 한 단계 발전하려면 노인 부양, 의료, 교육, 주거 등 인간다운 생활을 위한 최소한의 부분은 사회재로 함께 해결하고 나머지는 사적 재화로 남겨놓는 시스템을 만들어가야 한다. 서구처럼 광범위한 사회재는 부작용이 있을 수 있지만, 한국형의 적정 수준의 사회재를 만들어나가야 할 시점이다.

국민은 국가에 높은 수준의 복지를 요구하면서 필요한 비용은 부담하지 않으려 한다. 이를 근본적으로 바꿀 수 있는 패러다임을 제시해야 한다.

복지는 사회가 함께 참여하면 더 효율적일 수 있다는 인식을 확산시켜야 한다. 이 부문에 집중적으로 개입해 국민 통합과 국가 효율성 제고에 기여해야 한다. 우리나라의 경우 특히 공공부조와 사회보험의 중간적 개념의 틀을 만들어야 한다고 본다.

기초생활보장제도는 조세에서 재원을 확보하고 자산 조사를 통해 급여를 지급한다. 사회보험은 보험료 등 자기 기여를 원칙으로 하고, 급여는 자산조사 없이 지급한다.

그런데 저소득 자영업자와 비정규직 비율이 높은 우리나라에서는 보험료 부담 능력이 없는 사람이 너무 많다. 여기에 엄청난 사각지대가 있는 것이다. 따라서 재원은 보험료가 아니라 조세에서 마련하고, 지급은 특별한 경우를 빼곤 소득이나 재산조사 없이 노령·질병·장애 등이 발생했을 때 하는 방식이 바람직할 것이다. 그러면 보장 범위가 넓어져 기초생활보장은 예외적이고 한시적인 것이 될 수 있다.

사회적 위험과 불안이 커지는 상황에서 사회보장의 패러다임을 바꾸지 않으면 저성장의 틀 안에서 혼란만 가중될 것이다. 장기적 흐름을 볼 때 성장률 저하는 불가피한 측면이 있다. 시장경제가 제자리를 찾기 위해서도 새로운 사회보장 인프라가 구축되어야 한다.

이러한 복지정책 개혁의 첫걸음은 사회안전망을 체계화하는 것이다. 이를 위해서는,

첫째, 사회보장 개념의 대전환이 필요하다. 그 동안의 선별적·제한적 복지 개념에서 벗어나 보편적 종합적인 복지 체계를 구축해야 한다.

둘째, 공공부조제도가 아닌 사회보험제도를 사회보장제도의 중심축으로 만들어야 한다. 공공부조제도는 사회보험제도의 보완적 제도로 재정립하면 된다. 이렇게 되면 사회적 위험이 발생했을 때 사회가 예방적으로 개입해 과거의 사후 치료적 제도가 갖는 한계성을 극복할 수 있다.

셋째, 각종 사회적 위험에 대해 1차적 보장 개념인 최저 보장 수준과 2차적 보장 개념인 적정 보장 수준을 이원화해 다층적인 보장 시스템을 구축해야 한다.

성장지향적인 복지 체계 구축

다음으로 노동·보건·복지 서비스를 생애 주기적으로 통합해야 한다. 국가는 국민을 각종 사회적 위험으로부터 보호하고, 평생 건강하고 활력 있는 삶을 영위할 수 있도록 함으로써 사회적 생산성이 극대화되는 평생관리 체계를 구축해야 한다.

평생에 걸쳐서 개인의 적성과 능력에 따른 인력 개발 및 관리가 이

루어질 수 있는 교육 및 훈련 시스템을 정비하고, 자유롭고 탄력적인 고용 시스템의 구축을 통하여 일에 대한 만족도와 효율성을 동시에 제고해야 한다. 국민이 건강한 삶을 유지할 수 있도록 예방 및 보건 인프라를 구축하고, 질병 및 재해 발생시 최소한의 경제적인 자유가 이뤄질 수 있도록 해야 한다.

고용 창출을 통한 성장지향적인 복지 체계를 구축하는 것도 중요하다. 국가는 단순히 현금을 급여하기보다는 수혜자가 스스로 자립할 수 있도록 하는 복지 서비스를 우선적으로 제공해야 한다. 다만, 이때 노동이 단순히 복지 급여를 절약하는 수단이 아닌 삶의 보람을 증대시키는 것이 될 수 있도록 해야 한다.

사회적 급여가 시설이나 기관 중심으로 제공되는 것을 피하고, 국가가 개인에게 직접 제공함으로써 개인이 자유롭게 필요한 서비스를 선택할 수 있게 하여 서비스의 질과 양이 시장에서 다양하게 제공될 수 있도록 하는 게 좋다.

이 경우 고용 창출 및 생산성 향상이 유발되고 경쟁력도 높아진다. 공공재가 직접 제공돼야 하는 부문에 대해서는 경쟁 및 책임 경영 시스템을 도입함으로써 내부시장원리(internal market principle)를 강화해 국가 자원을 효율적으로 배분하고 비용의 낭비를 줄여야 한다.

이와 함께 유념할 것은 각종 사회보장 시스템을 사회적 위험에 따라 재정립해 중복 급여와 제도를 통합해야 한다는 점이다.

공급자 중심의 복지 서비스 제공 틀에서 벗어나 수요자 중심의 통합 서비스 제공을 위한 제도 간 연계 체계와 One-stop-service 체계를 구축해야 할 것이다.

이를 위해 노동·보건·복지제도와 정책 조직을 통합적인(integrated) 시각에서 체계화하며, 서비스 행정의 효율성을 제고하고, 수요자의 노동·보건·복지 정보에 대한 접근 편의성을 높이는 정보 시스템을 구축해야 한다. 분립적인 관리 운영 체계를 과감하게 통합해 비용 효과적인 서비스 전달 체계를 구축하고, 일층적 사회보장 시스템을 통합하고 이층적 사회보장 시스템은 집단과 지역의 특수성에 맞도록 지속 가능한 책임 경영 체계를 구축하는 것이 바람직하다.

국가가 소득 재분배에 적극 개입해야

최근에 드러나는 복지 관련 급여의 부정과 비리를 근본적으로 해결하기 위해서는 복지 전달 체계의 개선 작업이 적극적으로 이루어져야 한다. 이때 복지 전담 전문 공무원의 확충과 기존의 행정 전달 체계와 차별화된 수요자 중심의 조직 개편이 필요하다.

한편 4대 사회보험의 보험료 징수 통합 체계가 새롭게 구축되고 있는 만큼 이를 계기로 4대 사회보험료 부과 체계의 일원화도 추진되어야 할 것이다.

복지 증진에 필요한 재원은 가계와 기업, 노동자와 사용자가 공평하게 분담하는 복지 공조 체계도 만들어야 한다. 이를 위해서는 먼저 중앙과 지방 간에 난맥상을 이루고 있는 비용 부담 구조와 정부의 비효과적인 지원 체계를 정비해야 한다.

또한 복지가 개인의 자발성과 가족의 역할을 억제하지 않고 오히려 개인의 창의와 능력을 발휘할 수 있는 여건을 조성하도록 해야 한다. 가정의 가족 부양 부담을 경감시켜 가정이 경제적 문제로 파탄하거나 불행해지지 않도록 지원하는 것도 중요하다.

우리 사회에서 드러나는 경제적 양극화를 완화하려면 국가가 소득 재분배에 적극적으로 개입하는 것이 불가피하다. 무엇보다도 소득 재분배 효과가 매우 미약한 조세 시스템부터 다시 살펴봐야 한다. 건국 이후 부분적인 손질만 거듭하는 과정에서 복잡하게 뒤엉킨 조세 체계를 전면 개혁해 조세의 형평성과 효율성을 높여야 한다.

사회보험료를 잘 납부할 수 있는 정규직 중심으로 만들어진 경제개발 단계의 사회보장 시스템도 복지가 필요한 서민 중심으로 재편성해야 한다. 또 사회적 위험에 직면한 계층을 두텁게 보호하는 복지제도로 바뀌어야 한다.

이러한 시스템이 구축돼야 양극화 현상의 완화와 사회 통합 강화가 이루어질 수 있을 것이다. 이는 중도실용 친서민정책의 요체이기도 하다. [신동아, 2009. 10월호]

공무원연금 재정 문제의 해결을 위한 정부안의 윤곽이 모습을 드러냈다. 그 동안 공무원연금 문제는 공무원 복지를 축소시킬 수 있다는 우려 때문에, 다른 한편으로는 국민의 조세 부담 증가를 가져올 수 있다는 점에서 공무원뿐만 아니라 일반 국민의 관심을 모아왔다.

이번 정부 개선안의 골자는 연금 급여 축소 및 부담 증가로 요약되는 공무원연금 복지 축소와 연금 재정 적자 보전을 위한 매년 1조원 내외의 국민 조세 부담 증가로 요약된다.

행정자치부의 공무원연금개선안은 공무원연금을 현행 체계대로 유지할 경우 매년 몇조 원의 공적자금이 적자 보전을 위해 투입돼야 하는 상황에서, 당사자인 공무원의 입장과 조세 부담자인 시민의 입장 중간에서 균형을 찾아보고자 노력한 고육지책으로 보인다. 그러나 이번 개선안은 몇 가지 점에서 아쉬움이 있는 개혁으로 평가된다.

첫째, 제도 개선이 충분치 못해 이번 제도 개선으로도 공무원연금은 재정 건실성을 확보할 수 없다는 점이다. 즉 제도 개선에도 불구하고 정부가 사용자로서 마땅히 부담해야 할 보험료 및 퇴직수당 부담금 약 2조 5000억원 이외에도 1조원 내외를 적자 보전을 위해 지출하지 않으면 수지 균형을 이룰 수 없고, 정부의 부담은 지속적으로 늘어날 것이다. 따라서 공무원연금은 적립 기금을 거의 가지지 않는 단순한 정부의 적자 회계 예산 제도로 전락하고 말았다.

둘째, 과학성의 부족이다. 현재와 같이 공무원연금 재정이 부실하게 된 것은 엄격한 보험 수리적 계산에 기초한 연금 설계가 이뤄지지 못했기 때문이다. 이번 연금제도 개선의 과정에서도 공무원연금제도가 안고 있는 미적립 연금 부채액의 규모가 어느 정도이고, 이는 어떠한 요인에 의해 적립되지 않았으며, 앞으로 어떤 방법으로 미적립 부채를 상각해나갈 것인가 하는 청사진의 제시가 필요하다.

셋째, 형평성의 미흡이다. 공무원연금은 공무원만을 위한 후생복지 제도지만, 일반 국민을 위한 국민연금제도와 어느 정도의 형평성이 유지돼야 한다. 물론 공무원연금 수준을 국민연금 수준과 동일하게 할 수 없는 점도 있다. 그 동안 우리 사회는 공무원에게 민간 근로자보다도 월급을 적게 주면서 희생과 봉사정신만을 강조해왔다. 이러한 과정에서 공무원연금은 민간 근로자보다 낮은 급여 체계를 일부라도 보완하는 기능을 해왔기 때문이다. 따라서 공무원의 급여 수준을 민간 수준으로 현실화하면서 연금 수준도 국민연금과 형평을 맞출 수 있도록 개선해야 하는 것이다.

넷째, 공적연금 전체에 대한 종합적인 해결 노력이 부족하다는 점이다. 사실 군인연금은 이미 77년 공무원연금의 현재 상태와 비슷하게 기금이 고갈돼 매년 7000억원 내외의 공적 자금에 의한 적자 보전이 이뤄지고 있다. 또 사학연금은 2020년경에 기금 고갈 상태에 진입하며, 국민연금은 2040년대에 적립 기금의 고갈 상태에 빠지게 된다.

공무원연금 재정이 현 시점에서 특히 문제가 되고 있는 것은 공무원연금의 도입이 국민연금보다 28년 앞서기 때문에 국민연금보다 먼저 문제가 나타나는 것일 뿐이다. 따라서 공무원연금뿐만 아니라 군인연금·사학연금·국민연금도 마찬가지로 미래에 건전성을 유지하면서 세대 간 형평성을 이룰 수 있는 연금 시스템으로 개선돼야 할 것이다.

결론적으로 말해 공무원연금제도는 장기적 시각에서 근본적인 개선이 필요하다. 임기응변식 제도 개선은 공무원연금의 구조적 문제를 더욱더 왜곡시킬 뿐이다.

공무원연금 문제는 공무원들만의 문제가 아니라 전 국민의 문제이며, 우리나라 장래의 국민생활과 국가 경쟁력에 막대한 영향을 미칠 수 있는 중차대한 문제이다. 따라서 공무원연금 재정위기는 이러한 문제 발생을 미리 경고하는 신호탄에 불과하다.

이런 차원에서 공무원연금 개선을 단지 공무원연금 문제로 한정하는 일차원적인 해법은 바람직하지 않다. 공무원연금 문제는 공무원의 처우 개선, 국민연금제도 등 타 연금제도의 구조개선, 퇴직금제도의 개선 등과 맞물려 있는 고차원적인 방정식임을 인식하고, 범정부적이고도 종합적으로 해결하려는 자세가 필요하다. [동아일보, 2000. 10. 10]

국민연금에 대한 사실과 오해

'연금 못 받나' 걱정 기우

국민연금에 대한 불만과 불신의 목소리가 높아가고 있다. 주된 내용은 '기금이 고갈되어 연금을 받을 수 없게 된다', '국민연금에 가입하면 근로자가 자영자에 비해 손해 본다', '잘못된 운용으로 기금이 바닥난다', '하루 살기도 힘든 데 보험료를 왜 강제 징수하나' 등이다.

그러나 이러한 주장들 중에는 사실인 것도 있고 아닌 것도 있다. 또 정부가 비판 받아야 할 것도 있지만 국민이 오해하는 부분도 있다. 이에 대해 정확히 시시비비를 가릴 필요가 있다.

먼저 국민연금 기금은 고갈되는가, 또 그럴 경우 연금을 못 받게 될까? 정답부터 얘기하자면 국민연금제도가 현행 체계를 유지하면 기금은 2047년경에 고갈되지만 연금을 못 받을까 걱정할 필요는 없다.

국민연금제는 보험료를 부담하는 것보다 연금으로 받는 것이 평균 2.3배 많도록 설계되어 있다. 들어오는 것이 적은 데 많이 나가니 국민들이 연금을 본격적으로 받게 되는 시기가 오면 결국 바닥날 수밖에 없다.

그렇지만 대부분의 OECD 국가들에서는 적립 기금이 없어진 지 수십 년이 되었지만 연금 못 받는 사람이 없다. 선진국은 노인에게 지급해야 할 연금 비용을 근로 세대로부터 세금같이 납입 받아 조달한다. 다만 문제는 급속한 인구 고령화다. 노인인구비율은 OECD 국가 중 우리나라가 가장 낮지만 노령화 속도는 가장 빠르다.

예산 방식의 운영에서 중요한 것은 근로 인구와 노인 인구 비율인데, 현재는 8대 1 수준이지만, 앞으로는 3대 1 수준으로 떨어진다. 연금 기금 고갈은 문제가 안 되지만, 후세대의 보험료 부담이 너무 과중해지는 것이 문제이다.

그렇다면 근로자가 자영자보다 불리한가? 이 역시 잘못 알고 있는 사실 중 하나다. 국민연금제도는 소득 재분배 구조를 가지고 있어서 저소득자가 고소득자보다 수익률 측면에서는 유리하지만, 고소득자 역시 본인 부담보다 1.5배 정도 유리하게 설계되어 있다.

고소득자는 저소득자에 비해 불입 금액이 많기 때문이 실제 수혜 금액은 저소득자보다 많다. 따라서 자영자가 상대적으로 낮은 소득으로 신고했다고 해서 직장 가입자가 불리할 것은 없다.

다음으로 연금기금을 잘못 운용하여 기금이 바닥난다는 주장은 일리는 있지만 전적으로 옳지는 않다.

국민연금은 정부가 낮은 이자율로 사용해서 수익률에 나쁜 영향을 준 적도 있고, 주식 투자를 잘못하여 손해를 본 적도 있지만 국민연금 재정에 미친 영향은 1% 미만이다.

운용 시스템 강화 필요

눈덩이처럼 커지고 있는 기금 운용을 안정적으로 운영하는 것은 반드시 필요한 과제이다. 수익률에 따라서 필요 보험료도 낮아질 수 있기 때문이다. 따라서 국민이 믿을 수 있도록 기금 운용의 전문성·책임성·투명성을 높이는 방향으로 대폭적인 운용 시스템의 강화가 필요하다.

마지막으로 왜 강제로 가입하느냐의 문제이다. 국민연금은 단순한 보험제도가 아니다. 크게 보면 가정에 책임이 있는 부모 부양을 사회적으로 부양하는 체제이다. 따라서 사회 전체적으로 근로 세대가 노인 세대를 부양하는 구조를 갖고 있다. 이는 노인 인구의 급증, 핵가족화의 진행, 여성 경제활동 참가의 증가로 불가피한 추세이다.

주변을 보더라도 부모 모시는 가정이 점차 줄고 있지 않은가. 따라서 국민 모두가 동참하여야 하는 것이다. 물론 보험료의 무리한 징수 과정에서 발생했던 행정적 과오는 즉각 개선되어야 한다.

[한국일보, 2003. 12. 4]

국민연금, 이대로 두자고?

공무원은 2배 더 받아 고령사회 대비한 손질 필요

정부와 민주당은 지난 18일 국민연금 급여 수준을 가입기간 중 평균소득의 60% 수준에서 55% 수준으로 낮추기로 했다.

이에 대한 국민 시각은 두 가지로 나오고 있다.

하나는 '국민이 봉이냐'는 시각이다. 공무원·군인·사학연금 가입자의 연금 급여는 지난 연말 10~15% 올려주더니, 왜 일반 국민이 가입한 국민연금은 깎느냐는 것이다.

다른 하나는 '또 땜질식 처방'이냐는 시각으로 국민연금 재정의 심각성에 비추어볼 때 이 정도의 제도 개선으로는 턱도 없다는 것이다.

이 두 가지 시각은 일견 서로 상반되어 보이지만, 실은 몇 가지 점에서 동일한 출발점에서 제기되는 비판이다.

첫째, 국민연금에 대한 불신이다. 많은 사람들은 국민연금이 자신의 노후 소득 보장을 해줄 것으로 믿지 않고 있으며, 자기 봉급에서 꼬박꼬박 떼이는 국민연금 기금이 잘못 운용되고 있다고 생각하고 있다.

둘째, 공적연금 관련 제도 간 형평성도 문제다. 공무원연금 등 특수직역(職役) 연금은 국민연금에 비해 연금 급여 수준이 2배 정도 높다. 그 결과 군인연금은 1977년에, 공무원연금은 2001년에 사실상 적립 기금이 고갈된 상태에서 운영되고 있다. 게다가 추가적인 적자 분은 전액 국민 세금으로 보전해주고 있다.

이런 와중에서 작년 말에는 공무원 등의 연금 급여를 2년 전까지 소급, 대폭 인상하였다. 공무원·군인 등은 최고 소득 계층은 아니지만 그래도 상층부에 속한다. 이들에게는 일반 국민보다 2배 수준의 연금을 보장하고 적자 분은 국민이 부담한다. 누가 수긍할 수 있겠는가?

셋째, 정부의 잘못된 공적연금정책 방향이다. 그 동안 정부는 국민연금이 민영보험보다 몇 배 더 유리한 투자 수단임을 '노(老)테크'라는 신종용어까지 만들어가면서 선전해왔다. 그처럼 유리한 '노테크' 수단이라고 홍보하다가 지금에 와서 연금 급여 삭감이라니 웬 말인가. 자가당착적인 잘못된 논리라고 말하지 않을 수 없는 것이다.

이제 사실을 말해보자. 국민연금이 심각한 재정위기에 있는 것은 부인할 수 없는 진실이다. 물론 기금이 고갈돼도 정부 예산으로 연금을 지급할 수는 있다.

그러나 이미 수십 년 전부터 연금을 잘 운영한 서구 선진국의 경우를 보더라도, 이들 국가는 최근에야 연금 개혁 작업에 돌입한 상태다. 각 국가의 노령 인구가 늘어나면서 젊은 사람들이 부양해야 할 노인 인구가 갑작스럽게 늘어나고 있기 때문이다. 그래서 프랑스는 최근 노조의 반대를 무릅쓰고 그 어렵다던 연금 개혁을 용기 있게 단행했다.

우리 국민연금도 앞으로 현행대로 연금 수준을 유지하자면 보험료를 현재의 9%에서 최소 24%대까지 상향 조정해야 한다.

문제는 미래 세대의 부담이다. 우리의 미래 세대(2020년대 이후)는 연금보험료 부담 외에도 건강보험료(10%), 고용보험료(2%), 퇴직금 부담금(8.3%) 등 소득의 40%에 육박하는 사회보험료 부담을 안게 된다. 현 세대가 잘못 설계한 '저부담 고급여'의 국민연금을 통해 미래 세대에 엄청난 연금 부채를 떠넘긴 결과인 것이다.

OECD(경제협력개발기구) 회원국 중 인구 고령화 속도가 가장 빠른 우리나라의 경우, 더 이상 연금 개혁을 미룰 수는 없다. 그러나 정부가 하는 식대로는 안 된다. 이제 국민들이 국민연금의 진실을 제대로 알게 해야 하며, 국민들이 스스로 결정할 수 있도록 해야 한다.

따라서 임기응변식 처방이 아니라 근본적인 큰 틀의 제도 개혁이 필요하며, 이는 국민연금만이 아닌 공무원·군인·사학연금 등 4대 연금을 포함하는 개혁이 되어야 한다.

이를 위해서는 국민 모두가 현 세대만이 아닌 미래 세대도 함께 공유할 수 있는 국민연금이 될 수 있도록 대승적 차원의 합의가 필요하다. [조선일보, 2003. 7. 21]

국민연금, 차제에 근본 수술을

국민연금 논쟁이 가열되고 있다. 비밀도 아닌 '국민연금 8대 비밀'이 네티즌 사이에 일파만파로 번져나가 마침내 정치적 쟁점으로까지 비화되고 있다.

8대 비밀은 주로 유족 연금의 중복 수급 제한과 국민연금 장기 체납자에 대한 압류 문제에 대하여 의문을 제기하고 있다.

그런데 정부는 이를 국민연금에 대한 이해 부족으로 인식하고 단순한 해명에 급급하다가 오히려 국민연금에 대한 불만을 더욱 더 증폭시키는 결과만 초래하고 있다.

정부는 현재 제기되고 있는 8대 비밀은 국민연금에 대해 표출된 국민 정서의 일부에 불과하고, 심층적으로는 국민연금의 정체성과 신뢰성에 대하여 근본적인 질문을 던지고 있는 것을 알아야 한다.

설상가상으로 정부는 국민 여론에 기름이라도 붓겠다는 것인지 지역 가입자의 연금보험료를 7%에서 8%로 인상한다고 통보한데 이어, 더 내고 덜 받는 국민연금법개정안을 국무회의에서 통과시켰다.

주먹구구식 개정으로는 한계

OECD 국가 중에서 인구 노령화 속도가 가장 빠른 우리나라에서 국민연금제도의 정착은 매우 중요한 국가 과제라 할 수 있다.

지금 네티즌들은 성급하게 국민연금의 폐지를 주장하고 있지만, 우리보다 일찌감치 고령사회에 진입한 경제 선진국 어디를 살펴보아도 공적연금제도가 없는 국가는 없다는 점 하나만 보아도 공적연금의 존재 자체를 부인하는 것은 오만과 객기에 가깝다.

말없는 다수의 국민은 공허한 국민연금 폐지 주장보다는 그 동안의 불안과 불신을 한 번에 날려 보낼 수 있는 시원한 대안을 원하고 있는 것이다.

국민연금의 문제점은 장기적인 재정 불안, 광범위한 연금 사각지대의 존재, 적립 기금 운용에 대한 불신 등 크게 세 가지로 요약할 수 있다.

연금 재정은 현재의 저부담 고급여의 불균형 체계를 그대로 유지하면, 2047년경에 적립 기금이 완전히 고갈된다. 또한 국민연금은 경제 성장의 주역이라고 할 수 있는 현재의 노인 계층 소득 보장 문제는 외면하고 있고, 국민연금 가입 대상자 1700만 명 중 600만 명 이상이 저소득 등으로 인하여 국민연금 보험료를 불입하지 못하는 등 연금 사각지대를 안고 있다.

현재 120조원가량의 적립 기금을 어떻게 안정적으로 잘 운용하여 국민들의 연금보험료 부담을 덜어줄 것인가도 문제다.

정부는 이러한 과제들을 해결하기 위하여 연금보험료를 9%에서 15.9%까지 상향 조정하고, 연금 급여는 40년 가입 기준 60%에서 50%로 하향 조정하는 재정 안정화 방안을 내놓았고, 연금 사각지대 해소

대책 마련을 위한 위원회를 구성하고, 중장기 연금 기금 운용 전략 방안을 수립하는 등 다양한 노력은 하고 있다. 그러나 이 정도의 땜질식 처방만으로는 국민연금이 가지고 있는 근본 문제를 해결하기 어렵다고 판단된다.

정부의 재정 안정화 방안은 기금 고갈 시점을 2047년경에서 2075년경으로 연장시키는 데 불과한 미흡한 대안일 뿐만 아니라, 국민의 혈세로 수천억 원의 적자 보전을 하고 있는 군인연금, 공무원연금 등은 그냥 두고 국민연금만 개혁한다고 해서야 아무래도 설득력이 부족하다. 더욱이 연금 사각지대는 현행 국민연금 체계로는 해결이 어렵다.

기초연금 등 다층 체계 전환을

이제 인구 고령화, 저출산, 가족 해체, 무한 경쟁으로 표현되는 변화무쌍한 21세기에도 유연하게 적응할 수 있으며 지속 가능성이 보장되는 공적연금 시스템으로의 근본적인 혁신이 필요한 시점이다.

현행의 공적연금 체제를 모든 국민이 노후에 필요한 소득의 최소한을 보장하는 사회보장 성격인 1인 1연금의 기초연금제도와 안정된 노후 준비가 필요한 국민을 위한 저축 성격의 소득비례연금으로 구분하는 다층적 연금 체계로 전환하는 것이 바람직하다.

이는 대부분의 선진국에서 시행하고 있는 개혁 방안이기도 하다. 이제 모든 정보를 국민에게 공개하고, 대승적 차원의 국민 합의를 모색하여야 할 시점이다. [한국일보, 2004. 6. 1]

최근에 작고한 미래학자 피터 드러커는 그의 저서『넥스트 소사이어티』에서 "앞으로의 사회와 기업에 치명적인 영향을 미칠 주요 요소는 전쟁, 괴질 또는 혜성과의 충돌 등과 같은 돌발 사태를 제외하면, 그것은 인구 구조의 변화와 지식의 중요성이 증대하는 것"이라고 했다.

우리나라의 노인인구비율은 2000년에 7%를 넘어섰고, 2018년에 14%를 돌파하며, 2050년께에는 37.3%에 이르게 된다.

이러한 인구 고령화에 대비하기 위해 1988년에 도입된 국민연금은 가입자 수 1700만 명, 수급자 수 170만 명, 적립 기금 154조원의 초대형 기금으로 커져가고 있다. 장기적으로도 연금 수급자 1000만 명, 적립 기금 1700조원까지 증가돼 복지제도와 금융시장의 중심축이 된다.

최근 증권시장이 불황에도 불구하고 견조한 성장세를 보이고 있는 것은 다년간의 무역수지 흑자에도 기인하지만, 국민연금 기금 등 연기금이 받쳐주기 때문이기도 하다.

그러나 국민연금의 긍정적 효과는 2020년 중반이면 부정적 효과로 전환된다. 7080세대가 본격적으로 연금 수급 세대로 전환되면서 쌓였던 적립 기금이 급격히 감소하게 된다.

국민연금 기금이 2020년대 중반 이후 감소 추세에 들어가는 근본적인 이유는 연금 수급자가 늘어날 뿐만 아니라 현행 국민연금의 수급 부담 구조가 가입자가 불입한 보험료의 원리 합계액보다 연금 수급액이 두 배 정도 많게 설계돼 있는 '저부담 고급여'이기 때문이다.

국민연금의 재정 불안을 완화하기 위해 정부는 연금법개정안을 국회에 제출해두고 있으나 3년째 공전 중이다. 국민연금 재정 문제에 대해서는 많은 국민들이 그 필요성을 인식하고 있지만 여전히 해결되지 않는 것은 무엇 때문일까.

우선 생활이 어려운 국민들이 미래를 위해 '더 내고 덜 받는' 개정안을 수용할 생각이 부족하기 때문이다. 이는 국민연금에 대한 불신과 관련돼 있다.

이러한 불신은 정부안대로 법이 개정된다 하더라도 재정 문제가 완전히 해결되지 않기 때문에 생긴다. 정부안대로 하면 연금 고갈 시점을 20여 년 늦추는 효과가 있을 뿐 재정 불균형 문제가 근본적으로 개선되지는 않는다.

다음으로 형평성의 문제가 있다. 공무원연금·군인연금·사학연금 등은 연금 급여 수준도 국민연금보다 훨씬 높게 설계돼 이미 적립 기금이 고갈되었거나 고갈되어 가고 있다. 그런데도 급여 수준도 낮고 고갈 시점도 30여 년 남은 국민연금을 먼저 개혁한다고 하니 일반 국민을 어떻게 설득할 수 있겠는가?

한편 정부가 지난 1990년대에 기금관리기본법, 공공자금관리기금법(공자법) 등을 만들어 국민연금을 저금리로 강제 예탁시켜 기대 수익을 저하시킨 것도 그 크기의 대소와 관계없이 국민 불신을 증폭시켰다. 최근에 공자법의 개정안에 대해 과민 반응을 보이고 있는 것도 이러한 배경과 관련이 있는 것이다. 따라서 국민연금 개혁이 성공하기 위해서는 이러한 제약 조건들이 선행적으로 해결되어야 한다.

이를 위해서는 국민연금이 단순한 금융상품의 하나가 아니라 과거 대가족 사회에서 가족이 담당했던 부모 봉양을 근로 세대가 함께 노령 세대를 부양하는 사회적 계약으로서 개별 가족의 부담을 대체하는 제도임을 인식하는 것이 필요하다.

국민연금 재정 문제는 제도 내적인 수지 균형 원리만으로는 해결되지 않는다. 보다 중요한 것은 세대 간·세대 내의 '신뢰' 구축이다. 초고령 미래사회에도 지속 가능할 수 있는 노인 부양에 대한 '국가와 개인' 혹은 '현 세대와 미래 세대'의 책임 분담을 위한 새로운 사회계약 체결이 필요하다.

이제 공은 국회에 넘어가 있다. 국민연금 개혁을 국민의 대의기관인 국회가 어떻게 만들어내는가를 국민들은 주시하고 있다.

[한국경제, 2005. 12. 13]

연금 개혁 어떻게 풀 것인가?

2월 임시국회 회기 중 국민연금법개정안 처리를 두고 관심이 모아지고 있다. 미래 세대의 발목을 잡는 국민연금법개정안이 이번에 반드시 처리되어야 한다는 여론이 있는 반면에, 공무원연금법 개정이 지연되고 있는 판에 국민연금법 처리가 웬 말이냐는 여론도 있다.

연금 개혁 논의가 불붙기 시작한 지도 어언 4년이 되고 있다. 이제 연금법 개정이 식상해져서 어떤 방식으로든 빨리 마무리되었으면 하는 것이 국민들의 솔직한 심정일 것이다.

연금 개혁이 이렇게 지지부진한 것은 연금과 관련된 이해관계가 그만큼 복잡하기 때문이다. 연금 개혁 방정식은 단순한 일차방정식이 아니라 몇 개의 방정식과 부등식을 동시에 풀어야 하는 연립방정식이다. 국민연금 따로 공무원연금 따로 하는 시대는 지나고 있다. 재정 안정 문제와 사각지대 문제를 별개로 생각할 수 없다. 가계 저축과 근로 유인과의 관계, 국민 경제에 미치는 영향 등도 고려해야 한다.

지금까지의 연금법 개정을 보면, 국민연금과 공무원연금이 따로 논의되었고, 재정 안정을 위해서는 보험료를 인상하고 연금액을 삭감하면 되고, 연금 사각지대 해결을 위해서는 또 다른 연금법을 만들어 해결하자는 식의 따로국밥식의 해법만 제시되었다.

열린 세상에서는 제도 간 상호관계가 분명해야 하고, 형평성과 효율성이 조화될 수 있는 방안을 모색해야 한다. 제도별로 선진국 제도가 좋다 하여 그냥 모방하면 프로그램 하나하나는 그럴듯해도 전체 균형과 조화가 어긋나는 졸작을 만드는 어리석음을 범할 수 있다.

공무원연금과 국민연금이 처음 도입될 때는 제대로 된 논의도 없이 정부 주도로 일방적으로 만들어졌지만, 이제는 근본적인 국민 합의가 필요하다. 무엇보다도 가족 중심으로 해결했던 노후 생계에 대한 국가 책임과 개인 책임을 분명하게 해야 한다.

국가 책임으로 상징되는 국민연금의 역할을 명확히 해서 국가가 할 수 없는 부분에 대해서는 국민 스스로 준비하도록 만들어주어야 한다.

국회 보건복지위를 통과한 여당의 국민연금개정안을 보면, 저소득층은 보험료가 올라 국민연금에 더욱 가입하기 힘들게 만들고, 고소득자는 연금 급여가 깎여서 노후생활 설계에 도움이 안 되는 구조로 되어 있다.

국민 모두의 노후생활 안정과 재정의 지속 가능성을 조화시킬 수 있는 국가 책임과 개인 책임의 비율에 대한 국민의 가치 판단을 묻고 선택하는 것이 연금 개혁의 핵심임에도 불구하고, 개정안에는 불확실성을 제거할 수 있는 우리의 미래가 보이지 않는다.

다음으로 연금 급여 수준이 국민연금보다 두 배로 높고, 재정 상태도 이미 바닥이 나버린 공무원연금과 군인연금의 개혁 없이 국민연금을 먼저 개혁한다는 것도 이치에 맞지 않다. 대선을 앞두고 공무원과 군인만 무섭고 일반 국민은 두렵지 않다는 것인지 의심스럽다.

　그리고 국민연금과 공무원연금 개혁은 동일한 원칙과 기준에서 이루어져야 한다. 제도의 역사와 기능이 상이한 두 제도가 같아져서도 안 되고 같아질 수도 없지만, 사회보장적 성격 부분은 두 제도가 달라질 이유가 없고, 각각의 직역적 성격 부분은 다르게 설계되는 것이 바람직하다. 지금 나와 있는 행정자치부 공무원연금발전위의 건의안은 이러한 측면에서 국민 동의를 구하기 어렵다.

　공적연금이 초고령사회의 우리 국민의 삶과 국민 경제를 좌지우지할 중요한 백년대계임을 감안한다면 연금 개혁 논의는 시간 낭비가 아니다. 이번 임시국회에서 반드시 통과되어야 한다든지 대선 전에 개혁이 이루어져야 한다든지 하는 조급함이 졸속 개혁으로 연결되어서는 안 된다.

　연금제도와 같이 국민의 가치 판단이 필요한 사안은 선거 과정에서 책임 있는 공방이 충분히 이루어지고, 선거 후에 국민 지지를 얻은 쪽에서 차분하게 개혁을 하는 것이 바람직한 정책 결정 과정이다. 공적연금의 지속 가능성은 적립 기금의 많고 적음보다도 국민 신뢰 수준에 의하여 보장되기 때문이다. [서울신문, 2007. 2. 23]

기본연금은 꼭 필요한 복지제도

현행 국민연금제도는 저부담 고급여의 재정 불균형 구조, 광범위한 연금 사각지대의 존재, 근로자와 자영자 간의 불형평성, 기금 운용에 대한 불신 확대 등의 심각한 문제점을 안고 있다.

정부가 내놓은 2004년 국민연금법개정안은 국민연금 도입 이전에 노인이 된 계층에 대해 전혀 대안이 없을 뿐만 아니라 정작 보호 대상이 돼야 할 중·하 계층을 사각지대에 방치해둠으로써 국민연금제도 본연의 목적도 달성하지 못하고 있다.

그나마 이번 연금법개정안의 근거라고 할 수 있는 더 내고 덜 받도록 하는 재정 안정 목표도 기금 고갈 시점을 20여 년 연장하는데 불과한 불완전한 대책에 지나지 않는다.

21세기의 급변하는 경제사회적 환경 변화에 유연하게 대응하기 위해서는 공적연금제도의 개편이 불가피하다.

최근 국민연금의 문제점을 해결하기 위한 대안으로 나온 것이 현행 공적연금제도를 기초연금과 소득비례연금으로 이원화하자는 안이다.

국민연금 이원화 안은 기초연금을 통해서는 대한민국 국민이면 누구나 노후에 필요한 최소한의 소득을 보장받도록 하고, 소득비례연금을 통해서는 추가적인 보험료 납부를 통해 개별적인 노후 설계에 부합하는 소득을 보장하도록 하는 것이다.

현행 국민연금은 국민연금에 가입한 사람만이 엄청난 세대 간 소득 이전의 혜택을 받을 수 있게 되어 있다. 소득이 없어서 연금보험료를 못 내는 사람은 미래 세대로부터도 소득 이전을 받을 수 없게 되어 있다.

그런 점에 1인 1연금의 기초연금제도는 세대 간 소득 이전의 공평성을 높이는 제도라 할 수 있다. 즉 과거 가족 단위로 이뤄지던 부양 부담이 기초연금을 통해 근로 세대가 함께 노령 세대를 부양하는 형태로 바뀌는 것이다.

문제는 기초연금에 필요한 재원의 조달이다. 인구 고령화가 8%인 현 시점에서도 재원 조달은 쉬운 문제가 아니다. 그러나 총인구 중 8%의 노인을 위해 국민총생산(GDP)의 1%를 부담할 수 없는가를 반문하고 싶다.

오늘날의 경제 개발 주역이라고 할 수 있는 현재의 노인이 국민연금에 가입하지 않았다 해서 한 푼의 연금도 지급하지 않으면서 현 세대는 미래 세대에 과감하게 세대 간 이전을 주장할 수 있는가?

재정 추계에 의하면 기초연금제도를 도입할 경우 노인인구비율이 30%에 달하는 시점에 GDP의 5%를 지급하는 것으로 나타난다. 2070년 께 총인구 30%인 노인에게 최저생계비 보장을 위해 GDP의 5%를 지급하는 것이 무리인가?

기초연금의 부담이 커지는 것은 연금제도 탓이 아니라 세계적으로 유례없이 빠르게 진행되는 우리나라의 인구 고령화 현상 때문이다.

노인 부양에 필요한 최소한의 비용 부담도 힘들다고 하면, 과거 늙은 부모를 산중에 버렸던 고려장 제도를 부활하자는 것과 다를 바 없다.

노인 복지에 앞장서야 할 보건복지부가 재원 문제로 기초연금을 못 하겠다는 것은 어느 누가 보아도 이해하지 못할 것이다.

많은 사람은 보건복지부가 국민연금 기금이 이원화 될 때 국민연금에 대한 배타적인 권리가 사라질 것을 두려워하기 때문에 현재와 같이 단일 연금 체계를 고수해 막대한 국민연금 기금을 단독으로 좌지우지하고 싶어 하는 부처 이기주의에 의한 것이 아닌가 의심하고 있다. [중앙일보, 2004. 12. 13]

국민연금의 위기 대처법

국민연금의 주식 투자 확대가 최근 논란거리가 되고 있다. 국민연금이 주가지수 떠받치기의 흑기사 역할을 하는 것이 아니냐는 의심도 받고 있다.

우리나라 주식시장은 올해 들어서 널뛰기 장세를 보이다가 미국발 금융위기를 계기로 폭락세였다가 미국과의 통화 스와프 계약 체결을 기점으로 현재 1200선을 회복했다.

이 과정에 외국 자본을 포함해 투자 열기가 싸늘하게 식어가는 시점에서 국민연금을 포함한 연기금이 종합주가지수 900선을 견지하는데 결정적인 역할을 한 것으로 보인다. 그리고 그때 들어갔던 자금들은 그 동안 손실을 부분적으로 상쇄하는 기능을 했을 것으로 보인다.

결과적으로 적절한 시점에서의 투자였지만 국민연금 주식 투자에 대한 논란은 있다. 국민연금의 주식 투자 논쟁은 새로운 건 아니지만 주로 주식 투자 자체에 대해서 반대하기보다는 주식 투자 비중에 대한 것이었다. 주식 투자를 대폭 늘리자는 공격적인 주장이 있는가 하면, 기금의 일부만 안정적으로 투자하자는 주장도 있다.

국민연금은 우리나라에서 가장 장기 투자에 적합한 자금이라는 점에 대해 이론을 가진 사람은 거의 없을 것이다. 국민연금에 대한 본격적인 소요가 향후 20년 후에 발생한다는 점을 고려할 때 국민연금은 보다 장기적인 관점에서 투자할 수 있다. 따라서 이번 금융위기의 여파가 오래갈 것이라는 예상도 있지만, 장기적 관점에서 볼 때 현 시점은 미래를 위한 적정한 투자 시기일 가능성이 매우 높다.

지난 2007년과 같이 시황이 좋을 때는 주식 투자를 왜 하지 않느냐는 질타를, 올해와 같이 시황이 나쁠 때는 왜 주식에 투자했느냐는 비난을 받고 있는 점을 주시할 필요가 있다. 상식적으로 생각해도 여론이 주식 투자를 더 하라고 할 때면 투자 비중을 낮추는 타이밍이고, 투자를 하지 말라고 할 때는 투자를 더해야 할 타이밍일 때도 있다.

국민연금 투자 결정이 여론에 따라서 움직이다 보면, 결국 잘못된 투자로 귀결될 가능성이 많은 것이다. 따라서 국민연금 기금의 투자 결정은 투자 전문가에게 맡기는 것이 원칙이다.

물론 국민연금 기금이 우리나라 경제와 금융시장에 미치는 영향을 생각할 때 수익성과 안정성의 잣대만으로 투자할 수는 없고, 국민연금의 사회적 책임을 고려해야 한다.

국민연금의 사회적 책임은 독점 기업이 공정한 시장 질서를 어지럽게 해서는 안 된다는 개념과 유사한 것이다. 호수 속의 고래로 표현되는 국민연금이 국내 금융시장을 마구 휘젓고 다니는 모습은 생각만 해도 끔찍하다. 시장을 혼탁하게 만들어서는 안 되는 이유는 단순히 중소 투자자 보호 차원에서가 아니라 국민연금 자신에도 결코 유리하지 않기 때문이다.

230조원 규모의 국민연금 기금이 단순한 기관 투자의 의미를 넘어선 것은 이미 오래됐다. 국민연금은 국내 주식시장 및 채권시장에서뿐만 아니라 해외 투자에서도 큰 손으로 부각되고 있다.

KB금융지주의 최대 주주가 네덜란드 ING은행에서 국민연금으로 바뀌었다든지, 국민연금공단이 세계 주요 투자 펀드 운용사인 블랙스톤 그룹과 20억 달러 규모의 국내 공동투자를 위한 양해각서를 체결했다든지, 대우조선해양 인수 우선 협상 대상자로 선정된 한화그룹이 국민연금공단에 대우조선 인수시 재무적 투자자로 참여해줄 것을 요청했다는 기사는 국민연금의 위상을 실감하게 하는 대목이다.

국민연금 기금이 오는 2050년께에는 2500조원 규모로 성장할 것으로 전망되고 있는 만큼, 현재의 국내 채권 위주의 투자가 한계에 부딪힌 것은 이미 오래됐다. 주식에 대한 투자와 해외 투자는 선택 사항이 아니라 필수 사항이 돼가고 있는 것이다. 다시 말해서 투자의 다변화가 요구되고 있다.

미래에 대한 적극적인 대응을 위해서는 현재 기금 운용 구조에서 전문성과 책임성 그리고 자율성을 높이는 방향으로 전환하는 것이 불가피하다.

기금운용위원회의 상설화와 독립적인 전문 투자회사의 설립 등이 필요한 이유도 여기에 있다. 또한 이번 금융위기를 계기로 중장기적인 투자 계획도 다시 수립해야 할 것이다. 이제는 논쟁이 필요한 때가 아니라 지혜를 모아야 할 때이다. [서울경제, 2008. 11. 10]

국민연금 졸속 개혁 안 된다

국민연금법개정안이 국회 보건복지위를 통과했다. 연금 급여를 40년 가입 기준으로 60% 수준에서 50%로 하향하고, 보험료는 9%에서 12.9%로 높이는 이른바 '덜 받고 더 내는' 개정안이 만들어진 것이다.

우리 국민연금은 장기적 재정 불안정성, 광범한 연금 사각지대, 영세자영자 등 저소득층에 대한 보험료 과중 등 때문에 국민의 불신을 받아왔다. 지난 몇 년간 개혁이 지지부진했던 것은 실타래처럼 얽혀있는 문제에 대한 해법을 찾기가 쉽지 않았기 때문이다.

그렇다면 이번 연금개혁안은 국민연금의 당면 과제에 대한 해답을 얼마나 담고 있는가? 안타깝게도 제대로 해결된 것은 거의 없다고 할 수 있다.

먼저 연금 재정 문제를 보자. 이번 법 개정안이 통과되면 국민연금 적립 기금의 고갈을 막을 수 있는가? 그렇지 않다.

복지부는 이번 연금법 개정으로 국민연금 적립 기금 고갈 시점이 2047년에서 2065년으로 18년 늦추어진다고 발표했지만, 계산에 사용된 통계청의 2001년 인구추계 대신에 2006년의 최신 인구추계를 적용하면 정부 발표보다 5년 앞당겨진 2060년에 기금이 고갈된다. 고갈 시점을 13년 늦추는 효과밖에 없다.

인구 고령화 속도를 감안하면 5년 내에 또 다시 연금 개혁 진통을 겪어야 할 것이다. 더구나 유시민 복지부장관이 주장하듯 국민연금을 이대로 두면 하루에 800억원씩 늘어난다던 연금 부채가 동법이 통과된다 하여도 여전히 하루에 650억원씩 늘어난다는 사실이다.

연금 사각지대 문제도 해결되기 어렵다. 여당에서는 기초노령연금이라고 해서 노인 60%에게 매월 8만원씩 지급하는 제도를 제안하고 있지만, 이 정도 연금으로는 노인의 용돈 문제는 해결하겠지만 생계 문제를 해결할 수는 없다.

더구나 지급 대상 노인과 비대상 노인 간의 구분이 쉽지 않고, 보험료 납입 국민연금 수급자의 연금액이 8만원 수준인 사람이 있는 것을 감안하면 형평성 논란이 불거질 것으로 예상된다.

더욱이 문제가 되는 것은 보험료 인상에 따른 저소득층 고통의 가중이다. 하위 40% 가계수지는 적자 상태에 있다. 9%의 보험료도 감당하기 어려운데 12.9%까지 높이면 저소득층은 국민연금에서 더욱 멀어지게 된다.

오늘도 살기 어려운 이들에게는 과중한 보험료 납입을 강요하는 것은 사회보장의 기본 취지를 잊은 폭정이다. 더욱이 개혁이 시급한 공무원연금 등 특수직역에 대한 연금법 개정은 시작 단계에 있다. 그동안 재정 안정이 시급하다던 공무원연금 등을 현행대로 두면 2050년의 연금 지출은 GDP의 4.5%에 이르고 그 대부분이 적자 보전 예산에 쓰게 된다.

대다수 국민이 가입하고 있는 국민연금은 2050년에 GDP 6.0%를 지급하게 되어서 큰일이라고 호들갑 떨면서 국민연금법을 먼저 개정하는 것은 잘못된 몰염치한 개혁의 수순이다. 최근 공무원연금법개정안이 나오고 있지만 제대로 논의조차 될 수 있을지 의심스럽다.

또한 국민연금법 개정을 열린우리당·민주당(11명)과 한나라당·민노당(9명)의 표 대결로 통과시킨 것도 문제이다. 이런 식으로 여야 합의 없이 표 대결로, 그것도 별 내용도 없는 연금 개혁을 하려고 했다면 이전에 복지부장관도 이미 법을 통과시켰을 것이다.

국민연금과 같이 중요한 사안은 여야 합의, 노사정 합의, 더 나아가 국민 합의가 중요하다. 스위스 같은 경우에는 심지어 국민투표로 개혁한 경우도 있다.

국민연금제도가 복지국가의 기초가 되기 위해서는 대선이나 총선 과정에서 각 정파가 책임 있는 안을 내놓고 국민들이 판단하게 하여야 한다. 이제는 정부나 국회 내에서 날치기로 졸속 개혁하는 시대는 끝나지 않았는가? [국민일보, 2006. 12. 5]

연금 개혁 공방의 진실

요즘 연금 개혁과 관련한 논쟁이 뜨겁다. 난무하는 정치권의 공방과 언론의 질타 속에서 국민은 혼란스럽기만 하다. 최근의 논란은 지난 4월 초 각 정당이 제출한 국민연금법개정안이 모두 부결되고, 기초노령연금법안이 통과되면서 증폭되었다.

유시민 복지부장관은 국민연금법 개정이 늦춰지는 바람에 하루에 800억원씩의 연금 부채가 늘어난다고 그 책임을 한나라당에 돌렸다. 복지부장관은 또 2008년부터 65세 이상의 노인에게 약 9만원을 지급하도록 되어 있는 기초노령연금법안만 통과된 것을 건국 이래 최대 재정 사고라고 규정하고, 국회의 무책임성을 질타하는 동시에 본인의 사퇴 카드를 비장의 무기로 내던졌다.

그 결과 다수가 연금 개혁의 당위성을 인정하는 분위기로 바뀌고 있다. 그러나 연금 개혁이라는 중차대한 국민 선택에 앞서 몇 가지 중요한 '사실'을 인지해야 한다고 생각한다.

먼저 국민연금 미적립 연금 부채가 하루에 800억원씩 늘어난다는 국민연금 위기론에 대한 것이다.

현행 국민연금은 저부담 고급여 구조로 설계되어 있기 때문에 현재대로 그냥두면 적립 기금이 2047년에 고갈된다는 것은 사실이다. 그렇지만 국민연금은 적립 기금이 없어도 운영될 수 있다는 사실을 아는 국민은 많지 않다.

유럽 대부분의 국가는 적립 기금 없이 국민연금을 운영하고 있다. 이들 국가는 노령 계층에게 지급해야 할 연금 지급 비용을 적립 기금 없이 매년 사회보험료와 세금으로 조달하고 있다. 핵가족 시대에 국민연금이 자녀를 대신해 부모를 부양한다는 개념이다.

우리 국민연금법도 암묵적으로 3분의 1은 본인의 보험료로, 3분의 2는 자녀 세대가 부담하도록 하고 있는 것이다. 2047년에 적립 기금이 고갈된다는 것은 위협이 아니라 앞으로 40년의 여유를 가지고 있는 것이다. 국민연금 재정 방식은 전적으로 국민 선택 사항인데, 이를 가지고 큰 재앙이 곧 닥쳐올 것 같이 국민을 불안하게 만드는 것은 오만에 가까운 것이다.

설사 정부·열린우리당 안과 같이 적립률을 높이는 것이 옳다고 하더라도 시행 시기는 2008년 1월이므로 금년 말까지 개정하면 될 것인데, 지난 4월 초에 국회 통과가 되지 않아서 큰일 났다는 것은 이해할 수 없다.

정부·열린우리당의 기초노령연금안은 소득 대책이 없는 65세 이상 노인 60%에게 국민연금 전 가입자 평균소득의 5%를 주자는 안이다. 국민연금법개정안과 함께 통과되지 않아서 문제시되고 있지만, 기초노령연금법은 65세 이상 노인을 위한 것이고, 국민연금법개정안은 60세 미만 근로 계층에 대한 것이므로 대상자가 다르고, 연금 재정 안정화는 40년이라는 완충기간이 있지만 현재 노인의 생계는 당면 문제이기 때문에 기초노령연금법이 먼저 통과되는 것은 오히려 당연하다.

복지 후진국 일본도 국민연금 시행 이전에 당시의 노인을 위한 무 각출 연금을 먼저 도입했는데, 우리는 1988년 국민연금을 도입하고 난 이후 19년이나 늦게 도입하면서 이를 이르다고 주장한 것은 옳지 않 다. 노인 인구가 10%인 시대에 이런 모습이면 노인 인구 40%가 되면 고려장도 마다하지 않을 것이라고 누가 장담하겠는가.

내리사랑은 쉽고 치사랑은 어렵다. 국가가 국민연금을 운영하는 것 은 개인적으로 하기 어려운 치사랑을 국가 제도적으로 강제하는 것이 다. 이 단순한 논리를 복지를 책임지는 장관부터 국무총리 그리고 대 통령까지 모르고 있는 것인가, 애써 외면하고 있는 것인가.

연금 개혁이 빠르면 빠를수록 좋다는 것을 부정하는 사람은 없을 것이다. 지금은 각 정당이 개정안을 내놓고 있고, 그 안의 차이가 상당 히 좁혀져 있다. 각 정당의 안 모두 시행은 내년부터이므로 연말까지 는 시간이 있다. 전 국민의 이해가 걸려있는 국민연금에 대하여 국민 들이 좀 더 알고 선택할 수 있도록 하기 위해 시간이 필요하다면 그 시간은 아깝지 않다. [서울신문, 2007. 4. 14]

'양당 합의' 말고 '국민 합의'를

한나라당과 열린우리당이 국민연금법개정안에 잠정 합의했다. 합의 내용을 보면 급여 수준은 2008년에 현재의 60%에서 2018년까지 40%로 단계적으로 낮추고, 보험료는 현재 수준인 9%를 유지하기로 하였다. 그러나 잠정 합의 내용이 법 개정까지 이어지기 위해서는 넘어야 할 산이 많다.

무엇보다도 국민연금 급여 수준을 40%로 낮추는 것이 가장 큰 충격을 주고 있다. 지난 4월 초 양당 국민연금법개정안의 연금 급여 수준은 모두 50%였는데, 갑자기 40%가 되어서 그 충격은 더 크다.

한나라당 안과 같이 40%로 합의했다고 하지만 한나라당 안은 소득비례연금 40% 이외에 기초연금 10%를 함께 지급하도록 되어 있기 때문에 40%가 아니고 50%였다. 그리고 지난 4월 초에 부결된 열린우리당 안의 급여 수준도 50%였다.

잠정 합의안대로라면 평균소득으로 국민연금에 새로 가입한 사람이 30년 동안 보험료를 성실히 납입하면 51만원의 연금을 받게 되는

데, 이 금액은 홑벌이 2인 가구의 최저생계비 73만원과 큰 차이가 있다. 이와 같이 소득 비례 40%로는 소득 보장에 한계가 있기 때문에 조세로 조달하는 10%의 기초연금을 별도로 지급하자는 것이 한나라당 안이었다.

따라서 연금법개정안을 마무리하는 최종 쟁점은 국민연금 가입자에게 10%의 기초연금 지급 여부다. 보험료를 올려서 소득 비례 연금 자체를 50%로 하자는 주장도 있지만, 9%의 보험료도 높아서 가입하지 못하고 있는 500만에 이르는 영세자영자와 비정규직 등 저소득층의 사정을 너무나 모르는 주장이다. 보험료를 더 납입하더라도 더 많은 연금을 받고 싶은 계층이 있다면, 개인별로 금융기관에서 노후 대비 저축상품에 추가적으로 가입하는 것이 바람직하다.

국가가 보장하는 국민연금은 어떤 경우에도 최저생계비는 보장하여야 한다. 이를 위해서는 국민연금을 수급하는 사람도 기초연금을 수급할 수 있도록 해야 소득 비례 국민연금과 합하여 최저 생계를 확보할 수 있다. 또한 연금 사각지대에 있는 노인의 80%는 연금을 수급할 수 있도록 해야 한다. 이때 급여 수준을 현행 60%에서 40%로 단계적으로 낮추면서 기초연금도 5%에서 10%로 연동하여 조정하면 된다.

법 개정 형식은 국민연금법 단일로 가는 것이나 국민연금, 기초연금 두 개 법안으로 가는 것이나 큰 차이가 없다. 하지만 개별 입법 형식을 취한다고 하더라고 기초노령연금법이 아니라 기초연금법으로 하여 중증 장애인도 포괄해야 한다.

기초연금의 재원 부담을 우려하는 목소리가 높은 것이 현실이지만 80%의 노인에게 10%의 기초연금을 지급한다고 하더라도 고령화가 최정점에 이르는 2070년에 가서도 국내총생산(GDP)의 3%면 충당 가능하다.

언뜻 보기에는 큰 비용으로 보이지만 그 당시의 노인 인구가 전체 인구의 40%인 것을 고려한다면 국내총생산의 3% 부담은 최소한의 부담 수준이다. 노인인구비율이 20%인 선진국은 이미 노인 소득 보장 비용을 국내총생산의 10% 안팎에서 지출하고 있다. 아마도 서구 선진국에서 연금 개혁을 백 번 한다고 하더라고 기초연금 재정 부담 이하로 가져갈 수 없을 것이다.

왜 이제까지 연금 개혁을 늦추어 왔는지 되짚어봐야 할 때다. 재정 안정 추구 면에서는 처음부터 견해가 크게 다르지 않았다. 연금 구조와 사각지대에 대한 대책에서 차이가 있었다.

이번 연금 개혁에서 최소한 10% 급여 수준을 보장하는 보편적인 기초연금을 도입하지 않으면, 그나마 한나라당·민노당·한국노총·민주노총·참여연대, 와이엠시에이(YMCA), 여성단체연합 등에서 추구해왔던 국민 합의에 멀어지게 된다. 양당 합의가 의미를 지니는 것은 국민 합의를 전제로 할 때라는 점을 인식해야 할 것이다.

[한겨레, 2007. 4. 24]

공무원연금도 국민연금 급여율과 맞춰야

3년 여를 끌던 국민연금법개정안이 지난 3일 국회를 통과했다. 따라서 공무원연금·군인연금·사학연금의 법 개정도 급물살을 타게 됐다.

공무원연금 등 특수직 연금의 재정 상태는 국민연금보다 더 심각하다. 국민연금은 2047년경 적립 기금이 고갈된다 해서 개혁을 서둘렀지만, 군인연금은 1977년에, 공무원연금은 2000년에 적립 기금이 사실상 고갈돼 적자를 메우기 위한 국고 보전이 이뤄지고 있다.

올해만 해도 공무원연금과 군인연금의 적자 보전액이 2조원에 육박하고 있다. 사학연금은 2026년경에 적립 기금이 고갈될 것으로 전망된다. 문제는 적자 규모가 눈덩이처럼 늘어난다는 데 있다. 공무원연금 하나만도 2030년의 적자 규모가 25조원으로 늘어난다.

2030년의 연금 지출 중 3분의 2 가량을 국고 보전으로 메워야 하는 심각한 불균형 구조를 개선하기 위해 보험료를 인상하려면, 보험료를 지금의 17%에서 50% 수준으로 상향해야 한다. 하지만 이런 부담 수준은 한계를 넘어선 것이기에 전면적인 개혁이 필요하다. 군인연금과 사학연금도 시차만 다를 뿐 사정은 비슷하다.

공무원연금 개혁의 필요성은 국민연금보다 두 배나 더 많은 연금을 지급하기 위한 적자 보전액을 왜 국민들이 책임져야 하는가에 대한 불만에 기초하고 있다.

공무원연금은 국민연금 성격뿐 아니라 퇴직금 성격도 포함돼 있다. 따라서 국민연금과 비교할 때 공무원연금은 퇴직금 부분을 합해서 비교해야 한다. 그 결과 공무원과 일반 국민의 격차는 3 대 2 정도가 된다. 국민연금은 이번 법 개정으로 또 3분의 1이 삭감됐기 때문에 공무원과 일반 국민의 차이는 더욱 벌어지게 됐다.

지난 1월의 공무원연금제도 발전위원회에서 신규 공무원은 국민연금 수준으로 급여 수준을 조정하되, 그 동안 미흡했던 퇴직금은 민간 근로자 수준으로 올려 일반 국민과 형평성을 맞추는 정책 방안을 건의했다. 다만, 기존 공무원은 연금 급여 삭감 수준을 소폭으로 가져가도록 했다.

현재 공무원연금을 국민연금 부분과 퇴직금 부분으로 나누는 방향에 대해선 대체로 공감한다. 하지만 기존 공무원도 개혁 이후의 가입 기간에 대해선 신규 공무원과 같이 국민연금 급여 수준으로 조정해야 할 필요가 있다. 공무원연금개혁안이 이렇게 추진된다면 큰 이의는 없을 것으로 생각되지만 선결되어야 할 과제가 있다. 바로 민간 근로자 수준으로 정상화될 퇴직금제도의 설정 문제다.

퇴직금제도는 일시금이 아닌 연금제 성격이 돼야 노후 소득 보장 기능을 수행할 수 있다. 이때 정부 재정 부담은 과거 연금 부채 상각을 위한 적자 보전과 퇴직연금보험료 사전 적립 때문에 현재 공무원 재정 지출보다 오히려 더 커지게 된다.

일반 국민이나 재정 당국은 연금 개혁이 되면 현재의 정부 지출이 당장 감소될 것으로 착각하는데 이는 사실과 다르다.

개혁 따른 일시적 정부 지출 증가 감내해야

약 50년 동안 쌓였던 적자를 갚아나가며 개혁 이후 기간 동안 추가적 연금 부채를 만들지 않으려면 정부 지출이 늘어나는 것이 정상적인 현상이다.

지난 10년간 두 차례의 공무원연금법 개정이 제대로 성과를 보지 못한 것은 정부가 이와 관련한 책임을 계속 다음 정부에 넘겨왔기 때문이다. 앞으로 고령사회가 되면 정부 재정 여건이 더 어려워질 것으로 예상되므로, 조금이라도 미래 정부에 부담을 덜 전가시키는 것이 연금 개혁의 요체다.

한편, 공무원은 일반 국민과 다르게 정치적 자유권·노동권·경제 행위의 일부를 제한받고 있을 뿐 아니라 보통 이상의 청렴 의무를 강요받고 있다. 따라서 이에 상응하는 보상이 필요하다는 점에 대한 일반 국민들의 이해도 필요하다.

미국의 경우 연금과 퇴직금 이외에 강제 저축 계정을 통해 이런 차이점을 보상하고 있다. 민간 중견기업의 임금 수준보다 낮게 유지되어온 공무원 임금도 연금제도 개혁과 함께 정상화되어야 한다. 국민연금 개혁이 온 국민의 희생을 강요하듯이 공무원연금 등의 개혁도 공무원·군인·사립학교 교직원 등의 희생뿐 아니라 공무원 등의 사용자로서 국민의 추가적인 희생도 필요하다. [매일경제, 2007. 7. 18]

기초노령연금법 시작부터 이상하다

지난 달 초 국민연금법 개정에 앞서 만든 기초노령연금법 시행령이 공시됐다. 기초노령연금은 여야의 극적 타협으로 탄생한 노인 소득보장 사각지대의 해결안이다.

기초노령연금은 65세 이상 노인 70%에게 국민연금 전체 가입자 평균소득의 5%를 지급하고, 이를 2028년까지 단계적으로 10% 수준으로 상향 조정하게 된다. 내년부터 시행하지만 재원 조달부터 구체적인 제도 적용 방안까지 해결하지 못한 과제가 산적해 있다.

지금 이 시점에서 무엇보다도 중요한 것은 이 제도의 위상 정립이다. 기초노령연금은 저소득층 일부를 위한 공공부조로 보기에는 대상자가 보편적이고, 보험료를 납입하지 않는 사람에게 지급된다는 점에서 사회보험도 아니고, 소득과 재산 기준에 의하여 일부 노인을 제외한다는 점에서 사회 수당과도 거리가 있다.

그렇지만 기초노령연금은 노인 소득 보장 사각지대를 메우기 위하여 만들었고, 국민연금 등 공적연금제도의 보완적인 역할을 수행해야 한다는 점에는 이론이 거의 없다.

여기서 보완적 역할이라는 개념에는 다층 보장 체계에서의 1층 보장연금(기초연금)과 공적연금의 사각지대를 보완하는 최저보증연금으로 나눌 수 있지만, 이번에 통과된 법은 그 취지상 후자를 지향한다. 따라서 시행령은 국민연금 등 공적 급여를 받지 못하거나 받는다고 하더라도 일정 수준에 미달할 경우에 지급하는 제도인 최저보증연금으로서의 자리매김을 구체화하는 데 목표를 두어야 한다.

그런데 이번에 공시된 시행령을 보면 본 제도를 부양 의무자가 없거나, 있어도 부양 능력이 없는 최저생계비 이하의 사람을 위한 공공부조제도 틀로 끌어가는 것으로 보인다.

먼저 연금을 받기 위해서는 연금지급신청서 외에도 본인과 그 배우자의 근로·사업·재산·기타 소득을 확인하는 서류, 전·월세계약서 등 주거 관련 서류, 금융 자산과 부채를 확인하는 서류 등을 제출하게 되어 있다.

노인이 이렇게 복잡한 서류를 작성하기도 어렵겠지만, 제출된 서류를 확인하는 업무량은 상상하기도 어렵다. 기초노령연금을 공공부조로 생각한다면 이러한 절차가 타당할 수 있겠지만, 최저보증연금제도로 규정할 때는 이렇게 복잡한 절차가 필요 없다.

65세 이상 노인 중 공공전산망에서 이미 관리하는 일정 기준 이상 금액의 국민연금, 공무원연금 등 공적연금, 보훈 관련 연금, 산재보험 연금 등 수급자와 스스로 생계유지가 가능한 소득 혹은 재산 수준이 명백하게 높은 일부에 대한 리스트를 작성하여 중앙 관리하고, 이 밖의 노인에게만 연금을 지급하는 방식으로 간단하게 된다. 그런데 노인 350만 명에게 서류를 제출케 하고, 이를 하나하나 검증하겠다는 것 자체가 난센스라고 할 수 있다.

쓸 데 없는 관리에 필요한 엄청난 인건비가 있다면 부족한 기초노령연금 예산에 사용하는 것이 바람직하다. 또 이런 엄격한 관리가 노인들로 하여금 소득을 숨기게 하는 등 죄인으로 만들 수 있고 근로의욕을 감퇴시킬 수 있어 문제이다.

불명확한 소득과 어정쩡한 재산의 소득 환산으로 급여를 차등화 하는 과정에서 생겨난 갈등이 어렵사리 도입한 본 제도의 취지와는 다르게 국민 통합을 저해할까 우려된다.

한편 기초노령연금 관리도 국민연금공단으로 단일화하면 될 것을 지자체와 이원화하는 것은 업무 처리를 오히려 번잡하게 만들 우려가 있어 비효율적이다. 제도 운영에 필요한 소요 예산의 10%에서 60%를 재정 자립 능력이 없는 지자체에 전가하는 것도 비현실적이다. 만약 서울특별시 등 재정자립도가 높은 지자체의 부담을 높이는 것이 목적이라면, 중앙과 지방의 세원을 조정하는 것이 정공법이다.

노후소득보장이라는 제도 본연의 목적에 맞도록 순리적으로 풀어가면 효율적으로 운영할 수 있는 제도를 복지부가 복잡하게 비틀고 꼬는 이유를 알 수 없다.

복지부가 아무리 떼어 놓으려고 하여도 기초노령연금은 국민연금과 분리할 수 없는 관계를 가지고 있고, 우리나라의 복지 수요에 부응하는 방향으로 스스로 진화해나갈 것이다. [서울신문, 2007. 8. 3]

국민연금 수익률 올리는 것도 좋지만

정부의 국민연금기금 지배구조개편안이 엊그제 발표됐다. 운용위원회를 금융통화위원회 성격으로 독립시켜 위원들을 민간의 운용 전문가로 구성하고, 국민연금공단 산하의 기금운용본부를 기금운용공사로 만든다는 것이 주요 골자다.

이를 통해 국민연금이 비전문가에 의하여 운용되고 있다든지, 정부의 입김이 강하게 작용한다든지 하는 비판의 상당 부분을 불식시키는 효과가 있을 것으로 전망된다.

그러나 우려의 목소리도 적지 않다. 특히 국민연금 수익률을 올리는 것에 초점을 맞춘 개편 방향이 적절한 것인가에 대해서는 검토가 필요하다.

올해 200조원을 넘어선 국민연금기금은 2012년 400조원, 2043년 2600조원으로 증가해 국내총생산(GDP)의 54%에 이르는 거대 기금으로 성장하게 된다. 하나의 기금이 국민 경제에 차지하는 비중이 이렇게 커지는 사례는 금융시장이 발전한 선진국 중에도 찾기 어렵다.

이미 현재에도 증권시장의 황제로 군림하고 있는 국민연금이 지금보다도 몇 배로 커지게 된 상태에서 수익률을 찾아 금융시장에서 전횡을 한다면, 수익률 목표 달성이 가능하더라도 그 폐해 역시 심각할 것이다.

기금 운용 수익률이 1% 포인트 오르면 기금 고갈 연도가 3~4년 연장된다는 추계 결과는 수익률의 중요성을 강조한 것일 뿐이지 국민연금이 금융시장을 마구 헤집고 다녀도 된다는 의미는 아니다.

더욱이 국민연금은 최근 국내 기업에 대한 지분을 기초로 의결권 행사를 적극적으로 하고 있다. 기금의 이해 증대를 위해 의결권을 행사하는 것은 일견 타당해 보인다.

그러나 거대 기금이 국내 대부분의 주요 기업에 대해 대주주의 위치에서 지배력을 행사하는 모습은 자칫 큰 화를 부를 수 있다. 따라서 구조 개편에 앞서 국민연금 기금 운용의 역할과 목표를 분명히 설정하고, 국민연금이 국민 경제 및 금융시장에서 순기능을 할 수 있는 방법에 대한 논의가 충분히 이뤄져야 한다. 새로운 지배 구조에 마련될 견제와 균형 장치도 치밀하게 검토해봐야 한다.

이번 개편으로 기금 운용의 전문성과 독립성이 높아지면서 민간 전문가의 권한이 대폭 확대된다. 자산 운용은 겉으로 보기에 아무런 흔적 없이 민간 전문가의 이해에 따라 투자 결정이 내려질 수 있는 여지가 항상 존재한다. 설령 이것이 사후에 밝혀졌다 해도 책임을 묻는 방법은 지극히 제한적일 수밖에 없다.

따라서 위원회와 공사의 책임 운용을 저해하지 않으면서 효과적으로 감시 및 견제를 할 수 있는 장치가 마련돼야 한다. 과거 정부에 의한 수직적 통제 장치를 전문 조직에 의한 수평적 견제 장치로 전환하는 것이 요체다. 또 해외 투자 등 적극적인 투자 전략에 적합한 기금

운용 조직의 선진화, 유능하고 믿을 수 있는 전문가 확보도 시급한 과제다.

국민연금 기금 지배 구조 개편의 목표는 예상되는 거대 기금의 시장 폐해를 최대한 줄이면서 전 국민의 노후 소득 보장을 달성하는 것이다. 수익률 제고라는 단순한 목표는 수천억 원 규모의 자산 운용 펀드에는 적절할지 몰라도 수백조 원의 국민연금 기금에는 적합한 목표가 아닐 수 있다.

이번 정부의 구조 개편안이 담고 있는 여러 문제점을 충분히 보완해 고령화사회 최후의 보루인 국민연금 기금이 신뢰를 회복할 수 있는 계기가 되어야 할 것이다. [조선일보, 2007. 9. 14]

국민연금 기금이 도마 위에 올라 있다. 침체된 경기 부양을 위해 한국판 뉴딜정책에 동원하자, 주식시장 활성화를 위해 투입하자, 외국 자본으로부터 국내 기업의 경영 방어를 위해 활용하자는 등 국민연금은 이래저래 용처가 많지만 함부로 요리하기에는 부담스런 재료임에는 틀림이 없다.

무엇보다 국민연금 기금은 다른 투자자금과는 다른 성격을 지니고 있다. 단순한 여유자금이 아니라 미래 국민의 노후생활을 지켜줄 연금 수급을 위해 어렵사리 모아오고 있는 책임준비금이라는 점, 기금의 규모가 너무 커서 국민 경제 및 금융시장을 자칫하면 혼란스럽게 만들 수도 있는 메가톤급 핵무기라는 점, 하늘에서 떨어진 돈이 아니라 국민들이 소비하거나 저축했을 돈을 국가가 강제 저축의 형태로 관리하고 있다는 점이다.

일반 투자자금은 수익성·안정성·유동성의 원칙에 따라 운용하면 되지만, 국민연금은 이런 기본 원칙 이외에도 공공성의 원칙이 중요하다. 공공성이란 국민연금이 국민 경제 및 금융시장을 교란하지 않도록 중립적으로 운용돼야 함을 의미한다.

한국판 뉴딜정책에 국민연금을 동원하는 문제는, 그 필요성 여부에 대해 제기되는 논란은 차치하더라도, 국가가 경기 부양을 위한 자금이 필요하다면 조세나 국채 발행이라는 투명하고 정상적인 방법으로 하는 것이 바람직하다. 그런데도 굳이 비용이 더 많이 들고 불투명한 민간 투자 방안이라는 경로로 조달하려 하는지에 대해 의문이 있다.

다음으로 국민연금의 주식시장 투입은 이미 오래 전부터 이루어져 왔고, 점진적으로 투자액도 늘리고 있으며, 그 속도와 규모에 있어서 이견이 있을 뿐이다.

주식 투자는 수익성이 높을 수 있는 만큼 위험도 높은 투자이다. 국민연금 기금을 주식에 투자하는 것은 필요하지만, 노후의 필수 자금을 위험한 자산에 선도적으로 투자하는 것은 바람직하지 않다.

경기가 극심한 불황인 데도 불구하고 주가지수가 700~800선을 유지하고 있는 것은 10조원 이상 투자된 국민연금의 존재와 무관하지 않다. 그럼에도 400조원에 달하는 투기성 짙은 시중의 유동자금도 주식시장에 들어가는 것을 꺼리는 상황에서, 안정성을 제일로 요하는 국민연금이 앞장서서 가라는 것은 어불성설이다.

또한 국민연금 기금이 외국 자본으로부터 경영권을 방어하는 데 활용해야 한다는 주장도 문제가 있다. 경영권을 방어한다는 의미를 뒤집어 보면 국민연금이 기업을 지배할 수 있다는 것이 된다. 국민연금 기금 규모의 거대성을 감안할 때 이는 자유 시장경제의 대전제를 근본부터 훼손할 가능성을 제기하는 것이다.

이렇게 국민연금 기금 운용에 대한 불신의 벽이 높은 이유는 국민연금 기금의 운영 구조의 불투명성에 기인하는 바가 크다. 따라서 국민연금 기금의 운영 구조를 보다 투명하고 전문적이고 책임성 있게 관리하면서 견제와 균형의 원칙이 관철될 수 있도록 재설계하는 작업이 시급하다. 조급하게 서둘기보다는 국민연금에 대한 중장기적 비전 하에 국민의 공감대를 확보할 수 있도록 충분한 검토 후에 만들어져야 할 것이다.

국민 경제적 관점에서 국민연금 기금을 어떻게 투자할지, 위험한 자산에 어느 정도까지 투자할지 등의 중대한 문제는 국민연금의 주인인 국민이 상식적인 선에서 이해할 수 있는 방향에서 결정되는 것이 국민연금에 대한 신뢰를 회복하는 첩경임을 인식해야 할 것이다.

[한국일보, 2004. 11. 24]

국민연금 기금 운용이 중요하다

7월 초 약 4년을 끌어오던 국민연금법개정안이 통과됐다. 재정 안정을 주목적으로 연금 수준을 60%에서 40% 선으로 조정했지만, 연금 기금은 2060년께 고갈될 것으로 전망돼 재정 불안은 여전하다.

급여 수준이 한계선까지 하향 조정됐기 때문에 예정된 기금 고갈을 막자면 보험료 인상과 기금 운용 수익률을 높이는 길 이외는 없다. 1% 포인트의 수익률을 높이면 기금 고갈 연도를 4년 정도 연장할 수 있다고 볼 때, 수익률이 높아지는 만큼 보험료 인상은 덜해도 된다고 할 수 있다.

문제는 국민연금 기금 운용 수익률이 그렇게 높지 않다는 데 있다. 지난 3년간 평균수익률은 6.7%로 캐나다 13.8%, 네덜란드 11.3%의 절반 수준에 불과하다. 심지어 저금리 국가인 일본의 10.5%와도 큰 격차가 있다.

이러한 수익률 구조로는 국민 부담인 보험료 인상에만 의존하게 될 가능성이 커진다. 물론 국민연금 기금이 수익률 위주로만 운용돼야 하는지에 대해서는 논란이 있지만, 수익률 제고의 중요성이 높아지고 있는 것은 분명하다.

국민연금 기금 규모는 올 들어 200조원 시대를 맞고 있다. 2010년에는 300조원, 2020년에는 1000조원, 2030년에는 2000조원의 적립 기금이 조성된다. 이렇게 되면 국민연금 기금은 세계적 연기금으로 성장하게 될 전망이다. 따라서 빠른 규모 증가에 부응할 수 있는 선진화된 운영 시스템을 갖추는 게 시급한 과제다.

현재 국민연금 기금은 보건복지부 장관의 책임 아래 기금운용위원회가 심의 의결한 투자 전략에 따라 국민연금공단 기금운용본부가 운용하고 있다.

하지만 복지부가 기금 운용의 책임 부처로 적합한지, 기금운용위원회는 전문성이 있는지, 기금운용본부는 200조원의 기금을 자율적으로 운용할 능력이 있는지 등에 대해 부정적인 시각이 우세하다.

무엇보다 중요한 것은 국민연금공단 산하의 기금운용본부를 책임 운영기관으로 독립시키고, 자율성과 전문성을 제고하는 것이다. 그리고 기금운용위원회를 명실상부한 자산 운용의 최종 의사 결정기구로서 전문가 중심으로 재편해야 하고, 독립되는 기금 운용 전문회사에 대해 적절한 수준의 견제와 균형 장치가 동시에 만들어져야 한다.

다만 국민연금 기금의 주무 부처를 복지부에서 국무총리로 격상하고, 재정경제부나 기획예산처 등 경제 부처의 역할을 제고해야 한다는 주장이 제기되고 있다.

복지부가 기금 운용의 전문 부처가 되기는 미흡하다는 점은 인정되지만, 재경부나 기획예산처가 과거 국민연금 기금을 공공자금 관리라는 명목 아래 낮은 이자율로 차입했다든지, 국민연금 기금을 경기 부양 등 기금 본래의 목적 이외에 투입하자고 주장했다든지 하는 대목에서 불신 또한 높다. 더욱이 국민연금 기금 운용에 있어 정부의 역할이나 입김이 축소돼야 한다는 측면에서 볼 때 핵심 쟁점도 아니다.

국민연금의 포트폴리오도 채권 중심 투자에서 주식이나 대체 투자, 나아가 해외 투자 등 소위 위험 자산에 대한 비중이 커지고 있고, 이러한 추세는 당분간 계속될 것으로 보인다.

그렇지만 이러한 적극적 투자를 위해서는 글로벌 자산 운용 시스템 구축이 필요하고, 해외 전문 인력 스카우트와 유수 투자 전문기관과의 협력도 강화해야 한다.

최근 단기적인 주가 상승 랠리로 국제 금융시장 불안이 커지고 있고, 위험 자산 비중 증대에 대한 국민의 우려 또한 커지고 있다는 점을 고려해 속도 조절도 필요하다. 주식 투자 비율의 확대에 따른 기업에 대한 국민연금의 영향력 증가의 부정적 측면을 해소할 수 있는 방안도 마련돼야 한다.

국민연금 기금은 국민의 안정된 노후생활의 최후 버팀목이고, 국민경제에 대한 파급 효과도 급속하게 커지고 있는 만큼 일반 금융 자산과는 다른 성격을 가지고 있다는 점도 유의해야 할 것이다. 보다 장기적인 비전을 갖고 국민연금 기금 운용 전략을 수립하고 운영 시스템의 전면적인 개혁을 서둘러야 할 시점이다. [중앙일보, 2007. 7. 27]

국회에 상정된 정부의 공무원연금법개선안을 둘러싸고 논쟁이 가열되고 있다. 공무원 단체에서는 공무원에게 일방적으로 부담을 전가하는 연금 개혁을 즉각 중단하라고 하는가 하면, 시민단체에서는 정부 개선안의 졸속성과 한계를 비판하고 있다.

정부의 공무원연금개선안은 연금 급여가 과도하게 높다는 지적을 받아왔던 연금 수준 하향 조정보다는 비용 부담의 상향 조정에 역점을 두고 있다.

특히 앞으로 발생할 연금 재정 적자는 정부가 완전히 책임지겠다는 식으로 대안이 만들어져 있다. 즉 2001년에 당장 공무원연금 재정 적자 보전을 위해서만 국민의 혈세 8000억원이 투입되고, 공무원연금제도가 있는 한 매년 1조원 이상이 들어가야 한다.

이처럼 적자 보전을 위해 막대한 혈세가 계속 투입되지 않으면, 그 순간에 죽어버리는 연금제도개선안은 '밑 빠진 독에 물 붓기' 식 개선안이라고 아니할 수 없다.

현 시점에서 공무원연금제도의 개선 방안은 무엇인가. 먼저 공무원 연금의 상태에 대한 정확한 진단이 필요하다. 총부채의 규모는 어느 정도이고, 이러한 부채가 어떠한 요인에 의하여 발생하였는지 그리고 이를 해결하기 위해서는 어떠한 대안이 있는지에 대한 보험 수리적 분석이 필요하다.

다음으로 연금 급여 수준과 연금보험료 수준을 체계적으로 연동할 수 있는 일정한 연금 재정 방식 기준을 설정하고, 이에 따라 연금 시스템을 재설계해야 한다.

이때 직종별로 분립형제도를 가진 우리나라의 경우 연금 제도별로 수지 균형을 맞출 수 있는 대안을 갖고 있어야 한다. 수지 균형의 대안은 없으면서 막연하게 정부의 공적자금 투입을 통한 적자 보전을 기대하거나 미래 세대의 부담 전가를 당연시하는 제도 개혁은 공무원연금의 지속 가능성을 보장하지 못할 것이다.

이를 위해서는 현행의 공무원연금은 보험료와 연금 급여 구조를 균형화 하는 조치가 필요하다. 그러나 보험료만으로 조정하기 위해서는 보험료가 거의 40% 이상 수준(정부 부담분과 가입자 부담분)으로 상향 조정되어야 하므로 현실적으로 불가능하다.

따라서 급여 수준의 조정이 필요하다. 구체적으로는 연금 수급 개시 연령을 단계적으로 국민연금과 같이 60세로 높이고, 연금 급여 연동 방식을 현재의 보수인상률 기준에서 물가상승률 기준으로 전환하며, 연금 산정 기준을 퇴직 직전 보수 기준에서 전 가입기간 평균 보수 기준으로 점진적으로 조정해야 한다.

또 고소득의 조기 퇴직자가 공무원연금을 수급하는 문제도 개선해야 한다. 부담 측면에서는 과거에 누적된 연금 부채는 정부가 연차적으로 상환하도록 한다.

이를 위해 정부는 사용자로서의 부담분과 퇴직수당 부담분 외에 3% 내외의 보험료를 추가적으로 부담하여야 할 것이다. 동시에 연금제도 개혁 이전의 가입자 및 수급자가 가지고 있던 기득권은 최대한 보장되어야 할 것이다.

공적연금의 수급불균형 구조는 공무원연금만의 문제는 아니다. 사실 군인연금은 이미 1977년에 공무원연금의 현재 상태와 비슷하게 기금이 고갈되어 매년 7000억원 내외의 공적자금에 의한 적자 보전이 이루어지고 있고, 사학연금은 2020년경에 기금 고갈 상태에 진입하고, 국민연금은 2040대에는 적립 기금의 고갈 상태에 빠지게 된다. 따라서 공무원연금과 함께 군인연금·사학연금·국민연금도 모두 함께 개혁되어야 한다.

공무원연금제도 개선은 장기적 시각에서 근본적인 개선이 필요하다. 임기응변식 제도 개선은 공무원연금의 구조적 문제를 더욱 더 왜곡할 뿐이다.

공무원연금 문제는 공무원의 처우 개선과 국민연금제도 등 타 연금제도의 구조개선, 퇴직금제도의 개선 등과 맞물려 있는 다원고차방정식임을 인식하고 종합적으로 해결하려는 정부의 자세가 필요하다.

[한국일보, 2000. 11. 21]

요즘 공무원은 힘들 것 같다. 철밥통이다 뭐다 하더니, 무능 공무원 퇴출하겠다고 야단이다. 하루를 멀다 하고 쏟아지는 공무원 때리기에 어떤 공무원은 밤잠도 설친다고 한다. 이런 와중에 공무원연금 개혁을 외치는 입장도 난처하다.

지난 50년 경제개발 역사를 되돌아보면 공무원의 역할은 지대했다. 박봉에도 불구하고 청렴결백한 공무원의 노력이 오늘날 대한민국 발전의 밑거름이 되었다고 생각한다.

평균적으로 150만원 조금 넘는 연금액이 많다고 하지만, 안정된 노후생활을 위해서는 이 정도의 금액은 있어야 한다고 노후생활 설계 전문가들은 조언하고 있다.

공무원연금은 단순히 사회보장연금의 성격도 있지만, 퇴직금 성격도 가지고 있기 때문에 국민연금과 단순히 비교하기 어렵다. 또한 공무원·군인·교원 등은 재직 중에는 영리행위를 하지 못하도록 되어 있기 때문에 노후생활을 연금에만 매달릴 수밖에 없는 실정이다.

그러나 문제는 재원 조달이다. 현행 공무원 연금 급여 수준을 그대로 유지한다면, 2050년경 공무원연금의 정부 예산 부담은 그 당시 국민총생산의 3.3%에 이를 전망이다. 여기에 군인연금과 사학연금 부담을 합하면 4.5% 규모가 된다.

우리나라 조세부담률이 20%인 것을 감안하면, 이들 특수직역 연금의 급여 지출을 위해서만 매년 조세 징수액의 4분의 1을 쏟아 부어야 한다는 의미이다.

저부담 고급여 구조를 개혁해야 한다는 국민연금 급여 지출액이 2050년에 국민총생산의 6.0%에 불과하다는 것을 감안하면, 특수직역 연금의 재정 문제는 매우 심각한 수준임을 알 수 있다.

폭증하는 연금액을 부담해야 하는 국민 입장에서는 감내하기 어렵다. 상반된 두 입장을 봉합하기는 어려울 것 같지만 한 발씩 양보한다면 어려울 것도 없다. 합의를 위해서 먼저 공무원연금제도를 보다 투명하게 할 필요가 있다.

사회보장적 연금 부분과 퇴직금 부분, 필요하다면 공로보상적 부분으로 현재의 복합적인 공무원연금을 구분하고, 사회보장적 연금 부분은 국민연금과의 형평성을 유지하고, 퇴직금 부분은 법정퇴직금과 일치시키고, 공무원 특수성과 관련되는 공로보상적 부분에 대해서는 공무원과 국민이 합의하면 된다.

연금 개혁이 된다 하더라도 현재 연금 수급자의 연금액은 삭감할 수 없다. 또한 개혁 이전에 가입한 기간에 대해서는 기존의 연금산식에 의하여 산정하여 기득권을 인정해야 한다. 따라서 연금 개혁이 되더라도 사용자로서의 정부 부담은 당분간 오히려 증가되는 것이 정상이다.

개혁 이후 가입기간에 대한 수지 균형을 위해서 사용자로서 더 부담을 해야 하고, 과거 연금 부채를 갚기 위해서 추가적 부담을 해야 하기 때문이다. 개혁의 시급성은 바로 이런 점에 있다.

행정자치부에서는 공무원연금제도 발전위원회 건의안을 토대로 공무원과 국민 여론을 모으고 있는 것으로 안다. 수렴 과정이 길어지자 일부 국민은 개혁 의지가 후퇴한 것이 아니냐 하는 의심하고 있다. 행정자치부 윗선에서 선거를 감안해 국민연금은 우선 처리하고 공무원연금은 천천히 하라고 했다는 소문도 들린다.

국민을 봉으로 아는 처사가 아닐 수 없다. 재정 상태를 보아서나, 급여 수준을 보아서나 국민연금 개혁에 앞서 공무원연금 등을 먼저 개혁해야 솔선수범하는 공직자의 자세일 것이다. [한국일보, 2007. 3. 16]

이른바 '덜 받고 더 내는' 국민연금법개정안이 국회 보건복지위를 통과한 후 공무원연금의 개혁이 도마 위에 올랐다. 공무원연금 개혁을 요구하는 목소리가 빗발치고 있는 가운데 공무원들의 반발도 거세지고 있다. 공무원연금이 바뀌면 사학연금과 군인연금도 연쇄적으로 바뀌게 되기 때문에 연금 개혁이 발등의 불이 되고 있다.

공무원연금 등의 재정 적자는 어제 오늘의 이야기는 아니다. 공무원연금은 지난 2000년도 이후 사실상 적자 상태가 되었고, 군인연금은 이미 1977년부터 적자 상태이다. 사학연금은 그나마 양호하지만 역시 2026년이면 적립 기금이 고갈된다.

적자가 발생하면 바로 국고로 보전하게 되어 있는 공무원연금은 금년만 해도 6700억원의 적자가 예상되고, 군인연금도 9260억원의 적자가 예상된다.

문제는 이들 기금의 적자 규모가 눈덩이처럼 불어난다는 데 있다. 공무원연금 등(140만 명 대상)의 2050년 지출 규모는 GDP의 4.5%에 이를 전망이고, 이 중 상당액은 적자 보전 금액이다. 개혁을 서둘렀던 국민연금(1700만 명 대상) 지출이 2050년에 GDP의 6.0%에 불과하였다는 점과 비교된다.

공무원연금 등의 재정 적자 원인은 과다하게 높게 설계된 급여 구조에 있다. 국민연금과 비교하면 연금 급여액이 2배 정도에 이른다. 그렇지만 공무원연금 가입자는 일반 근로자에 비해서 퇴직금액이 40%에 불과하기 때문에 연금과 퇴직금을 합해서 보면 공무원이 일반 근로자의 퇴직 소득보다 1.5배 많다.

그렇지만 실제의 연금액 수준은 근속기간의 차이 때문에 훨씬 크다. 공무원 등은 정년까지 장기근속이 가능하지만 일반 근로자의 평균근속기간이 5.6년에 불과하기 때문이다.

공무원은 겸업 금지, 정치활동 및 노동 3권 제약, 기타 연금 감액 조항 등 중립적인 직업공무원제를 유지하기 위한 각종 제한이 있기 때문에 공무원연금이 국민연금보다 높아야 한다는 주장도 있다.

우리나라 연금제도의 모델이 되었던 독일·일본 등의 국가들도 공무원연금 수준이 일반 근로자보다 높았지만, 최근에는 일반 근로자와 키를 맞추는 추세에 있다는 것을 상기할 때 공무원제도의 위상 변화는 세계적인 추세임을 알 수 있다.

공무원은 한때 임금 가이드라인의 희생물이 되어 임금 수준이 낮게 유지되었다는 사실도 공무원연금이 높아야 하는 이유를 설명하는 근거가 되고 있다.

공무원 임금이 동종의 일반 근로자 임금의 70% 수준에 불과했던 시기가 있었고, 공무원 임금이 현실화된 것은 최근 5년에 불과하다. 그렇지만 이는 연금 개혁 이전에 발생한 수급권은 비록 높게 설계되었다 하더라도 보장되어야 하는 근거가 될 수 있지만, 급여가 현실화된 지금 연금 개혁을 제약하는 이유가 되기는 어렵다.

공무원연금이 개혁된다고 해서 반드시 일반 근로자와 동일하게 만들 필요는 없다. 사회보장적 성격의 연금 부분(국민연금)은 일반 근로자와 균형을 유지하여야 하지만, 공무원의 특수성이 존재하는 부분은 재원 조달 원칙을 명확히 한다는 전제 하에서 직역의 성격에 따라 다르게 설계될 수 있다.

최근 정부가 공무원연금 개혁과 정년 연장(65세)을 빅딜하고 있다는 소문이 흘러나오고 있지만 안 될 말이다. 유연한 노동시장정책으로 경쟁과 해고 위험에 시달리고 있는 일반 국민을 생각한다면 너무 안이한 발상이다.

공무원연금이 개혁된다 하여도 기득권은 보장되고, 이에 대한 대가로 우리 국가와 국민은 150조가 넘은 과거 연금 부채를 앞으로 30년 이상에 걸쳐서 상환하여야 할 부담을 안게 되기 때문이다.

공무원 등은 우리나라 경제 발전의 일등공신이고, 그에 상응한 대우를 받아야 하는 것을 부정하기는 어렵다. 그렇지만 아직도 공적연금의 혜택을 전혀 받지 못하는 노인이 80%에 이르고, 급여 수준이 낮고 재정 상태도 공무원연금보다 나았던 국민연금도 개혁되고 있다는 점을 생각할 때 공무원의 노블레스 오블리주가 요구되는 시점이다.

[문화일보, 2006. 12. 7]

퇴직연금제 도입 시급하다

고령화 시대 노후 대비, 노사 대승적 합의를

우리나라의 인구 노령화 속도는 경제협력개발기구(OECD) 국가 중에서 가장 빠르다고 한다. 인구 노령화는 경제·사회적으로 다양한 파급 효과가 있지만, 무엇보다도 노인 소득 보장 문제가 시급한 정책 과제라고 할 수 있다.

우리나라의 노후소득보장제도는 국민연금제도 등 공적연금제도가 도입돼 있지만, 급여 수준이 충분하지 못하여 추가적인 별도의 준비가 필요한 실정이었다.

선진국에서는 이러한 필요성에 대비하여 이미 오래 전부터 퇴직연금제도를 시행하고 있지만, 우리는 일시금 형태의 법정퇴직금제도가 있을 뿐이었다.

퇴직금제도는 근로자가 1년 이상 근무하고 퇴직시 1년에 30일 분의 평균임금을 사업주가 지급하도록 되어 있는 법정 제도이다.

그 동안 퇴직금은 근로자가 퇴직한 기간에 일시적으로 소득을 보장해주고, 해고수당을 보완하며, 정년 퇴직시에는 목돈을 마련할 수 있게 해주는 등 여러 가지 기능을 해왔다.

그러나 퇴직금은 고용보험 및 국민연금 도입, 1998년 금융위기 이후 퇴직금 지급 보장의 어려움과 저금리 추세 등으로 문제점이 노출되어 왔다. 이러한 퇴직금의 대안으로 제시되고 있는 것이 퇴직연금이다.

퇴직금을 퇴직연금으로 전환하는 퇴직연금제도는 사용자인 기업 입장에서는 경영 합리화 및 우수 인재 확보 차원에서, 근로자 입장에서는 퇴직금 채무 확보 및 노후 소득 보장 차원에서 반드시 필요한 제도이다.

이러한 경제사회적 요구에 부응하여 노동부는 올해 안으로 퇴직연금제도를 성안하여 입법화 할 계획이다. 사실 법안은 지난 해에 이미 거의 만들어진 상태이고, 최종 합의를 위한 노사 간 줄다리기가 진행되고 있는 상황이다.

퇴직연금제 도입은 고령화 시대에 노후 소득 보장의 초석이 될 뿐만 아니라, 기업 내 유보자금이 금융시장에 유입되면서 금융시장에도 지각 변동을 가져올 동력원이 될 것으로 보인다.

전문가들의 연구에 의하면, 우리나라 퇴직연금 시장 규모는 2005년경에는 30조원, 2010년경에는 67조원에 이를 전망이다.

이렇게 경제·사회적 파급 효과가 지대할 것으로 예상되는 퇴직연금이 제 기능을 하려면, 무엇보다도 가능한 한 빨리 도입하는 것이 필요하다. 노사는 사소한 문제를 가지고 논박하기보다는 미래지향적으로 대승적 합의를 도출하여야 할 것이다.

둘째, 퇴직연금제는 국민연금제도와 연계 속에서 도입하고 발전시킬 필요가 있다. 노후 소득 보장을 위한 국가·기업·개인의 효율적인 역할 분담이 이루어져야 할 것이다.

셋째, 실질적 연금 수급권이 확보될 수 있도록 제도를 만들어야 한다. 직장이 바뀌어도 연금 수급권이 확보될 수 있는 연결 장치를 만들어야 한다.

넷째, 퇴직연금과 관련한 세제를 정비하고, 수급권 보장을 위해 정부의 감독 체계를 정비해야 한다.

마지막으로 퇴직연금 전문가를 양성하는 일이 시급하다. 퇴직연금은 국민연금과 달리 기업별로, 수탁기관인 금융기관별로 수많은 다양한 시스템을 설계할 수가 있다. 그만큼 전문가가 많이 필요하다는 말이 된다.

급속하게 진행되고 있는 인구 고령화에 현명하게 대처하기 위해서는 미래를 바라보는 냉철한 시각과 단호한 정책 결단 그리고 과감한 실천이 필요하다. 한국 실정에 맞는 퇴직연금제 도입은 바로 그러한 실천 작업 중 하나일 것이다. [한국일보, 2004. 3. 4]

퇴직연금제 노사 상생의 기회로

최근 정부는 2006년부터 퇴직연금제를 시행하겠다고 발표했다. 그 동안 그 필요성이 큰 데도 논의만 무성했던 퇴직연금제가 마침내 도입된다 하니 일단 다행스러운 일이다.

이러한 정부의 정책 발표에 대해 금융기관들은 대부분 환영하고 있지만, 정작 당사자인 노사는 시큰둥하기만 하다. 심지어 노사 모두 반대한다는 입장이다. 결혼식에 하객과 결혼식장의 사업자는 축하 분위기인데, 정작 신랑 신부가 식장에 입장하지 않겠다는 식이다.

이러한 퇴직연금제 도입은 어떤 의미를 갖고 있으며, 그 경제사회적 파급 효과는 무엇인가. 그리고 노사가 모두 반대하는 퇴직연금제를 어떻게 시행할 것인가?

퇴직연금제는 근로기준법에 정하고 있는 퇴직일시금제도를 연금제로 전환하는 것을 주요 내용으로 한다.

그 동안 근로자 퇴직 후 일시적 소득 보장, 해고 수당 보완, 정년퇴직시 목돈 마련 등 여러 가지 기능을 한 퇴직금은 고용보험 및 국민연

금의 도입, 1998년 금융위기 이후 퇴직금 지급 보장의 어려움과 저금
리 현상 등으로 그 한계를 드러내왔다.

퇴직금제 한계 보완 합리적

이러한 퇴직일시금의 대안으로 제안되고 있는 것이 퇴직연금이다.
퇴직연금제도는 사용자인 기업의 입장에서는 경영 합리화 및 우수한
인재의 확보 차원에서, 근로자의 입장에서는 퇴직금 채무의 확보 및
노후 소득 보장 차원에서 유익한 제도이다.

노동부 퇴직연금안의 주요 골자는 기업별로 노사 합의에 의해 퇴직
일시금에서 퇴직연금으로 전환할 수 있고, 연금 급여는 확정급여형
혹은 확정기여형 등 다양하게 선택할 수 있으며, 퇴직연금의 운영 수
탁기관은 은행·보험·증권·투신사가 모두 할 수 있도록 개방한다는
것이다.

이러한 퇴직연금안에 대해 노동계는 퇴직금의 불안정성과 영세사
업장이나 비정규직 노동자 소외, 노동자 개인의 투자에 따른 위험성
등을 들어 반대하고 있다.

경영계는 퇴직연금제가 기업 부담을 크게 증가시켜 기업의 대외 경
쟁력 약화 요인이 될 것이라면서 이를 해소할 수 있도록 국민연금과
퇴직연금을 통합 조정하는 방안을 제시하는 한편, 기업의 추가 부담이
최소화할 수 있도록 대책을 마련해야 한다고 요구한다.

노사의 우려에도 불구하고 퇴직연금제도가 도입된다면, 2006년 49
조 3000억원, 2010년까지는 67조 3000억원에 달하는 거대한 퇴직연금
시장이 조성될 것(보험개발원 예측)으로 전망되기 때문에 벌써부터

금융기관은 큰 기대에 부풀어 있다.

기업 내 유보자금이 금융시장으로 유입되면서 금융시장의 지각을 변동시킬 태풍의 눈이 될 것으로 보인다. 또한 무엇보다도 급속히 인구 고령화가 진행되고 있는 상황에서 국민연금만으로는 여유로운 노후생활 설계가 어려운 근로자에게는 노후 소득 보장의 보완적 기능을 수행할 수 있을 것으로 판단된다.

정부제도 정착 지원책 중요

그러나 퇴직연금이 제대로 도입되기 위해서는,

첫째, 노사의 미래지향적인 대승적 합의가 필요하다.

퇴직연금제는 현행의 법정 퇴직금을 제도 내에 그대로 유지하고 있기 때문에 노동자의 선택 폭이 늘어났다고 할 수 있고, 경영자의 입장에서도 퇴직연금제가 기존의 퇴직금 부담을 반드시 증가시키는 것은 아니라고 생각되기 때문이다.

둘째, 정부는 국가 책임을 명확히 하고 노사에 제도에 참여할 수 있는 유인책을 만들어주어야 할 것이다.

정부는 더 효과적인 세제 지원책을 마련해야 하고, 초기의 관리 시스템 구축비용이 효과적으로 이루어질 수 있도록 적극적으로 나서야 한다. 그리고 수급자 보호를 위한 합리적인 감독 체계의 정비도 서둘러야 할 것이다.

셋째, 퇴직금제도가 국민연금제도 등 공적연금제도와 연계되어 실질적인 노후 소득 보장의 기능을 수행할 수 있도록 장기적인 마스터 플랜이 마련되어야 할 것이다.

  인류 역사상 유례없는 급속한 인구 고령화에 어떻게 대응하느냐에
따라 21세기의 강국과 약소국이 재편될 것으로 예상된다.
  미래를 바라보는 냉철한 시각과 단호한 정책 결단 그리고 과감한
실천이 필요한 시점이다. 우리의 실정에 맞는 퇴직연금제 도입이 바로
그러한 실천 과제 중의 하나일 것이다. [경향신문, 2004. 8. 26]

공멸 부르는 건강보험 '빼먹기 구조'

2008년 보험료 인상 결정 이후 건강보험에 대한 불만이 터져 나오고 있다. 6.4%를 인상한다고 하지만 부과 대상 소득증가율을 5.0%로 잡는다 하더라도 가입자의 실제 부담은 11.7%나 증가하게 된다.

보다 심각한 것은 보험료를 이렇게 올린다고 해결될 일이 아니라는 점이다. 단년도 균형 방식으로 운영되고 있는 건강보험에서 보험료가 인상되는 것은 급여 지출이 증가하기 때문이다.

최근 지출 증가율을 보면 연평균 15%의 증가가 계속되고 있다. 지출 증가의 주요 원인은 의료비를 많이 쓰는 노인의 증가와 보장성 확대에 있다고 할 수 있다. 고령화 요인은 선택의 여지가 없는 불가피한 측면이고, 보장성은 선택에 따라서 조정 가능한 문제라는 데 차이가 있다.

건강보험 운영에 대한 비난의 초점은 식대에 대한 보험 급여, 6세 미만 아동에 대한 입원시 본인부담금 면제와 같은 보장성 확대 조치가 시행된 지 1, 2년도 안 돼서 재정 악화를 이유로 번복하는 주먹구

구식 정책에 있다.

건강보험에 대한 정부 부담도 해마다 늘고 있다. 2008년 정부예산안에서는 건강보험에 대한 국고 지원액으로 3조 5867억원을 요구하고 있다. 여기에 건강 증진 기금에 의한 지원금 1조 239억원 등을 감안하면, 국고 지원 규모는 8조원으로 보건복지부 예산의 50%를 넘는다.

그렇다고 건강보험의 보장성이 만족스러운 것도 아니다. 2007년도 우리나라의 국민 의료비는 70조원으로 추정되는데, 이 중 건강보험에 의해 해결되는 것은 28조원에 지나지 않는다. 정작 큰 병에 걸리면 도움이 되지 않는 것이 건강보험이다.

혹자는 보험료가 낮아서 서비스가 부실하니 다른 OECD 국가 수준으로 보험료를 올려야 해결된다고 한다. 하지만 높은 환자 본인부담률과 아직은 낮은 고령화 진전 상태를 감안할 때 우리나라의 건강보험료는 결코 낮은 수준이 아니다.

고질적인 급여 지출 증가와 보험료 인상 압력은 보다 근본적인 구조개선 없이는 해결이 불가능하다. 건강보험 재정 불안은 건강보험 관련 주체들의 근시안적인 '서로 빼먹기' 구조에 기인한다.

의료 공급자라고 할 수 있는 병·의원과 약국 등은 진료량을 늘려서 수입 챙기기에 급급하고, 수요자인 환자도 조금만 아파도 병원에 가고 보자는 식의 남용이 점차 심해지고 있다.

급여를 총체적으로 관리해야 할 보험자인 국민건강보험공단은 진료비를 심사할 권한도 없을 뿐더러 자기 몫 찾기에 바쁘다. 책임 부처인 복지부는 그 많은 예산을 쓰고도 우왕좌왕 갈피를 못 잡고 있다. 역대 대통령은 모두 보험의료 시스템을 개혁하겠다고 큰소리쳤지만 곧 용두사미(龍頭蛇尾)가 돼버렸다.

건강보험의 개혁을 막는 것은 보건의료를 둘러싼 이해 단체들의 끊임없는 이익 추구에 기인한다. 자유 시장경제에서 이익 추구는 나무랄 수는 없지만, 이런 식의 빼먹기 구조의 종말은 함께 망하는 것뿐이다.

고령화 등으로 중장기적인 의료비용 증가는 불가피하다. 그렇지만 가용자원 자체가 한계가 있기 때문에 서로 아껴 쓰는 구조로의 전환이 필요하다. 이를 위해서는 부문별로 의료 공급자와 수요자가 의료 서비스 양과 가격을 총액으로 매년 계약하는 자율적 시스템의 도입을 진지하게 검토해야 할 시점이다.

의료 공급자는 총액의 범위 내에서 공급자 내부에서 정한 공정한 룰에 따라 경쟁하고 배분하면 된다. 현재 보험자가 제대로 통제를 못하는 도덕적 해이도 공급자 스스로가 제어하도록 하는 것이 더 효율적이다. 이렇게 될 때 쓸데없는 의료 남용은 획기적으로 개선될 수 있다.

이와 함께 건강보험을 중증 중심 보험제도로 전환하는 것도 필요하다. 감기 같은 경증은 본인 부담으로 하고 암과 같은 고비용 질병에 대해서는 보장성을 강화하는 것이다. 이때 민영의료보험과의 상생적인 역할 재조정도 이뤄져야 한다.

그리고 형평성 시비가 끊이질 않는 보험료 부과 체계도 근본적으로 개선돼야 한다. 나아가 공단의 관리 운영 효율성도 획기적으로 개선돼야 한다. [한국경제, 2007. 11. 28]

건강보험 지속 가능한가?

그 동안 여러 차례 경고음을 울리던 건강보험 재정에 비상등이 켜졌다. 지난 1월 국민건강보험공단은 2009년 건강보험 총수입이 전년 대비 7.9% 증가에 그친 반면, 총지출은 13.2% 증가해 32억원의 당기적자가 발생했다고 밝혔다. 이와 함께 올해 건강보험 당기재정적자가 1조 8000억원에 달할 것으로 전망하면서 '비상 경영'을 선포하기에 이르렀다.

더욱 심각한 것은 현재의 재정 악화 상태가 올해로 그치는 것이 아니라는 점이다. 만약 지금의 구조를 이대로 방치한다면, 해를 거듭할수록 재정 적자가 눈덩이처럼 불어나 결국 건강보험제도 자체의 운영이 불가능해질 수도 있다는 경고도 나오고 있다.

이같이 건강보험의 지속 가능성에 의구심이 제기되는 원인은 무엇일까? 그리고 이 문제를 해결할 방법은 무엇일까?

선진국에 비해 낮은 보험료율이나 경제위기로 인한 보험료 수입 둔화, 보장성 강화 정책으로 인한 지출 증가 등도 원인으로 작용했겠지만, 가장 중요한 원인은 치료 위주의 서비스를 해온 우리나라 보건의료 체계 자체에 있다고 할 것이다. 따라서 건강보험의 재정위기를 해결하기 위한 근본적인 방법은 치료 위주의 건강정책을 어떻게 전환시키느냐에 달려 있다고 하겠다.

건강수명 선진국과 큰 격차

경제 발전과 더불어 양적으로 급속히 증가한 우리나라의 보건의료 서비스는 국민의 평균수명을 경제협력개발기구(OECD) 평균을 상회하는 수준까지 높이는 데 성공했다.

그러나 여전히 질병이나 부상 없이 건강하게 사는 생애를 의미하는 건강수명은 선진국과 격차가 크다. 홍역이나 콜레라와 같은 전염병은 크게 감소한 반면 암, 고혈압, 당뇨 등 만성질환으로 인한 사망률과 유병률은 지속적으로 증가하고 있다.

사회경제적 여건 역시 건강 증진 정책의 변화를 필요로 한다. 현재 우리나라는 전 세계적으로 유례없는 급속한 인구 고령화를 경험하고 있다.

65세 이상 노인인구비율은 2000년에 7%를 넘어 고령화사회에 진입한 후 2018년에 고령사회(14%), 2026년에 초고령사회(20%)에 도달할 전망이다. 다른 연령층에 비해 보건의료 서비스 수요가 클 수밖에 없는 노인 인구의 증가는 만성질환의 증가 및 건강보험 재정 부담의 증가와 밀접한 연관성을 가진다.

이는 건강보험 지출에서 노인들의 진료비 지출이 차지하는 비율로도 알 수 있는데, 2009년 건강보험 가입자 중 노인인구비율이 약 9.9%

수준인 반면 이들의 진료비 비중은 30.5%였으며, 1인당 진료비도 249.4
만원으로 전체 평균 81.1만원에 비해 3.1배 높은 수준이었다.

건강정책 패러다임 변화해야

따라서 이제 국가의 건강 증진 정책을 근본적으로 재고하고 그 방
향을 전환해야 할 시기다. 국민의 건강 수준을 높게 유지하면서 변화
하는 제반 환경에 적절하게 대응하기 위한 변화가 필요한 것이다.

질병에 걸린 후에 의료기관을 찾아 치료하는 것은 환자와 가족들에
게 고통을 줄 뿐만 아니라 건강보험 재정의 악화로 귀결된다.

만성질환의 원인이 되는 생활습관을 어려서부터 관리하는 한편, 건
강에 해를 끼치는 요인들을 국가적·사회적 차원에서 미리 제거하는
예방 위주의 건강정책이 중요한 것도 이 때문이다.

어려서부터 몸에 익힌 건강한 생활습관은 장년기와 노년기의 건강
한 생활에 바탕이 된다. 예방 위주의 건강 증진 정책이야말로 건강보
험의 지속 가능성 확보는 물론이고 국민의 삶의 질 향상을 위해서도
중요하다.

우리나라 국민의 사망 원인은 지난 10여 년 간 큰 변화 없이 유사한
양상을 보였다. 즉 암이 지속적으로 사망 원인 1위이고, 뇌혈관질환,
허혈성심장질환, 당뇨병 등이 그 뒤를 잇고 있다.

2006년 만성질환으로 인한 사회경제적 비용은 총 38조 4277억원으
로 산출되었는데, 이 중 가장 많은 비용을 발생시키는 질환이 암으로
약 14.9%를 차지했다. 그리고 간질환 등 소화기계질환, 호흡기계질환,
심뇌혈관계질환 등의 순으로 높게 나타났다.

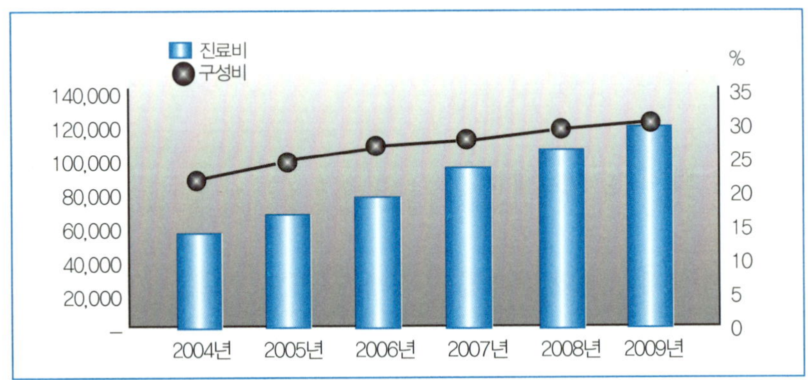

건강보험 재정의 전체 의료비 대비 노인의료비 비율

＊자료 : 건강보험심사평가원, 국민건강보험공단.

연령별·성별 고혈압 유병률(2001)

연 령	남 자		여 자	
	대상자	유병률(%)	대상자	유병률(%)
10〜19	674	2.5	632	0.9
20〜29	411	10.8	569	1.7
30〜39	667	17.5	863	5.4
40〜49	619	28.6	762	15.2
50〜59	402	40.0	480	33.2
60〜69	317	56.8	413	57.4
70+	180	52.5	332	61.5
10세 이상	3,270	24.8	4,051	19.5
30세 이상	2,185	34.4	2,850	26.5

이 같은 만성퇴행성질환 환자는 인구 노령화에 비례해 더욱 늘 것으로 전망된다. 또한 만성질환 증가는 경제사회적 부담의 증가를 가져올 것으로 보인다. 따라서 암을 비롯한 만성질환을 예방하고 관리해야 한다.

이를 위해서는 건강생활 실천을 통한 발병 예방과 아울러 건강검진 수검률을 높여 질병을 조기에 발견·관리할 수 있도록 하는 것이 우선 과제다.

특히 암의 경우 국가암조기검진사업의 수검률을 높이고 이동검진, 검진 항목 확대, 검진기관 평가 등을 통해 검진의 만족도와 신뢰도를 향상시켜야 한다.

공공의 적, 담배부터 끊자

세계보건기구(WHO)와 하버드 대학 보건대학원이 1992년부터 5년 간 국제질병부담(global burden of disease)을 측정해 발표한 결과는 많은 시사점을 던져준다.

연구 결과에 따르면, 질병으로 인한 전체 사망의 부담 중 약 40%가 영양 부족, 흡연, 음주, 운동 부족 등 건강위험요인(risk factor)에서 비롯되었다.

이는 반대로 생각하면 건강위험요인을 적절하게 관리할 경우 상당한 사망과 질병을 감소시킬 수 있음을 의미한다. 따라서 예방 중심의 건강 증진 정책은 건강에 좋지 않은 생활 태도를 개선하고 건강한 생활습관을 실천하는 것에서 출발해야 한다.

2008년 현재 우리나라 전체 흡연율은 22.3%, 남성 흡연율은 40.9%, 여성 흡연율은 4.1%다. 흡연율은 2001년부터 시작된 범국민 금연 캠페인과 2004년 담뱃값 인상, 건강에 대한 국민적 관심 증대 등으로 과거에 비해 현저히 개선되고 있으나, 여전히 OECD 국가들 가운데 높은 수준이다. 특히 남성 흡연율은 OECD 국가들 가운데 가장 높다.

높은 흡연율보다 더욱 심각한 문제는 우리나라에서 흡연 시작 연령이 계속해 낮아지고 있고, 매일 흡연하는 흡연자의 비율이 여전히 높다는 점이다.

흡연율 추이 : 20세 이상(2000~2008년)

	2000	2001	2002	2003	2004	2005	2006	2007	2008
남자(%)	67.6	61.8	60.5	56.7	57.8	52.3	44.1	42.0	40.9
여자(%)	3.0	5.4	6.0	3.5	4.8	2.7	2.3	4.6	4.1
전체(%)	34.5	30.4	32.5	29.6	30.4	27.2	22.9	23.0	22.3

* 자료 : 2001년 국민건강영양조사, 2000~2008 한국갤럽·한국금연운동협의회 흡연실태조사

흡연 시작 연령

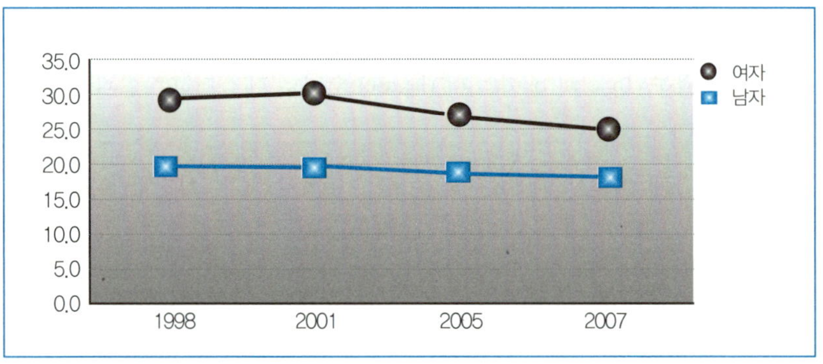

* 자료 : 건강보험심사평가원·국민건강보험공단

1998년 남성과 여성의 최초 흡연 시작 연령은 각각 20.8세와 29.3세였으나, 10년 후인 2007년에는 각각 19.1세와 25.7세로 낮아졌다. 또한 매일 흡연자의 비율(2005년)은 25.3%로, OECD 회원국들 가운데 비교적 높은 것으로 나타나고 있다. 따라서 향후 우리나라의 금연정책은 우선 성인과 청소년의 흡연율 감소를 목표로 삼아야 할 것이다.

이를 위해서는 먼저 아동과 청소년을 대상으로 어린 시절부터 담배와 가까이 하지 않도록 교육하는 한편, 학생·근로자·군인 등 대상자별 금연 전략을 마련하는 것이 필요하다. 비(非)가격적인 금연정책과 아울러 담배 가격 인상도 적극적으로 고려할 만하다.

국내외 여러 연구에서는 금연에 가장 효과적인 정책이 담뱃값 인상을 통한 가격정책임이 밝혀지고 있다. 현재 우리나라에서 2500원짜리 담배 한 갑에 부과되는 세금 및 부담금은 건강증진부담금 354원을 포함한 1550원인데, 사회적 합의를 거쳐 이를 높인다면 금연을 통한 건강 증진 효과와 국가 재정 증대라는 효과를 동시에 거둘 수 있을 것으로 기대된다.

가격정책과 함께 보건소의 금연 클리닉 확대와 인력 확충 등 관련 인프라 증가와 담뱃갑에 경고 그림 삽입 등 효과적인 비가격정책 시행, 간접흡연에 대한 홍보 강화 등이 동시에 이루어져야 한다.

과음도 경계하자

2007년 국민건강영양조사에서 알려진 우리나라 성인의 월간 음주율은 남자 73.5%, 여자 41.5%이다. 이는 2년 전인 2005년의 72.6%, 36.9%에 비해 모두 증가한 결과다. 음주율은 남녀 불문하고 모든 연령대에서 증가한 것으로 나타났는데, 여성 음주율의 증가 추세가 보다 뚜렷하게 나타나고 있어서 향후 관심을 가져야 할 것이다.

음주와 관련해 주목할 점은 우리나라의 경우 소위 '폭음'이라는 고도위험음주율이 높고, 직장인·대학생·청소년의 음주율이 외국에 비해 상당히 높은 수준이라는 데에 있다. 2001년 한국보건사회연구원 조사에 따르면, 고도위험음주율은 남자 17.4%, 여자 1.2%였으며, 직장인과 대학생의 음주율은 모두 90%를 상회했다.

이러한 위험한 음주 행태는 건강을 위협하는 요인이 되는데, 우리나라의 알코올성 간경화 사망률은 세계 최고 수준이며, 2003년 전체 교

월간 음주율의 연도별 추이

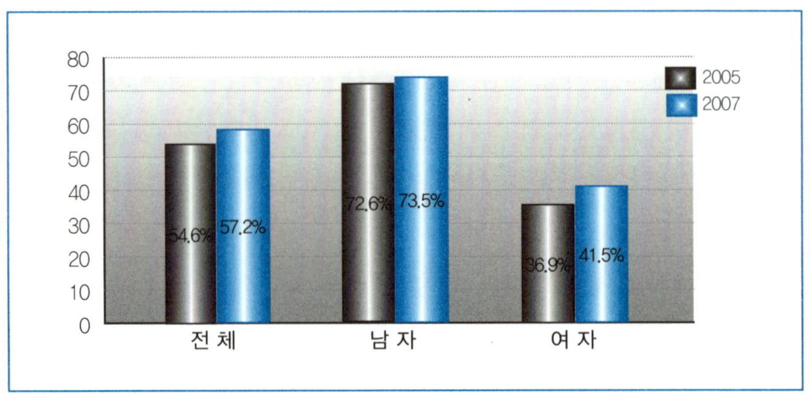

* 자료 : 2007 국민건강영양조사 중간 결과 발표, 질병관리본부, 2008. 11

통사고 사망자의 15.4%가 음주 운전 교통사고로 인한 것으로 발표되었다.

물론 적당한 음주가 오히려 건강에 이롭다는 연구 결과도 있으나 과음과 폭음 등 고위험 음주는 예방을 통해 감소시켜야 한다. 특히 우리나라의 경우 직장인과 대학생은 물론이고 청소년들도 손쉽게 술에 접근할 수 있는 현실이므로, 주류 소비 억제를 위해서는 공공시설에서의 음주 제한과 청소년 주류 판매 단속 강화, 주류에 대한 건강증진부담금 부과 등 더욱 적극적인 절주(節酒)정책을 펼칠 필요가 있다고 본다.

이제 비만도 적이다

우리나라는 OECD 가입국 중 비만도가 가장 낮은 나라로 꼽힌다.

비만 분포도

(단위 : %)

		1998	2001	2005
전 체	저체중	5.1	4.6	4.7
	정상	68.7	64.7	63.6
	비만	26.3	30.6	31.8
남 자	저체중	4.5	3.5	3.6
	정상	69.6	64.1	61.1
	비만	26.0	32.4	35.2
여 자	저체중	5.6	5.5	5.8
	정상	67.9	65.2	65.9
	비만	26.5	29.4	28.3

* 자료 : 2008 보건복지가족통계 연보

하지만 비만도는 1998년 전체 26.3%에서 2005년 31.8%로 남여 모두 높아지는 추세다. 비만은 만성질환을 유발하는 큰 요인 중 하나이므로 비만도가 높아지는 것은 만성질환의 증가와 무관하다고 할 수 없다.

최근에는 중년뿐만 아니라 청소년, 심지어는 소아의 비만까지 문제 시되는 단계에 이르렀다.

비만 퇴치의 시작은 신체의 에너지 섭취량보다 사용량을 늘리는 것이다. 보통 사람들은 체중 감량을 위해 먹는 것부터 줄이지만 사실은 에너지를 소모시키는 운동이 더 중요하다.

우리나라 국민의 규칙적 운동실천율을 보면 상당히 낮은 것을 알 수 있다. 예를 들어 격렬한 신체활동실천율(1회 20분 이상, 주 2일 이상)은 2005년 15.2%에서 2007년 13.9%로 2년간 1.3% 감소했으며, 중등도 신체활동실천율(1회 30분 이상, 주 5일 이상)은 2005년 18.7%에서 2007년 9.9%로 2년간 8.8% 감소했다. 운동 및 신체활동의 확대는 비만 퇴치의 ABC이지만 실천이 힘들다.

과거에는 질병과 사망의 원인이 비교적 단순하고 분명했다. 급성전염병은 한 번 유행하면 여러 사람의 목숨을 빼앗아갔지만 병원균의 감염이라는 원인이 분명했다. 따라서 일단 전염병을 발생시키는 원인균만 배양해내면 백신을 만들어 예방과 치료를 기대할 수 있었고, 실제 적지 않은 전염병이 인간의 노력 앞에 정복되었다. 그러나 현재의 만성퇴행성질환은 이전의 급성전염병과 성격이 다르다.

만성질환은 병원균이라는 하나의 원인이 아니라 물질적 환경, 사회적 환경, 유전적 소인 및 보건의료 서비스 등의 복합적 작용으로 일어난다. 만성질환의 다양한 발생 경로와 복잡한 진행 과정은 과거와 같은 치료 위주의 보건의료 서비스의 효과를 반감시켰다.

이제 만성질환의 원인으로 알려진 위해(危害) 요인들을 개인 차원에서, 국가와 사회 차원에서 미리 제거하고 관리하는 예방 위주의 서비스로 전환해야 할 시점이다.

정부는 1995년에 국민건강증진법을 제정했고, 1997년에는 건강증진기금을 조성함으로써 건강 증진 정책 추진을 위한 제도적 토대를 마련했다. 그리고 효과적인 정책 추진이 가능하도록 장기적이고 종합적인 건강 증진 계획을 수립해왔다.

2002년에 제1차 국민건강증진종합계획을 수립한 것을 시작으로, 2005년 제2차 국민건강증진종합계획을 수립해 시행하고 있으며, 2020년까지의 종합 계획을 담은 '국민건강증진종합계획 2020'을 현재 수립 중에 있다.

'국민건강증진종합계획 2020'은 2010년부터 2020년까지 시행할 다양한 건강 증진 정책의 기본이 된다. 이 계획에서는 건강 증진의 기본 이념에 스스로 관리하는 건강과 기본권으로서의 건강 개념을 적용하고 있으며, 국민 모두가 건강과 장수를 누리는 활기찬 사회의 구축을 위해서 건강수명의 연장과 건강 형평성의 제고를 목표로 두고 있다.

건강 유비쿼터스 시대

u-Health 서비스는 네트워크 또는 휴대용 진단 센서를 통해 환자의 건강 정보를 실시간으로 모니터하고, 해당 데이터를 활용하여 '언제, 어디서나' 원격 진료 및 건강관리 서비스를 제공하는 의료 환경을 의미한다. u-Health 서비스는 정보통신기술을 이용해 기존의 의료기관/의료인 중심의 보건의료 서비스를 소비자 중심으로 전환함으로써 시간과 공간의 제약이 없는 평생 건강관리 서비스를 제공하는 것을 목적으로 한다.

u-Health 서비스는 정보통신기술의 발달과 함께 등장한 것으로서, 아직까지 국민에게 본격적인 서비스를 제공하기 위한 모델은 부족한 실정이다. 따라서 먼저 언제 어디서나 질환과 건강관리가 가능하도록 지역과 인구의 특성, 다빈도 질환 종류 등을 고려한 u-Health 서비스 모델 개발이 필요하며, 기존의 방문건강관리사업이나 노인장기요양보험, 가정간호사업 등과의 연계 역시 선결되어야 할 과제다.

치료 중심의 건강 증진 정책을 예방 중심으로 전환하기 위해서는 대대적인 국민적 홍보도 필요하다. 국가나 사회 단위에서 예방적 정책을 수립하고 시행하는 것도 중요하지만 결국 건강생활 실천의 일차적 주체는 각 개인이기 때문이다.

이러한 차원에서 선진국들 사이에 효과적인 홍보 전략으로 꼽히는 것이 건강박람회(Health Fair)다. 건강박람회는 국가적인 차원에서 또는 각 지역이나 학교, 직장 등 소규모 공동체 단위에서 개최할 수 있는데, 건강 증진을 위한 지역사회와 시민사회의 인프라가 잘 갖추어진 선진국에 비해 우리나라에서 보다 유효한 전략은 국가적 차원에서의 홍보다.

건강박람회 2010

이러한 필요성을 충족시키기 위한 행사로 추진되고 있는 것이 보건복지부가 주최하고 한국보건사회연구원이 주관해 5월 4일부터 6일간 서울무역전시컨벤션센터(SETEC)에서 개최되는 '건강박람회 2010' 행사다.

이번 건강박람회의 슬로건은 '내가 디자인하는 건강생활'로 ① 건강 LIFE 진단관, ② 건강 LIFE PLUS관, ③ 건강 LIFE 미래관 등 3개 주제별 전시·체험 프로그램을 통해 자신의 건강 생활습관 파악은 물론 최근에 각광받는 u-Health 및 새로운 의료기술 소개 등으로 진행될 예정이다.

암호와 같은 숫자로 건강의 목표를 시사할 때 99·88·2·34 라는 표현이 유행처럼 사용되고 있다. 99세까지 팔팔하게 살다가 마지막 이틀 아프다가 3일째에 사망한다는 의미다.

초고령사회를 극복하는 방법은 온 국민이 건강해지는 것이다. 장수는 인류가 오랫동안 희망해온 바람이자 축복이다. 그렇지만 장수가 참으로 축복이 되기 위해서는 건강해야 한다. 2020년경이면 건강보험 지출에서 노인진료비가 차지하는 비율이 50%를 넘어서게 된다.

국민 의료비가 GDP의 10%를 넘어설 날도 얼마 남지 않았다. 그러나 현재와 같은 질병을 부르는 생활습관을 버린다면 이러한 위기 없이 건강한 장수국가를 만들어나갈 수 있다.

건강 증진을 위한 시간과 비용은 이제 건강 투자의 개념이 되어야 한다. 개인은 스스로 자기의 건강을 설계하고 관리해야 하고, 정부는 이를 지원하는 인프라를 구축해야 한다. 2020년 선진 한국 건설도 건강을 위한 작은 실천에서 시작할 수 있다. [신동아, 2010. 5월호]

건강보험 재정 장기적 시각이 필요하다

건강보험 재정과 관련해 논란이 일고 있다. 국민건강보험공단은 2010년에 건강보험 재정이 당기 적자 상태로 돌아서 그 동안 누적된 유보금도 없어질 우려가 있다는 전망에 대해 의료 공급자 단체에서는 내년의 건강보험수가 협의에 앞선 과장된 것이라는 시각이 있다.

그렇지만 금년도 상반기까지 1조 2000억원의 당기 수지 흑자를 보였던 건강보험 재정이 적자로 돌아선다고 하니 어리둥절할 만하다.

그러나 상반기 중 건강보험 재정의 흑자 요인을 분석하여 보면, 3조 8000억원의 국고지원금 중 2조 4000억원이 조기 집행돼 5000억원은 하반기 지급분에 해당하는 금액이고, 담배부담금 중 상반기 조기 집행 금액인 1000억원까지 감안하면 상반기 흑자분의 절반은 허수라는 것을 알 수 있다.

게다가 직장 연말정산금이 상반기에 들어온다는 점을 감안하면 실제 흑자 금액은 더 축소해 잡아야 한다. 그렇지만 이러한 부분을 감안한다고 해도 상반기는 흑자였다고 할 수 있다.

문제는 금년도에 시행되고 있는 건강보험 보장성 강화 효과이다. 보험급여비의 지급일수가 6일 증가하고, 4가지 항목의 새로운 보장성 강화가 시행되면 하반기는 상반기보다 급여 지출이 9000억원 상당 늘어날 것으로 전망되고 있다.

이렇게 되면 상반기에 늘어났던 흑자분의 대부분이 소진될 가능성이 있고, 실제로 7월에는 약 3000억원 정도의 적자가 발생했다. 더욱이 우려되는 것은 2008년 하반기와 2009년 상반기의 급여 추세를 보면, 평년에 비해 지출이 크게 위축된 상태였다. 이는 주로 글로벌 경제위기의 여파로 국민들의 의료 이용량이 억제됐기 때문인 것으로 보인다.

따라서 2008년 9월 이후 지난 달까지의 재정 추이를 근거로 해 급여 동향을 파악하는 것은 위험하다. 또한 최근 신종플루의 영향으로 일시적인 지출 증가 요인이 존재하고, 경제위기가 진정되어감에 따라 전반적인 소비 지출이 회복되고 있기 때문에 의료비 지출도 위기 이전 상태로 회복될 가능성이 있다.

그리고 물가 인상 등 증가 요인을 생각하면 의료기관의 원가 상승으로 건강보험수가의 인상 압력도 거세질 것으로 판단된다. 최근 원화 대비 엔화의 가치가 계속해 상승하고 있어 엔화 부채를 가진 의료기관들의 경영난도 심화될 것으로 보여 보험수가 인상 요구는 더 높아질 것이다.

이러한 요인을 감안하면 금년도는 당기 수지를 맞추는 수준은 되겠지만, 보험료와 정부 지원 금액이 변하지 않는다면 내년도에는 당기 수지 적자가 확대될 가능성이 높다. 이를 해소하기 위해서는 지출 증가에 상응한 건강보험료 인상이 필요한데, 보험료 인상도 쉽지 않을 것이 현실이다.

2009년도에 보험료가 동결됐지만 내년에도 국민의 호주머니 사정을 고려하면 보험료 인상이 쉽지만은 않을 것으로 예상되고 있다. 그렇다고 적자 재정 상태인 정부 지원을 획기적으로 늘리기도 어렵다.

이러한 단기적인 측면을 떠나서 건강보험 재정 지출은 중장기적으로 증가 요인을 안고 있다.

인구의 고령화에 따른 노인 인구의 증가로 고혈압·당뇨병 등 만성 질환과 함께 암과 같은 중증질환 증가로 자연적인 급여 지출 인상 요인이 잠재하고 있고, 아직은 낮은 건강보험 보장성도 강화될 필요성이 있다. 더욱이 신종플루에서 보듯이 기후 변화 등에 따른 새로운 질병의 발생 가능도 존재하고 있다.

따라서 건강보험 재정 안정화를 위한 노력은 지속적으로 이뤄져야 한다. 현재와 같은 의료 시스템 하에서는 공급자나 수요자 모두에게서 비용 절감 유인이 부족하다고 평가되고 있기 때문에 이에 대한 개선 방안 마련이 중요하다. 그러나 최근의 약가를 둘러싼 논쟁에서 보듯이 몇 십 년 누적된 얽히고설킨 복잡한 왜곡 구조를 풀기는 쉽지 않다.

선진 외국과 비교해도 우리나라 건강보험에 대한 평가는 나쁘지 않다. 요즘 들어서는 긍정적인 평가가 더 많아지고 있다. 우리 시스템에 대해 애정을 가지고 현재의 문제점을 개선하기 위한 사회적 합의를 조심스럽게 하나하나 만들어나가는 것이 필요하다.

문제의 핵심을 구체적으로 살펴보면 서로가 이해할 수 있는 공감대 영역을 충분히 찾을 수 있다. 이를 위해서는 의료 수요자와 공급자, 보험자와 정부가 상호 신뢰의 기반을 마련하는 것이 선결적 과제이다.

[의학신문, 2009. 9. 15]

산재보험 개혁은 신뢰를 기반으로

우리나라 산재보험은 개별 제도로는 부분적 완결성을 갖추고 있다 하더라도 전체 사회보장 시스템의 관점에서는 보완이 필요하다.

최근 노동부가 공개한 산재보험제도 발전위원회 연구 결과에 대해 노동계가 크게 반발하고 있다. 한동안 잠잠하던 산재보험 문제가 노사정 간의 뜨거운 감자가 될 조짐을 보여, 그렇지 않아도 양극화 문제로 갈려 있는 계층 분열 현상이 심화하지 않을까 우려된다.

쟁점이 되고 있는 산재보험발전위의 연구에서는 보험 급여 체계의 합리화, 재활사업 등 보장성 강화, 보험료율 등 산재보험 재정 건전성 제고 등 여러 과제들에 대하여 광범위한 개선 방안을 제시하고 있다.

이에 대하여 노동계는 노동자성이 인정되지 못하여 산재보험 적용을 받지 못하는 산재보험 사각지대 해소, 저임 근로자에 대한 보장 수준 미흡 등 문제에 대한 대안은 제시하지 않으면서 재정적 측면만을 강조하는 신자유주의적 개혁안으로 평가 절하하고 있다.

아직은 전문가의 견해에 불과한 개선 대안에 대하여 노동자에게 불리한 부분만 강조하여 제도 개선 자체를 전면 부정하는 것은 문제 해결에 도움이 되지 않을 것으로 판단된다.

산재보험은 우리나라 사회보험제도 중 가장 역사가 오래된 제도로서, 급여 수준도 국제노동기구(ILO)가 제시하는 다양한 기준을 넘어서고 있어 경제협력개발기구(OECD) 국가들과 비교해도 손색이 없다.

그렇지만 개별 제도로는 부분적 완결성을 갖추고 있다 하더라도 전체적인 사회보장 시스템의 관점에서는 일관성과 합리성 측면에서 보완이 필요한 실정이다.

더욱이 비정규직·영세자영자에 대한 재해 보장, 고령 근로자 증가에 따른 사회보험제도 간 역할 조정, 사회 불안정 증대에 따른 근로자의 행태 변화에 대한 대응, 연금 수급자의 증가에 따른 재정의 안정적 조달, 국민 소득 증가 등에 따른 복지 수요 증가에 대한 부응 등을 위한 종합적인 대책이 필요한 실정이다.

이러한 측면에서 볼 때 여건 변화에 적극적으로 대응하면서 제도 합리화를 위한 전면적인 산재보험 재구조화 작업이 요구되고 있다.

지난 해 한시적으로 운영된 산재보험발전위는 이러한 요구에 부응하기 위한 것이었지만, 노동계의 오해를 받고 있는 것은 안타까운 현실이다. 그나마 다행인 것은 노동계나 경영계 모두 산재보험 개혁의 필요성은 공감하고 있다는 점이다.

노동계에서 요구하는 보장성 확대와 경영계에서 주장하는 효율성 제고는 일견 상충된 주장으로 보이지만, 피할 수 없는 글로벌화에 따른 기업 경쟁력 유지와 양극화에 대한 대응이라는 두 가지 과제의 해결을 위해서 함께 필요한 정책 방향이다.

이제 새로운 산재보험 시스템의 정비를 위한 사회적 합의가 필요한 시점이다. 정부는 이러한 논의 과정에서 철저하게 투명성과 공정성을 유지하고 명확한 비전을 제시하여야 한다.

경영계는 눈에 보이는 비용 절감 노력보다는 총체적 사회 유지비용에 대한 인식 전환이 요구되고, 노동계도 무조건적인 저지 투쟁보다는 합리적인 대응이 필요하다. 그리고 무엇보다도 중요한 것은 노사정 간의 신뢰 회복이다. [한겨레, 2006. 2. 28]

사람이 일생을 살아가다 보면 길흉화복(吉凶禍福)을 겪게 마련이다. 조선시대나 그 이전에는 험한 일을 당하게 되면 오로지 그 개인이나 가족이 감당해야만 했다.

그나마 가족이 대가족이면 불행을 함께 나누어 가지므로 개인에게 쏠리는 부담이 경감되기도 했다. 즉 가문이 튼튼하면 어지간한 일을 당해도 견뎌낼 수 있었던 것이다. 마을 단위의 환난상휼제도가 있었지만 그 기능은 극히 제한적이었다.

그러나 산업화와 도시화를 거치면서 그나마 버팀목이 되었던 가족 기능이 약화됐다. 소가족·핵가족을 넘어서 단독가구가 늘어나고 있다. 혼자 살다가 사망했는데 그 시신을 몇 달이 지나서야 수습했다는 기사를 쉽게 접한다. 참으로 세상이 삭막해지고 있다.

이러한 외로운 세상을 서로에게 의지하고 따뜻하게 살아갈 수 있도록 만드는 것이 바로 사회보장제도이다. 가족 단위로는 한계가 있는 각종 사회적 위험에 대해 국가가 개입하여 지켜주는 제도가 사회보장제도라고 할 수 있다.

사회보장제도 중에서도 각종 재해로부터 지켜주는 산업재해보상보험제도가 있다. 우리나라에서는 이를 줄여서 산재보험이라고 칭하지만, 일반적으로는 근로자재해보상제도라고 부른다. 말 그대로 근로자가 업무를 수행하다가 재해를 입었을 때 보상해주는 제도이다.

근로자가 업무 중에 부상을 입거나 사망하면 산재보험에서 치료를 해주고, 치료기간 중에는 현금으로 생계비를 보조한다. 치료 후 장해가 남으면 사망시까지 장해연금을 지급하고, 불행히 사망할 경우 남은 유족에게 연금이 지급된다. 재해를 입은 사람에게 돈으로 보상해준다 하여 불행에서 완전히 벗어나는 것은 아니지만, 최소한 경제적인 보상이 이뤄지는 것이다.

근로자에게는 이렇게 재해를 당해도 경제적으로 자유로울 수 있는 제도가 있지만 농업인은 그렇지 못하다. 농업인이라고 해서 재해로부터 자유로운 것은 아니다. 농기계를 다루다 보면 수시로 사고가 발생하고, 농약으로 인해 정신이 혼미해 본 적이 없는 농업인은 드물 것이다.

물론 농업인에게도 농협에서 운영하는 재해보상제도가 있다. 그렇지만 민영보험적 성격을 가지고 있기 때문에 사회보장 성격의 산재보험과는 근본적으로 다르고 상해보험에 가깝다. 보상 수준이 낮은 것은 물론이고 연금 성격은 아예 없다.

왜 농업인에게는 근로자와 같은 재해보상제도를 적용할 수 없을까. 농업인은 근로자와 다를 수밖에 없다고 너무 쉽게 포기하고 있는 것은 아닐까. 근로자를 위한 재해 보상도 사람이 만든 것인데, 농업인에게 필요한 재해보상제도를 못 만들 리가 없다. 의지만 있으면 만들 수 있다.

근로자와 농업인의 차이는 비용 부담 주체가 다르다는 것뿐이다. 산재보험은 근로자를 고용하는 사용주가 보험료를 부담하지만, 농업인은 스스로 비용을 부담해야 한다는 점이 차이다. 그 외 연금제도를 포함한 급여제도는 산재보험과 동일하게 만들 수 있는 것이다.

다만, 이렇게 설계하기 위해서는 비용 부담이 늘어나는 것이 문제지만, 이때 국가가 그 역할을 할 수 있다. 세계무역기구(WTO) 체제에서 농업인을 직접 지원하면 문제가 될 수 있지만, 사회보장제도를 통해 지원하는 것은 아무런 문제가 없다.

참으로 국가가 제 역할을 할 수 있는 것이 재해보상제도라고 할 수 있는 것이다. 근로자나 농업인이나 삶 자체에 차이가 없다면 재해보상제도도 다를 이유가 없다. [농민신문, 2009. 7. 6]

경제가 어렵고 살림살이가 팍팍해지면서 마음이 꽁꽁 얼어 있다. 이럴 때 시골의 풍경을 떠올리면 그나마 마음이 편안할 것도 같지만, 농촌에 사는 농업인의 마음은 그렇지 못하다. 농촌생활이 도시에 비해 열악하다는 것은 어제 오늘의 이야기가 아니기 때문이다. 농촌 주민의 평균 연령이 높아지고 있는 것도 문제점이다.

무엇보다도 농업인들에게 불편한 것은 가까이에 믿고 갈만한 의료시설이 충분하지 않다는 점이다. 농촌 주민이 나이가 들어감에 따라 고혈압·관절염 등 다양한 만성병에 시달리고 있으나, 인근에는 보건지소나 작은 의원급 병원 정도밖에 없다.

이렇다보니 분·초를 다투는 응급환자가 발생하면 대처가 쉽지 않다. 농촌 노인 대부분이 노후를 미처 준비하지 못한 세대들이기 때문에 더욱 그렇다. 그렇다고 사회보장제도가 농촌에 맞게 짜여 있는 것도 아니다.

우리나라의 사회보장제도는 농업인이 아닌 근로자를 위한 제도로 출발하고 발전해왔다. 근로자 중에서도 보험료 부담 능력이 취약한 소기업 근로자나 비정규직 근로자는 제대로 된 사회보장을 받지 못하고 있다. 이렇게 시작된 사회보장제도는 농촌 지역 농업인은 당연히 후순위였다.

예들 들면, 건강보험제도는 1977년에 도입되었지만 농촌 지역 주민에게 적용된 것은 1989년부터이고, 국민연금제도는 1988년에 도입되었지만 농촌 지역으로는 1999년에야 확대됐다.

건강보험제도가 확대되었지만 농촌에는 양질의 병원이 부족하다. 그리고 다른 사회적 위험은 흉내라도 내고 있으나 재해와 관련된 보장제도는 제자리를 잡지 못하고 있다.

농협이 농업인 재해 공제 상품을 판매하고 있고 정부의 보험료 지원도 이루어지고 있지만, 보험료 부담을 꺼리는 농업인들로 인해 가입 유인도 떨어지고 있다. 이런저런 사회보장제도에도 농업인의 삶은 불안하다. 노령·질병·재해 등 각종 사회적 위험으로부터 노출돼 있어서다.

농업인을 위한 지원 제도는 매우 제한적이고 선별적이어서 사회 안전망이 취약할 수밖에 없다. 이러한 사각지대 발생의 가장 큰 원인은 현재의 사회보장제도가 농업인의 몸에 맞지 않기 때문이다.

농업인과 근로자와의 사회적 위험과 보험료 부담 능력은 상이하다. 농업인은 정년이 없고 노후에 필요한 생계비도 도시보다 저렴하다.

그렇다면 '높은 보장, 높은 부담'의 제도보다는 낮게 부담하고 적절한 보장이 되는 제도가 필요하다. 특히 농촌 지역은 이미 고령화가 상당히 진행되어 있다. 보험료 부담 능력이 없는 노인도 다수 존재한다. 따라서 이들에게 보험료 부담을 전제로 하지 않는 제도의 적용이 필요하다.

　예컨대 '재해보상제도'를 도입한다고 높은 부담이 되는 보험료를 부과한다면, 농업인들은 이 제도의 도입을 즐거워하기보다는 외면할 가능성이 높다. 때문에 농업인의 경우 각종 사회적 위험으로부터 자신들을 지켜줄 안전망이 필요하지만, 제도에 따른 비용 부담의 과중 여부를 반드시 따져보아야 한다는 것이다.

　더 이상 정규직 근로자를 위한 사회보험제도를 농업인·도시 영세 자영자·비정규직 근로자에게 억지로 적용하는 것은 바람직하지 않다. 양극화가 심화되는 이 시점에서 사회보장제도조차도 가진 자 위주로 운영된다면, 그 사회보장제도의 존재 이유는 부정될 수 있다.

　이제는 농업인의 입장에서 우리나라 사회보장제도의 적합성을 재검토하고 이를 개혁하는 방안을 찾아야 할 시점이다.

[농민신문, 2009. 2. 25]

CHAPTER 4

따뜻하고 촘촘한 보건복지 포트폴리오

보편·예방·종합적 복지로 패러다임 바꿔야

우리 정부의 복지 재정 지출은 2004년 이후 꾸준히 증가해 올해 61조원에 이르렀다. 경제개발협력기구(OECD) 기준 사회보장비 지출도 국내총생산(GDP) 대비 10% 선을 넘어선 것으로 추정된다.

그러나 문제는 일반 예산 증가율의 2배로 사회보장비 지출이 증가됐음에도 소득 분배 상태가 개선되지 않고 있다는 점이다. 그 이유는 뭘까? 무엇보다 현재의 복지 수요가 과거와 달라졌음에도 복지정책이 과거의 것을 확대 재생산하는데 그치고 있기 때문이다.

과거의 복지정책은 전 인구의 1.5% 정도에 해당하는 극빈층을 대상으로 했다. 그러나 고령화 및 여성의 사회 진출이 급속히 진행되면서 복지 대상이 크게 확대됐다. 전체 국민 가운데 아프지 않는 사람이 없고, 늙지 않는 사람도 없기 때문이다. 과거 가족 책임으로 간주되던 육아도 이제는 복지 대상으로 여겨지고 있다.

이러한 복지 수요의 변화에도 복지정책은 과거의 것 그대로다. 1977년 도입된 건강보험, 88년 도입된 국민연금은 예전의 틀을 유지하면서

계수(係數) 조정만 하고 있을 뿐이다. 건강보험의 경우 틀은 유지한 채 보장성만 강화함으로써 재정 문제만 심각해지고 있다.

이제는 복지 패러다임과 복지 시스템을 바꾸는 것에 대해 논의할 때가 됐다. '보험료 부담을 늘리는 대신 복지 혜택을 넓힐 것인가, 보험금 부담을 줄이는 대신 복지 혜택을 줄일 것인가'라는 근본 질문을 던지고 사회적 합의를 이끌어낼 시점이다. 바로 이것이 복지 분야와 관련해 차기 정부가 해야 할 일이다. 몇 가지 제언을 하자면,

첫째, 전 국민에 대한 평생관리 체계의 정립이다.

여러 대선 후보들이 태어나서 사망할 때까지를 아우르는 복지정책을 공약으로 내걸었듯, 국민 개개인의 평생을 '도와줄' 복지 시스템이 요구되는 시대가 됐다. 보육, 교육, 취업, 고용 안정, 노후 소득 보장 그리고 전 생애에 걸친 질병관리를 효과적·총괄적으로 제공하는 관리 체계 도입이 필요한 것이다.

이는 단순히 치료비를 면제해주거나 보육비나 노후 연금을 지급하라는 뜻이 아니다. 복지 패러다임을 바꾸고 필요 시스템을 구축한다면, 누적된 건강보험 자료를 바탕으로 국민 A가 향후 앓게 될 확률이 높은 질병을 예방할 수 있도록 돕고, 각 개인별 소득 자료를 바탕으로 국민 B가 노후에 대비해 미리 마련해야 할 대책들을 컨설팅해줄 수 있을 것이다. 평생교육 시스템은 비단 복지 차원뿐 아니라 국가 경쟁력 제고 차원에서도 반드시 갖춰야 할 사안이다.

둘째, 공급자 중심의 획일화된 복지에서 개개인의 선택이 존중되는 복지로 패러다임을 전환해야 한다.

예를 들어, 개인마다 취업 형태나 퇴직 연령이 다른 데도 현행 국민연금은 획일화된 급여 체계와 수급 연령을 강요하고 있다. 농어민과 영세자영자는 근로기간 중에 높은 보험료를 내진 못하지만 정년이 없

기 때문에 봉급생활자보다 더 오래 일할 수 있다. 그런데 봉급생활자에게 맞도록 설계된 현행 제도를 자영자에게도 강요함으로써 국민연금이 혐오 대상으로 여겨지고 있는 것이다.

초고령화 시대 노후 소득 보장 청사진 다시 짜야

셋째, 사적으로 해결하기보다 사회적으로 해결하는 것이 더 효율적인 분야를 중심으로 복지정책이 강화돼야 한다.

일각에서는 현재 '과잉 복지'가 아니냐고 지적한다. 그러나 세계경제포럼(WEF)에서 매년 발표하는 국가 경쟁력 순위를 보면 상위 10개국 가운데 8개국은 스웨덴·노르웨이 등 복지가 잘 이뤄지고 있는 나라들이다. 즉 복지비 지출이 많다고 국가가 비효율적이 되는 것은 아니란 뜻이다.

보육을 예로 들어보자. 개개인이 자녀 1명씩을 맡는 것보다 전문가 1명이 3~4명의 아이를 맡음으로써 일자리도 창출하고, 여성의 사회 진출을 장려할 수 있다. 이는 노인 부양이나 요양 측면에서도 마찬가지다.

한편 복지 서비스를 제공하는 기관들에 대해서는 '경쟁 및 책임 경영' 시스템을 도입함으로써 국가 자원을 효율적으로 배분하고 비용 낭비를 줄여야 한다. 이는 민영화가 어려운 복지기관의 효율성을 제고하는 기능을 할 것이다.

넷째, 중복적 급여를 통합해야 한다.

산재보험의 장애유족연금과 국민연금의 장애유족연금 등 몇 가지 중첩 사례에 대한 정리가 필요하다. 공급자 중심에서 벗어나 수요자 중심의 결합 서비스를 제공해 제도 간 연계, 원스톱(One-Stop) 서비스 체계를 갖춘다면 가능할 것이다.

마지막으로 연금 문제를 해결해야 한다.

7월 개정된 국민연금법은 '미완성의 작품'이라 하겠다. 제도 개정에도 적립 기금 고갈이 13년 연장된 것에 그쳤기 때문이다. 2008년부터 실시되는 기초노령연금과 국민연금의 관계도 명확히 해야 한다. 기초노령연금이 국민연금 사각지대에 놓인 사람들을 위한 최저 보증 연금인지 아니면 국민연금을 2층 연금으로 하는 1층 연금의 성격인지를 재정립해야 한다. 기초노령연금의 안정적 재원 조달 방안, 국민연금 기금 운용 거버넌스 재구축 또한 필요하다.

재정적으로 심각한 상태에 있는 공무원연금·군인연금·사학연금도 당연히 개정돼야 한다. 사회보장적·퇴직금적·공로보상적 성격을 동시에 지니는 공무원연금 등을 성격별로 분해해 국민연금 가입자와의 형평성을 제고해야 한다.

이러한 제도 조정 작업은 재정 안정화라는 단순한 목적보다는 초고령화 시대에 지속 가능성이 보장되는 노후 소득 보장 체계의 청사진을 새롭게 짠다는 의지로 추진돼야 한다.

복지정책은 더 이상 특정 취약 계층을 위한 제도가 아니다. 선별적·사후적·제한적 복지 체계에서 벗어나 보편적·예방적·종합적 복지 체계 구축이 요구되는 시점이다.

자유 시장경제 발전을 위해서는 노사정이 하나 되는 사회적 협력 체계가 갖춰져야 한다. 그 근간을 이루는 것은 제대로 된 사회안전망이다. 이 점을 차기 정부는 명심해야 한다.

[주간동아, 2007. 12. 25, 제616호]

대망의 2007년에는 우리나라의 1인당 GDP가 2만 달러를 넘어선다고 한다. 그렇지만 대다수의 국민들은 느낌이 없다.

사업은 여전히 잘 안되고, 대학을 졸업해도 취업하기 어렵다. 부동산 가격은 폭등하였다고 하지만 내 집값은 오히려 내려갔다. 퇴근길에 지하철 한 모퉁이에 라면 박스로 잠자리를 만들고 있는 노인 부부를 보면 가슴이 저려진다.

4년 전 노무현 정부가 참여 복지의 기치를 높이 들었을 때 서민들은 이제 없는 사람도 좀 따뜻하게 살 수 있겠구나 하는 희망을 가졌다. 4년 후 지금 빈곤층은 더욱 확대되고 중산층은 감소되었다. 물론 참여 정부는 복지 지출을 빠르게 증가시켰다.

그렇지만 소득 재분배 상태를 나타내는 지니계수는 개선되지 않고 있다. 경제 성장이 제대로 되지 않은 것이 가장 큰 원인이다. 그래서 일각에서는 정부가 경제는 등한시하고 복지에만 치중한 결과라고 한다. 그렇지만 선진국가의 경험에서 보면 고령화가 급속히 진행되고 세계화 등으로 하여 경쟁이 격화되는 시기에는 복지 지출 증가가 불가피한 측면이 있다는 것도 부정하기 어렵다.

성장이 우선이다, 복지가 우선이다 하는 식의 소모적인 논쟁은 큰 의미가 없다. 성장의 궁극적인 목적은 복지에 있기 때문이다. 참여정부의 정책 실패는 단순히 복지 지출을 많이 했다는 것에 있지 않고, 복지 지출이 증가되었음에도 불구하고 국민 통합이 제대로 이루어지지 않았다는 데 있다.

참여정부의 복지정책은 좌표 선정부터가 잘못되었다. 극빈자 중심의 공공부조정책은 1980년대에 끝냈어야 했다. 지금은 극빈 계층 3%가 문제가 아니라 하위 40% 계층이 모두 사회적 위험에 노출되어 있다. 이들 계층은 약간의 소득과 재산이 있어 공공부조 대상이 되지도 못하지만, 사회보험료 납입 능력이 없어서 사회보험의 사각지대에 빠져 있다.

참여정부는 이들 계층에 어떻게 하면 보험료를 징수할 것인가만 골몰하다가 4년을 다 보냈다. 보험료만 내면 좋은 혜택이 기다리고 있는데 왜 안 내는지 이해가 안 된다는 식이다.

국민연금이 대표적인 사례이다. 오늘도 살기 어려운 영세자영자에게 보험료 납입을 강행하더니, 최근에는 보험료도 대폭 올리겠다고 한다. 건강보험도 마찬가지이다. 우리나라만큼 사회보험제도가 국민으로부터 불신을 받는 나라도 드물 것이다.

사회적 위험이 발생하였을 때 국가가 바로 개입해주어야 중간 계층이 유지된다. 사회적 위험을 공공부조를 중심으로 해결하려는 것은 중간 계층이 몰락할 때까지 기다리는 것과 같다. 이제 사회보험제도가 제구실을 할 수 있도록 하는 패러다임의 대전환이 필요하다. 그렇지만 성장 동력의 상실로 복지 확대도 한계에 직면하고 있다.

우리 사회에는 복지가 기업하는 데 부담이라는 인식이 만연하여 있지만, 적정 수준의 복지는 오히려 근로자의 생활비용을 낮추어서 기업의 임금 상승 압력을 완화시키는 역할을 한다.

다시 말해서 시장경제가 제자리를 찾기 위해서도 새로운 복지 인프라가 구축되어야 한다. 사회적 위험을 축소하고, 양극화되고 있는 사회 계층을 다시 하나로 묶어주는 새로운 복지 시스템이 구축되어야 성장 동력 회복의 명분이 선다.

21세기의 복지 시스템은 '함께 사는 사회'를 지속 가능하도록, 구현하도록 해야 한다. 자유 시장경제 하에서 불가피하게 발생할 수 있는 과도한 차별과 불평등을 완화할 수 있도록 경제 주체들이 참여하는 경제 발전과 복지 향상을 동시에 추구할 수 있도록 해야 한다.

인구 고령화, 저성장 등 경제사회적 변동 요인에 대하여 능동적으로 유연하게 대응할 수 있는, 국민이 하나가 될 수 있는 사회 인프라를 구축해야 한다.

아울러 각종의 사회적 위험으로부터 최소한의 인간다운 삶의 질을 보장하여 노사 간·계층 간·지역 간 신뢰와 협력 체계가 이루어지도록 해야 한다. [서울신문, 2007. 1. 12]

복지 공약, 복지 개혁

2007년 대선이 막바지에 접어들고 있는 이제야 각 후보들의 최종 공약이 발표되고 있다. 그런데 정치·경제·교육 분야의 공약은 어느 정도의 대립각을 보이고 있는데 비하여 복지 분야 공약의 경우 대동소이하다는 점이 특이하다면 특이하다.

어느 후보나 보육비의 국가 지원 상향 조정과 공공보육시설의 확대, 노인 기초노령연금의 강화 및 장기요양보장제도의 내실화 및 노인 일자리 창출, 장애인 기초연금과 요양보호제도 도입, 국민기초생활보장제도 개선 및 건강보험의 보장성 강화 등을 주요 공약으로 내세우고 있다. 특히 이명박·정동영·이회창 등 빅 3의 복지 공약은 국민의 욕구를 반영하는 것이지만, 이것을 실현하자면 엄청난 복지 예산을 필요로 한다.

우리나라의 조세부담률은 20% 내외여서 낮은 수준이지만, 조세 저항은 선진국에 비하여 매우 강하다. 복지 수혜는 요구하지만 조세 부담은 원하지 않는 의식 구조를 가지고 있다.

우리나라는 복지 문제를 오랫동안 개인과 기업에 방치하여 왔다. 우리 정부는 중상주의 시대의 국가처럼 치안과 국방, 경제 개발에만 치중하여 오다가 1997년 금융위기를 계기로 복지 예산이 다른 예산의 증가율보다 높게 책정되어 왔다.

이러한 복지에 대한 우선순위에도 불구하고 초고속으로 진행되고 있는 저출산 고령화로 복지 욕구를 충족시키기에는 역부족이었다. 더욱이 저성장으로 인하여 복지 자원 자체가 근본적으로 한계를 보여 왔다. 신정부는 경제 체질을 강화하면서 증가하는 복지 욕구에 적절히 대응해야 하는 과제를 동시에 가지고 있다고 할 수 있다.

성장과 분배가 상충적인 것이 아니라 상생적인 것이 되기 위해서는 복지 패러다임의 대전환이 필요하다.

현재의 제한적·선별적·사후적 복지 시스템은 복지 수준이 낮은 상태에서는 유효하게 작동되었지만, 지금과 같이 사회보장 지출이 GDP의 10%를 넘어서는 시점에서는 비효율적 측면이 더 많이 나타나고 있다.

따라서 새로운 경제와 복지의 선순환 구조로의 이행을 위해서는 복지 공약에 앞서 복지 개혁이 전제되어야 한다. 복지에 대한 국가 책임을 명확히 함과 동시에 주어진 예산으로 복지 사각지대를 완전히 제거될 수 있도록 판을 새롭게 짜야 한다.

신정부는 대선 공약들이 침묵을 하고 있거나 유보적 입장을 취하고 있는 많은 문제에 대한 해답을 정권 초기에 찾아야 한다. 저출산 문제의 개선을 위해서는 보육에 대한 선제적인 투자가 필요하다는 점에 있어서는 이론의 여지가 없다. 그렇지만 현재와 같이 시설 중심의 지원 방식이 바람직한지는 재검토가 필요하다.

노인 기초노령연금의 국민연금과의 관계 재정립도 명확하게 되어야 한다. 기초노령연금이 국민연금 사각지대를 해결하는 최저 보증 연금인지, 국민연금을 2층 연금으로 하는 1층 연금의 성격인지에 대해서도 답을 찾아야 하고, 공무원연금 등 특수직역 연금의 개혁 방향도 구체적으로 나와야 한다.

장애인 기초연금도 국민연금과 산재보험의 장해연금과의 관계 재정립을 필요로 한다. 건강보험도 보장성 강화와 재정 안정성이라는 두 마리의 토끼를 어떻게 잡을 것인가에 대한 해답을 찾아야 한다.

또한 복지 전달 체계의 개혁을 통하여 국민의 복지 부담이 낭비 없이 복지 수혜자에게 전달될 수 있도록 하여야 하고, 이 과정에서 급여 중복과 비효율적인 관리 운영이 획기적으로 개선되어야 할 것이다. 재원과 서비스 제공 측면에서 중앙정부와 지방정부의 역할 재정립도 필요하다.

인수위원회가 구성되면 이러한 문제들에 대한 우선순위 조정을 위한 전략적인 로드맵이 조기에 만들어져서 정권 초기부터 체계적으로 개혁을 진행시켜 나가야 하지만, 무조건 과거 제도를 뜯어고치는 식이 아니라 진화적인 관점에서 발전시켜 나가는 겸허한 태도가 제도 조정에 따른 비용을 최소화시켜 나가는 길임을 인식하는 것도 중요하다.

[서울신문, 2007. 12. 11]

이명박정부가 출범한 지 1년이 되고 있다. 복지 부문도 글로벌 경제 위기의 한파로 바람 잘 날 없는 한 해를 보냈다.

복지 수요의 증가에 더해 생계가 어려운 가계가 늘어났다. 게다가 쇠고기 수입, 멜라민 등 식품안전 문제도 현안 과제로 제기됐다.

특히 너무 강한 '경제 대통령' 이미지 때문에 복지를 소홀히 한다는 이념적 공세도 받아야 했다. 무엇보다도 신정부에서 눈에 띄는 굵직한 복지제도를 새로 만든 것이 없다며 '반(反)복지적'이라고 폄하하는 것은 잘못이다.

지난 해 노인정책의 획을 긋는 기초노령연금제도와 노인장기요양 보험제도가 시행됐다.

기초노령연금만 해도 매년 3조원 이상의 돈이 들어가는 매머드 제도이어서 법 제정 때부터 재원에 대한 논란이 많았지만 계획대로 시행했다.

올해에는 대상자를 다시 확대해 65세 이상 노인의 70%가 기초노령연금을 받게 됐다. '제대로 시행되겠느냐'며 의심 받던 노인장기요양보험제도 역시 지난 해 7월부터 시행해 성공적으로 안착되고 있다. 치매·중풍 노인을 모시고 있는 가정의 고통이 크게 경감되고 있는 것은 주지의 사실이다.

보육에 대한 국가의 책임도 빠른 속도로 강화하고 있다. 특히 지난 해 후반부터 몰아닥친 경제위기 한파에 대응해 긴급복지지원제도를 강화했고, 올해에는 건강보험료를 인상하지 않은 채 보장성을 다소 높였다.

공적연금제도 간 연계법도 통과돼 연금 수급권을 신장할 수 있는 계기를 마련했다. 멜라민 사태 등에 대해서도 무리 없이 대응책을 수립해 마무리했고, 올 들어서는 녹색성장산업으로 해외 환자 유치 등 보건산업에 대한 투자도 확대하고 있다.

이명박정부로서는 처음 만든 2009년 예산에서 보건복지 부문은 예산 항목 중 가장 많은 14.5%가 늘어났다. 이는 정부 일반 예산 증가율의 두 배 수준이며, 참여정부 복지 예산 평균 증가율보다도 높다. 일부에서는 경직적 법정 예산을 제외하면 다른 복지 예산은 별로 늘지 않았다고 비판하지만 설득력이 약하다.

이명박정부가 복지 전달 체계에 시장적 요소를 강화하고 있다는 지적도 근거가 없다. 현 정부는 보건복지 부문에 존재하는 각종 규제를 완화하는 차원에서 다양한 정책을 모색하고 있다. 하지만 이를 복지에 대한 국가 책임을 줄이는 것으로 몰아가는 것은 잘못이다.

물론 지난 1년간의 정책에서 아쉬운 점이 없는 것도 아니다. 무엇보다도 복지가 경제 논리에 밀린다는 오해를 불식시키는 데 실패했다. 복지 증진을 위한 다양한 노력에도 불구하고 국민의 체감도는 높지 않았다.

지난 10년간 복지정책의 한계를 극복하려는 노력도 미흡한 것으로 평가된다. 복지 전달 체계의 개편 노력에도 불구하고 아직 성과는 없다.

4대 사회보험료 징수 통합도 속도를 내지 못하고 있다. 중요 사회보장제도가 갖춰졌지만 여전히 광범한 사각지대를 가지고 있어 최근 경제위기 상황에서 국민 불안을 능동적으로 해소하지 못하고 있다는 지적도 있다.

이제 지난 정부 복지정책의 공과를 따져 좋은 정책은 더욱 발전시키되, 미흡한 정책은 과감하게 개혁해야 할 시점이다. 무엇보다도 경제위기에 대응, 중산·서민층에 대한 예방적·선제적 복지를 강화할 필요가 있다.

건강보험료 체납 세대에 대한 지원, 긴급 의료 지원 확대, 실직 가족 예방·지원, 국민연금보험료 미납 대책 수립, 사회 서비스 일자리 창출 등이 필요하다.

다문화·미혼모 가정 지원, 맞춤형 건강관리 서비스 제공, 기후 변화에 대비한 건강 안전망 구축 등도 추진해나가야 한다. 장애인 기초연금제도와 장기요양제도 도입도 서둘러야 한다.

국민 통합 초석될 복지정책 기대

복지 전달 체계의 효율성 제고를 위한 시스템 개혁도 필요하다. 지금의 경제위기를 복지 전달 체계의 내부 비효율을 제거하는 계기로 활용해 사회보장 급여의 누수·중복을 방지할 수 있는 시스템을 구축해야 한다.

복지정책의 궁극적 목표는 국민 통합에 있고, 국민 통합은 경제위기 극복과 생산적 개혁의 밑바탕이 된다는 점에서 '복지도 투자'라는 점을 잊어서는 안 된다. 특히 경제위기 상황에서 촘촘하고 따뜻한 복지의 강화는 법과 시장경제를 지켜주는 안전판 역할을 할 것이다.

[서울경제, 2009. 2. 23]

글로벌 경제위기에 따른 국내 경기 침체로 고용과 소득이 감소하고 있다. 서민 취약 계층이 몰려 있는 임시 일용직 일자리가 크게 감소하고, 영세자영자의 폐업이 빠르게 증가한다. 중간층 가계도 주름살이 늘어나는 실정이다.

이번 경제위기는 경기 순환 과정에서 나타나는 경기 후퇴나 10년 전 외환위기와는 다른 현상을 보이기 때문에 미래에 대한 불확실성으로 막연한 불안감이 확산된다는 점도 문제다.

이에 따라 세계 각국 정부가 특단의 대책을 강구하는 중이고, 우리 정부도 금융시장 안정화 대책을 비롯해 경기를 진작시키기 위한 정책을 추진하고 있다.

최근 정부는 6조원이 넘는 규모의 민생안정긴급지원 대책을 발표했다. 기초생활보장 수급자 및 긴급 복지 수급자 확대에 4510억원, 한시적 생계 구호에 5385억원, 희망 근로 프로젝트에 2조 6000억원, 자산담보부 생활지원제도에 1300억원 등이 골자다.

기존의 사회안전망 내에서 늘어나는 빈곤층을 위한 생계비 지원 예산 확보 외에도 최저생계비 이하의 소득 상태임에도 부양 의무자 기준 때문에 제대로 보호를 받지 못했던 100만 명과 재산 기준을 초과한 182만 명 중 근로 무능력자를 위해 생존에 필요한 최소한의 식품비에 해당하는 금액을 지급하는 한시적 생계구호 대책을, 근로 능력이 있는 비수급 빈곤층을 위해서는 과거 공공 근로적 성격을 가진 일자리 대책을 세웠다는 점이 특징이다.

실직 상태에 있지만 사회보험 혜택도 받기 어렵고, 재산 기준으로 생계 지원도 받기 어려운 계층을 위한 저리융자제도도 포함되어 있다.

이번 민생안정 대책은 일단 6조원이라는 대규모 예산을 투입한다는 점에서 파격적이기도 하지만, 기존의 대책과 다르게 다양한 계층의 복지 욕구에 선제적으로 대응한다는 점에서 '따뜻하고 촘촘한 복지'의 지향점을 보여주는 것 같다. 특히 시혜적 복지가 가져올 수 있는 문제점을 사전에 차단하면서 현금·현물·일자리를 균형 있게 배열한 점도 인상적이다.

대책이 빛을 보기 위해서는 국회라는 관문을 거쳐야 하겠지만, 더 중요한 사실은 이들 대책을 제대로 실행하기 위해 면밀한 세부 계획을 수립해야 한다는 점이다. 무엇보다도 기존의 제도 혹은 정책과 일관성을 유지해야 하고 중복성이 없어야 한다.

특히 쟁점이 될 수 있는 희망 근로 프로젝트의 경우 지급 방식에 있어서 현금과 소비 쿠폰을 절반씩 지급한다고 되어 있지만, 소비 쿠폰의 장단점에 대해 충분한 논의가 있어야 한다. 그리고 기존의 사회 서비스나 자활후견기관이 제공하는 일자리와의 차별화와 동시에 형평성 유지가 필요하다.

또 새로 만든 일자리가 과거 공공근로같이 비생산적이 되지 않도록 해야 하고, 이를 위해서는 적정한 사업비 예산을 부가해야 한다.

좋은 일자리 프로그램을 만들어야 하고, 이때 인적 자원의 역량 강화를 위한 교육과 훈련비용도 아끼지 말아야 한다. 이들 예산이 누수 없이 필요한 사람에게 온전히 전달될 것인지 국민이 우려한다는 점을 인식하고 관리 체계도 재정비해야 한다.

경기가 예상보다 장기화 할 경우도 감안해 대책의 완급을 조절할 수 있도록 유연성을 가져야 하고, 경제가 회복된 뒤에는 빈부 격차와 계층 간 갈등이 확대되지 않도록 하는 체계적 정책 수립이 필요하다.

미국의 프랭클린 루스벨트 대통령은 한 연설에서, 다음 네 가지 기본적 자유 위에 세워진 세계를 갈망한다면서 대공황에 지친 미국 국민에게 용기를 불어넣었다.

"첫째, 세계 각지에서의 언론과 표현의 자유. 둘째, 세계 각지에서의 신앙의 자유. 셋째, 세계 각지에서의 결핍에서의 자유. 넷째, 세계 도처에서의 공포에서의 자유"이다.

이번 정부 대책이 이들 네 가지 자유 중 '결핍에서의 자유'와 '공포에서의 자유'를 향한 첫걸음이자 발화점이 되기를 바란다.

[동아일보, 2009. 3. 23]

사회복지의 새 아침

　글로벌 경제위기가 극복되고 있는 새해에는 서민생활 안정이 일자리 창출과 함께 정책 우선순위로 대두되고 있다. 금융시장 안정에 이어 경제성장률이 빠른 속도로 회복되는 가운데 위기 대응을 위한 한시적 대책들도 정리되고 있다.

　이번 경제위기는 지난 1998년의 위기와 달리 대규모 구조 조정 및 대량 해고가 없었고, 당초 우려와 달리 기존 사회안전망이 제대로 작동한 것으로 평가되고 있다.

　국민기초생활보장제도와 4대 사회보험제도가 본연의 역할을 비교적 무난하게 수행했고, 희망근로사업·긴급지원제도 등 한시적 대책도 실기하지 않고 제때 기능을 발휘했다.

　복지 선진국 수준에는 못 미치지만 우리나라의 사회안전망도 체계적으로 작동됨이 입증됐다고 할 수 있다.

　그렇지만 아직은 경기가 완전히 회복되지 않은 데다 경제 회복의 온기가 윗목까지 전달되기까지는 시간이 필요한 만큼 출구정책의 선택에는 신중함이 요구된다.

특히 우리나라의 경우 이제 절대적 빈곤 문제에서 상대적 빈곤 문제로 무게 중심이 이동되고 있기 때문에 정책 방향의 선회가 필요하다. 따라서 빈곤율 자체보다는 자산·소득의 분배 구조가 쟁점이 된다.

중증장애인 연금지급법 등 통과

이런 관점에서 지난 해 말 국회에서 공무원연금법과 사학연금법 개정안이 통과돼 올 1월 1일부터 시행하는 점을 주목할 필요가 있다. 급여·보험료 수준의 적정성 여부 측면에서는 쟁점이 남아 있지만 '더 내고 덜 받는', 그래서 연금 재정이 좀 더 안정화하는 방향으로 제도가 바뀌었다는 점에서 상당한 의미가 있다.

또한 중증장애인에게 연금을 지급하는 법과 예산안도 통과됐다. 장애인 입장에서는 연금액과 대상자의 범위 등이 다소 서운하겠지만, 장애인연금이 도입된 것 자체가 중요하다고 생각한다. 다소 넉넉한 계층의 연금은 줄이고 부족한 계층의 연금은 늘렸다는 것은 노블레스 오블리주의 실천이며 매우 중요한 방향 전환이다.

저출산과 고령화 문제도 빼놓을 수 없는 중요 국정 어젠다이다. 지난 해에는 2008년보다 더 낮은 출산율을 기록한 것으로 보인다. 국가적으로 대대적인 캠페인을 펼쳤음에도 불구하고 출산율이 높아지지 않았다는 점에서 매우 심각한 문제다. 따라서 자녀를 낳고 기를 수 있는 환경과 여건을 만들기 위한 총체적 노력이 필요하다.

한편 고령화율도 빠른 속도로 높아지고 있다. 특히 올 들어 주목되는 것은 베이비 붐 세대의 대이동이다. 1차적 베이비 붐 세대는 보통

1955~1963년생의 연령 계층을 지칭하는데, 이는 전인구의 15%가 넘는다.

이들 세대가 올해부터 본격적으로 은퇴하면 부동산을 포함한 자산 가격에 적잖은 변동을 일으키고, 더 나아가 산업 기능 인력 감소, 노령 인구 부양 부담 증가를 초래할 것으로 우려된다.

반면에 베이비 붐 세대가 떠난 빈 공간에 새로운 청년 일자리가 생기고, 고령친화상품 수요가 촉발될 수 있다는 긍정적 측면도 함께 존재한다.

수요자 중심 실질적 체계 갖춰져

학수고대하던 사회복지통합관리망이 새해 들어 개통됨으로써 사회복지 전달 체계에 신기원이 열렸다. 이로써 복지 급여 부정 수급을 포함한 사회복지관리 운영상의 문제점을 상당 부분 해결하고, 맞춤형 복지 등 복지 서비스를 업그레이드 할 수 있는 하드웨어가 갖춰졌다. 특히 공급자 중심에서 수요자 중심으로 실질 전환할 수 있는 계기가 마련되고, 효율성은 물론 급여의 형평성도 높일 수 있게 됐다.

우리나라의 보건복지제도는 나름의 특성을 가지고 하나씩 선진화되고 있다. 아직 선진국의 복지 수준에 이르지는 못했지만, 경제 발전 수준을 따라잡기 위해 숨 가쁘게 나아가고 있다.

한국의 사회복지제도는 아직 가야 할 길이 남아 있다. 하지만 그 발걸음이 무겁지만은 않다. 희망이 있기 때문일 것이다.

[서울경제, 2010. 1. 6]

2050년이 되면 노인인구비율은 40% 수준이 된다고 한다.

이제 10%를 조금 넘은 시점인 2010년에서 보면 상상하기 어렵지만 유심히 살펴보면 변화의 징후는 이미 곳곳에서 나타나고 있다.

시외를 조금만 벗어나면 노인요양기관이 하나 둘씩 늘어나고 있고, 지방 중소도시의 교통 요지에는 노인을 위한 병원이 군집을 이루어 가고 있다.

종로 3가를 비롯하여 노인이 모이는 곳에는 셀 수도 없는 만큼의 노인들이 아침에 모였다가 저녁에는 흩어진다. 지하철은 경로석이 부족할 때가 많고, 전철의 종점은 노인들의 새로운 명소로 바뀌고 있다.

고령사회를 위기의 시각으로 볼 수도 있지만 인류의 황금시대로 볼 수도 있다. 대부분의 사람들이 80세 넘게 사는 세상은 중국을 최초로 통일한 진시황제조차도 누리지 못한 행복이다. 그러나 이러한 새로운 세상을 맞이할 준비가 되었느냐가 문제이다.

다행인 것은 우리나라는 생로병사의 위험을 대비할 수 있는 4대 사회보험제도를 완비하고, 2008년에는 제 5의 사회보험이라는 노인장기 요양보험까지 도입됨으로써 복지국가의 기본 틀을 갖추게 되었다.

이제 60세가 되면 많지는 않지만 국민연금을 기대할 수 있고, 아프면 건강보험으로 큰 부담 없이 치료를 받을 수도 있다. 치매나 중풍과 같이 노인성 불청객이 찾아와도 대응 준비도 되어 있다.

그렇지만 노년을 앞둔 많은 사람들은 노후에 대한 불안감이 증폭되고 있는 상황이다. 기대되는 국민연금으로는 노후생활에 충분하지 않는 것이 가장 큰 걱정이고, 건강하게 오랫동안 살 수 있을 지가 걱정이다.

결국 안심하고 노후를 맞이하기 위해서는 건강과 돈이 관건이다. 따라서 행복한 노후를 위해서는 자산 포트폴리오와 함께 건강 포트폴리오가 필수적이다. 그런데 많은 사람들은 전자는 열심히 하는 데 비해 후자는 소홀히 하는 것 같아서 안타깝다.

자산 포트폴리오가 국민연금, 부동산, 저축, 보험 등 각종 자산을 리스크별로 효과적으로 관리하는 것이 필요하듯이 건강 포트폴리오는 음식, 운동, 스트레스 등을 효과적으로 관리해야 한다. 자산도 적든지 많든지 간에 그에 맞게 관리해야 하듯이 건강도 자기 체력과 신체 기능에 맞추어 관리해야 한다.

우리나라에는 자산 포트폴리오를 도와주는 서비스는 많이 개발되어 있는데 비하여, 건강 포트폴리오를 도와주는 서비스는 찾아보기 어렵다. 물론 인터넷 등에서 건강 관련 정보가 쏟아져 나오고 있지만, 건강관리는 개개인의 사정에 맞추어 맞춤형으로 관리해주는 것이 중요하다.

그 동안 건강관리 서비스는 그 필요성이 있음에도 불구하고 이해관계와 규제 등에 얽혀서 제공되지 못했다.

　　최근에 정부가 건강관리 서비스를 활성화하기 위해 관련 법령과 여건 개선에 나섰다고 하니 다행스런 일이 아닐 수 없다.

　　건강관리 서비스는 그 필요성이 존재하기 때문에 발목을 잡는 규제 등이 해소되면 시장이 활성화되겠지만, 그러한 서비스의 구매 능력이 없는 기존의 노인을 위한 서비스는 정부가 직접 나서야 한다.

　　국민에게만 치료보다는 예방이 중요하다고 외칠 것이 아니라 정부도 예방을 위한 투자에 적극 나서야 한다.

　　건강보험의 재정 지출 급증을 막기 위해서도, 건강보험에 대한 정부 예산 부담을 막기 위해서도 건강관리 서비스에 대한 정부 투자가 확대되어야 한다.

　　건강관리 서비스 시장이 제대로 자리 잡기 위해서는 이해 당사자의 입장보다는 국민 편익의 입장에서 중장기적인 비전을 가지고 관련 법령을 과감히 바꾸어 나가야 할 것이다. 이제는 건강 포트폴리오 시대다. [약사공론, 2010. 6. 9]

소화기계질환, 호흡기계질환, 심뇌혈관계질환 등 만성퇴행성질환은 인구 노령화에 비례해 더욱 높아질 것으로 전망되고 있다.

질병에 걸린 후 의료기관을 찾아 치료하는 것은 환자와 가족들에게 고통을 줄 뿐만 아니라 건강보험 재정의 악화로 귀결된다. 예방 위주의 건강 증진 정책이야말로 건강보험의 지속 가능성 확보와 국민의 삶의 질 향상을 위해서도 중요하다.

만성질환의 원인이 되는 생활습관을 어려서부터 관리하는 한편, 건강에 해를 미치는 요인들을 국가적·사회적 차원에서 미리 제거하는 예방 위주의 건강정책으로의 전환이 필요한 때다.

치료 중심에서 예방 중심의 건강정책으로 대전환을 하기 위해서는 무엇보다 국민 개개인이 건강을 관리할 수 있도록 전국적인 인프라를 구축해야 한다. 도시 지역의 경우 거주지 주변에 병·의원이 다수 존재하므로 큰 문제가 없으나 농촌 지역은 사정이 다르다.

농촌은 인구의 고령화가 가장 빠르게 진행돼 만성퇴행성질환을 앓는 사람이 대부분인 데도 건강관리 서비스를 받기 위해 먼 거리를 이동해야 한다. 더욱이 걱정되는 것은 출산율 저하와 여성 의사의 비율 증가로 그나마 도서벽지의 의료 문제를 해소해주던 공중보건의도 감소하고 있는 점이다.

그런데 다행히도 최근 정보기술의 발전으로 새로운 희망이 생겨나고 있는데, u-Health 서비스가 바로 그것이다.

u-Health(유헬스) 서비스는 네트워크 또는 휴대용 진단 센서를 통해 환자의 건강 정보를 실시간으로 모니터링하고, 해당 데이터를 활용해 '언제, 어디서나' 원격 진료 및 건강관리 서비스를 제공하는 의료 환경을 말한다.

기존의 의료기관과 의료인 중심의 보건의료 서비스를 정보통신기술을 이용해 소비자 중심으로 전환함으로써 시간과 공간의 제약 없는 평생 건강관리 서비스를 제공하는 것을 목적으로 한다.

서비스의 특성상 개개인의 건강 상태에 대한 상시 관리가 필요한데, 농촌 지역처럼 공간 제약이 존재하는 경우 u-Health 서비스가 매우 효과를 발휘할 것으로 판단된다.

그렇지만 u-Health 서비스가 활성화되기 위해서는 u-Health 서비스를 가로막는 각종 규제가 해소돼야 한다.

u-Health 서비스는 정보통신기술의 발달과 함께 등장했지만, 아직까지 국민에게 본격적인 서비스를 제공하기 위한 모델이 부족한 실정이다. 따라서 언제 어디서나 질환과 건강관리가 가능하도록 지역과 인구의 특성, 다빈도 질환 종류 등을 고려한 u-Health 서비스 모델 개발이 필요하며, 기존의 방문건강관리사업이나 노인장기요양보험, 가정간호사업 등과의 연계도 선결돼야 할 과제이다.

최근 스마트폰을 이용한 u-Health 서비스까지 개발되고 있지만, 정작 u-Health 서비스가 필요한 농촌 지역에 적용할 수 있는 보다 효과적인 모델이 없어 모델 개발이 요구된다. 쉽게 활용할 수 있는 기기 개발과 교육이 필요하다.

그리고 이러한 서비스가 빠르게 보급되기 위해서는 정부 차원의 적극적인 지원 정책이 함께 이뤄져야 한다. 농림수산식품부와 보건복지부·지식경제부 그리고 각 지방자치단체의 정책 공조가 중요하다.

각 부처가 우후죽순 격으로 경쟁적·개별적으로 개발하기보다는 각 부처와 지자체가 역할을 분담하고 협조해 농촌 지역에 적합한 모델을 개발해야 할 것이다. [농민신문, 2010. 5. 19]

반세기 만의 정권 교체로 새로운 바람을 일으키고 있는 일본 하토야마 정부는 보건의료정책 부문에서도 대폭적인 변화를 예고하고 있다. 의료보장 지출 확대, 의료 자원의 질적·양적 확충, 의료보험 일원화, 포괄수가제도 도입, 식품안전행정 조직 개편 등 우리나라에서도 그렇게 낯설지 않은 정책들을 광범하게 내놓고 있다.

하토야마 정부는 일본의 의료 체계가 붕괴 직전이고, 이는 자민당 정부의 지난 10년간 의료비억제정책이 근본 원인이라는 시각 아래 현재 GDP의 8.1%인 의료비를 장기적으로 8.9%까지 증대시킨다는 계획이다. 이는 기존의 자민당 정부의 정책 기조를 반대 방향으로 뒤집는 대표적인 정책이다.

하토야마 정부는 이와 함께 의료 인력 등 의료 자원의 질적·양적 확충을 공약하고 있다. 인구 10만 명 당 OECD 평균 의사 수 310명 달성을 목표로, 의과대학 정원 1.5배 확대와 함께 향후 15년간 활동 의사 수를 10만 명 확충하겠다는 것이다.

현역 의사의 활용도 제고를 위한 제도 개선 및 인프라 확충을 위해서 의료기관 간 연계 강화, 단기 정규 근무제도 도입, 국·공립병원 등의 정원 확대, 의사의 겸직 근무 폐지 추진 등도 계획하고 있다.

체계적인 전기·후기 임상 연수를 통해 양질의 전문의를 양성하고, 전문의가 연수의를 지도할 수 있는 임상 연수 시스템을 구축하고, 봉직의의 취업 환경 개선을 위해 의사 교대근무제도 도입, 무급 잔업 개선, 당직 야간근무 개선, 병원 내 보육시설 확충 등도 포함하고 있다.

한편 약사·물리치료사·임상병리사 등 의료 인력의 직능 확대와 증원을 추진하고, 의사의 행정업무 분담을 위한 의료 사무원 도입을 지원할 계획이다. 전문적인 임상 교육 등을 이수한 간호사에 대한 업무 범위 확대와 의료행위의 일부 분담도 내용에 담고 있다. 응급업무를 기초자치단체에서 광역자치단체로 이관하고, 응급 본부에 응급의사를 24시간 배치하고, 응급환자 이송차량 확충 및 응급 본부에 대한 응급 이송 헬기(현재 16대)의 확대 배치를 계획하고 있다.

이러한 의료 시스템의 개혁과 함께 2008년 4월부터 75세 이상 고령자를 대상으로 시작한 후기고령자의료제도의 폐지를 내세우고 있다.

후기고령자의료제도란 75세 이상 고령자를 대상으로 하며, 타 의료보험제도와 독립적으로 운영되는 제도(2008년 4월 실시)로서 재원은 후기고령자보험료(10%), 현역 세대(75세 미만)의 지원(약 40%), 공적자금(약 50%)으로 운영되고 있다. 제도의 폐지에 따른 국민건강보험의 재정 부담액은 중앙정부가 지원하고, 특히 국민건강보험을 운영하는 지방자치단체에 대한 중앙정부의 재정 지원을 강화하고, 지역 간 격차의 시정을 공약하고 있다.

한편 피고용자 의료보험과 국민건강보험을 단계적으로 통합하여 지역의료보험으로 일원화한다는 계획도 가지고 있다. 이를 통하여 제도 간 및 제도 내에서의 보험료 부담 차이를 개선하고, 고령자의 보험료 부담은 현행 수준을 유지 또는 인하하되 어린이에 대한 부담은 현행 유지하기로 했다.

일본 의료보험의 본인부담비율은 70세 이상은 10%, 현역 및 소득자는 20%로 되어 있다. 하토야마 정부는 의료보험제도를 일원화하여 '국민의 건강을 균등하게 지원'할 수 있는 의료보험제도의 실현을 주창하고 있는 것이다.

그 동안 논란이 되어 왔던 식품안전 문제 개선을 위해서 식품안전 행정 조직의 개혁도 주장하고 있다. 식품안전위원회의 위해평가 기능 강화를 위하여 조직 체계 개선 및 강화, 현재 이원화되어 있는 농림수산성 소비안전국과 후생노동성 식품안전부를 통합하여 위험관리(risk management) 기능을 일원화하는 식품안전청 신설을 주장하고 있다.

이 같은 내용에서 보듯 하토야마 정부의 보건의료정책은 진보적이라고 할 수 있다. 보건의료에 대한 정부의 역할 강화와 함께 그 동안 이해 단체의 압력에 의하여 지지부진했던 정책들에 대한 개혁을 단행하고, 견고한 관료조직의 부처 이기주의에도 메스를 가하고 있다.

그러나 하토야마 정부의 개혁이 성공하려면 넘어야 할 산이 많다. 무엇보다도 가장 큰 난제는 만성 적자에 시달리고 있는 정부 재정 하에서 정부 지출 확대를 위한 재원 확보의 문제이다. 또한 제도 개혁을 반대하는 이해단체와 관료의 반대를 어떻게 설득하고 조율하느냐도 쉽지 않은 과제로 보인다.

그렇지만 자민당 정부 하에서 심화되어 왔던 양극화와 제도의 경직성은 완화되어야 한다는 국민들의 의지가 하토야마 정부를 탄생시킨 만큼 하토야마 정부의 정책은 단기간에는 강한 탄력을 받으면서 추진될 수 있을 것으로 전망된다. [의학신문, 2009. 11. 26]

오바마의 사회복지정책과 한국

오바마의 대통령 당선으로 미국의 기존 정책에 대한 극적인 변화가 예고되고 있다. 정부 역할 확대를 통한 사회복지정책 강화, 균등한 분배, 환경 문제 강화 등이 변화의 중심이 될 것이다. 이 중 보건복지정책의 변화는 의료보험 강화와 공적연금의 보장성 유지로 요약된다.

핵심은 의료보험제도 개혁이다. 가입자 보호, 포괄적 급여 제공, 공공보험 미가입 저소득층을 위한 조세 감면, 가입 절차 간수화, 가입자가 원할 경우 이동 허용 등이 골자다.

힐러리처럼 공적 의료보험제도의 도입을 주장하는 것이 아니라 민영의료보험의 확대 유인을 통한 사각지대 축소를 추구하고 있다.

핵심 정책은 의료보험제 개혁

특히 소기업이 부담하는 의료보험료의 50%까지 조세 감면을 공약하고 있다. 대신 기업은 종업원의 의료보험료 지급 의무를 지도록 한다. 이러한 정책을 통하여 중소기업의 의료보험 부담을 덜어주는 효과와 근로자에 대한 직장의료보험 확대 효과를 기대하고 있다.

미국은 우리와 같은 공적의료보험제도가 없고, 민영의료보험을 기본 축으로 저소득층을 위한 메디케이드, 노인을 위한 메디케어제도를 두고 있다.

국내총생산(GDP) 대비 의료비 비중이 16%로, 경제협력개발기구(OECD) 국가 중 가장 높은 반면, 의료 보장 사각지대의 인구가 4500만 명(15%)이나 된다. 의료보험제도 개혁의 배경에는 이러한 점들이 있다.

오바마는 사회보장제도(공적연금)의 민영화에도 부정적이다. 공적연금 재정의 불안정성을 알리되 사회보장세(연금보험료)는 인상하지 않고, 고소득자(25만 달러 이상)에게 2~4%의 추가 세금을 부과하여 재정 안정화에 투입하겠다고 밝혔다.

또한 노령연금의 수급 연령 연장에 반대하고, 기업의 퇴직연금에 대한 의무를 강조했다. 고용에 기초한 퇴직저축계정에 대한 접근성 보장과 연소득 5만 달러 이하 노인에 대한 소득세 폐지도 사회복지정책의 주요 내용이다.

중산층의 노후 저축 유인을 높이기 위해 일정 소득 이하인 사람들을 지원하는 개인 퇴직저축계정 도입과 기업의 개인 퇴직저축계정 불입 의무도 주장하고 있다.

오바마는 양극화, 사회적 관용의 상실, 의료보험 등 복지 시스템의 붕괴, 에너지 위기, 이라크와 아프가니스탄 전쟁 등 부시 정권 8년 동안 잘못된 것들을 고쳐나가자고 한다.

그 해법으로 프랭클린 루스벨트의 '뉴딜'을 제시하고 있다고 보는 시각이 많다. 노벨경제학상을 수상한 폴 크루그먼은 "뉴딜은 단순한 경기 부양책이 아니며, 경제를 회복시키면서도 소득 불평등을 극적으로 줄인 정책"이라고 평가했다. 특히 세계적으로 유례가 없는 소득세 증세를 통해 부자들과 근로자들의 소득 양극화를 해소하고, 미국을 중산층 중심 사회로 만들었다고 평가하고 있다.

우리도 지출만 확대해선 안 돼

우리나라도 1997년 금융위기 이후 중산층 붕괴 현상을 경험하였다. 아직도 그 이전으로 회복되지 못한 상태에서 글로벌 금융위기의 한파로 새로운 경기 침체의 불안에 놓여 있다.

복지 시스템의 근본적 개혁 없이 복지 지출 확대만으로는 양극화를 해소할 수 없다는 것은 지난 10년간의 정책으로 확인됐다.

이번 금융위기를 계기로 케인스가 복권될 것인지는 알 수 없지만, 자유주의 리더인 미국인들이 오바마를 통해 루스벨트 시대를 회상하고 있다는 것은 눈 여겨 보아야 한다. 위기 극복 과정에서 사회안전망을 보다 확고하게 구축해야 한다는 이명박 대통령의 최근 언급이 주목되는 이유도 여기에 있다. [한국일보, 2008. 11. 12]

멕시코발 돼지인플루엔자(SI) 공포가 급속히 확산되면서 세계 각 국이 초긴장 상태다. 멕시코에 이어 미국도 공중보건 비상사태를 선 포했다.

세계보건기구(WHO)는 문제가 되고 있는 바이러스가 사람 간 감염 가능성이 있는 신종이라는 점과 사망률이 높다는 점을 중시해 24일 6단계 중 3단계 경보를 낸 이후 27일 전염병 리스크의 상당한 증가를 뜻하는 4단계로 격상시켰다.

우리나라도 최근 멕시코를 다녀온 사람 가운데서 의심환자 1명이 발견돼 보건 당국이 바짝 긴장하고 있다. 17일 이후 멕시코 등 위험 지역에서 입국한 사람 수가 1만 명 내외로 추정되는 만큼 안심할 상황 은 아니다.

그러나 세계가 이번 SI에 특히 민감한 것은 사망률이 높다는 점 때 문이다. 멕시코에서 사망자가 많은 것은 SI에 효능을 보이는 '타미플 루'는 증상이 나타난 지 48시간 안에 복용해야 효과가 큰데, 멕시코

정부는 SI 감염이 확산되기 시작한 지 한 달이 지난 뒤에야 처방에 나선 것으로 알려진다.

전병률 질병관리본부 전염병대응센터장은 "SI가 국내에 유입됐을 수는 있지만 충분히 통제할 수 있다. 멕시코 사망자들은 SI가 직접적인 원인이 아니라 제대로 치료하지 못해 합병증에 의해 사망한 것"이라고 했다.

또 후쿠다 게이지 WHO 사무총장보는 26일 《월스트리트저널》에 "사스와 조류인플루엔자(AI)를 계기로 전 세계의 바이러스 대응 능력이 크게 향상됐다"며 SI의 과대평가를 경계하고 있다.

정부도 발 빠르게 대응하고 있다. 정부는 SI 비상 방역 체계를 운영하고, 최근 1주간 발생국을 방문한 해외여행자 중 의심 증상을 보이는 사람은 검역소 및 보건소에 신고하도록 검역소를 통해 홍보를 강화하고 있다.

우리나라는 현재 SI 감염 치료용 '타미플루'나 '리렌자'를 240만 명(인구의 약 5%)분 가량 비축해놓고 있다. 또한 고병원성 SI를 법정전염병으로 새로 지정키로 한 데 이어, 수입 돼지고기에 대한 SI 바이러스 감염검사를 멕시코·미국·캐나다 등 북미에서 모든 국가로 확대키로 했다.

그렇지만 우리나라에도 28일 의심환자 1명이 발견됐고, WHO의 위험 경보도 격상된 만큼 대응 수위를 한층 더 높여야 한다. 위험 지역 여행자에 대한 신속한 추적 조사와 위험지역을 포함한 해외 입국자에 대한 검사도 강화해야 한다.

수입 돼지고기에 대한 검역과 함께 국내산 돼지에 대해서도 철저한 위생관리가 필요하다. 보건 당국은 손을 자주 씻고 발열이나 호흡기 증상 등이 있는 사람과는 접촉을 피하라고 권유하고 있다. 특히 의심

사례가 발견되면 즉각 신고하는 것이 중요하다.

한편 SI 바이러스는 식품으로 전파되지 않기 때문에 돼지고기나 그 가공품을 먹는 것만으로는 SI에 감염되지 않는 것으로 알려져 있다. 그럼에도 돼지고기 소비는 이미 감소 현상을 보이고 있다.

이번 사태가 한시바삐 진정돼 관련 농가와 상인의 근심 걱정이 모두 사라지기를 희망한다. 그러자면 무엇보다도 국민의 차분한 대응이 요구되는 시점이다.

인류 역사로 볼 때 인구 수의 변동에 가장 큰 영향을 미치는 것 가운데 하나가 전염병이었다는 사실을 인식할 필요가 있다. 과학이 눈부시게 발전하고 있지만, 인류는 바이러스에 대해 충분히 알고 있지 못하다.

현 시점에서 국가적으로 해야 할 일은 인플루엔자 치료제의 보유량을 최대한 빨리 국제적 기준치(20%) 수준으로 높이는 것이다. 또 변종 혹은 신종 인플루엔자의 창궐에 대비한 백신 개발 연구도 속도를 높여 나가야 한다.

사안의 심각성을 감안할 때 확률에 근거한 정상적인 대책과 함께 극한적인 시나리오도 수립되어 있어야 한다. 더 나아가 점차 온난화하고 있는 기후 변화와의 관련성에도 주목해 국가적인 종합 대책이 요구된다. [문화일보, 2009. 4. 28]

신종플루, 진실과 오해 사이

아침에 가장 먼저 하는 일은 신문을 펼쳐보는 일이다. 그런데 신문을 찬찬히 다 보려면 반나절은 가야 할 정도로 쏟아지는 정보량이 엄청나다. 인터넷을 열면 각종 포털사이트에서 매일 새롭게 제공하는 정보량은 계산하지도 못할 정도다.

이처럼 홍수처럼 터져 나오는 정보 중에서 우리에게 필요한 정보는 어느 정도일까?

최근 반갑지 않은 불청객 신종플루가 온 나라를 긴장 상태로 몰아넣고 있다. 외국에서는 오히려 잠잠한데 우리나라에서는 유독 언론의 '스포트라이트'를 받으면서 위세를 떨치고 있다.

지난 5월에 최초로 발병한 이후 환자 수나 사망자 수 집계를 보면, 다른 나라에 비해 심각한 상태는 아니지만 어떻게 보면 호들갑 수준의 반응을 보이고 있는 것은 우리나라의 높은 정보화 수준과 무관하지 않은 것 같다.

신문이나 TV, 인터넷 모두 신종플루에 관한 정보로 가득하다. 국

민을 당혹스럽게 하는 것은 이러한 정보가 서로 다른 주장을 내놓을
때이다.

초기에는 신종플루 백신을 제 때에 확보할 수 있느냐 없느냐, 항바
이러스제 타미플루를 충분히 확보하고 있느냐 없느냐를 가지고 논박
하더니, 뒤이어 신종플루로 최악의 경우 몇 명이 감염되고 몇 명이
사망할 것이냐를 두고 설왕설래했다.

최근에는 조금 더 수준을 높여 백신 제조 과정에서 면역제재 사용
의 안전성, 백신에 첨가된 수은 성분의 유해성과 타미플루의 내성과
관련된 논쟁이 뜨겁다.

어떠한 사안에 대해 갑론을박하는 것은 바람직하다. 하지만 이런
논쟁 과정에서 혼란스러운 것은 국민이고, 혼란은 불확실성을 가중시
켜 국민을 불안하게 만들고 있는 것이다.

그 결과 사람들은 처음에는 대유행 이전에 백신 접종이 가능할까,
혹시 감염되면 타미플루를 구할 수 있을까 하는 문제로 걱정했다. 그
런데 이제는 백신을 접종해야 하느냐, 확진 전 상태에서 유사 증세를
보일 경우 타미플루를 투약해야 하느냐를 가지고 고민할 지경이 됐다.

이제 신종플루와 관련된 논쟁은 일반상식 수준을 넘어서는 전문가
수준의 논의와 정리가 필요한 시점이다. 각종 학술적 논거들이 정제되
지 않은 상태에서 정보의 바다에 넘실대고 있는 것은 결코 바람직스
러운 현상이 아니다.

물론 국민은 알 권리가 있다. 그렇지만 전문적 판단력을 가지지 않
은 상태에서 주어지는 정보는 자칫 국민의 판단력을 왜곡시킬 우려가
높다. 잘못된 의식은 잘못된 의사 결정을 촉발시켜 큰 사고를 불러올
수도 있다.

이러한 와중에 정부 당국은 신종플루에 어떻게 대응해야 하느냐는

고민 외에도 언론과 인터넷의 잘못된 정보에 어떻게 대처하고, 국회의 질의응답에 신경을 곤두세워야 할 판이다. 참으로 안타까운 일이 아닐 수 없다.

현재의 상황에서 국민이 인식해야 할 것은 신종플루가 전염성이 강하기는 하지만 임상적으로 증명된 치료제가 이미 존재하고, 시기를 놓치지 않으면 치료될 수 있다는 점이다.

아무리 좋은 약이라도 경우에 따라서는 부작용이 있지만, 백신이나 치료제 모두 이러한 임상실험을 통해 안전하다고 입증되지 않으면 사용할 수 없다는 점이다. 그리고 손을 자주 씻는 등 전염을 막기 위해서 최선을 다해야 하겠지만, 너무 과민 반응하는 것은 오히려 해로울 수 있다. 사실 손 세척은 신종플루가 아니더라도 다른 바이러스나 세균 감염 방지를 위해서도 습관적으로 해야 한다.

최근 손을 통한 감염성질환이 국민의 보건의식 증진으로 감소됐다는 것은 신종플루에 의한 반사 이익이라면 이익일 것이다. 뿐만 아니라 우리의 의료 수준과 간호사들의 대처 능력은 세계적 수준이란 점도 알아야 한다.

이번 신종플루를 계기로 우리 국가의 방역 체계를 총체적으로 재점검하고, 기후 변화 등으로 발생할 수 있는 새로운 위험 요인에 대한 경각심을 강화하게 된 것은 눈에 보이지 않는 큰 성과라고 할 수 있다.

지금까지 밝혀진 사실로는 신종플루라는 백신을 우리 국가와 국민이 미리 접종함으로써 더욱 심각할 수 있는 보이지 않는 미래의 적(병)에 대한 대응력을 키워나가고 있다고 보인다. [간호신문. 2009. 9. 23]

신종플루, 처음처럼 적극 대처하라

　최근 국내에서 신종플루 환자 2명이 사망하면서 긴장이 다시 고조되고 있다. 그간 국내에서도 신종플루 환자는 계속 발생했지만, 사망자가 없었기 때문에 언젠가부터 심각성에 대해 방심하게 됐다. 그 결과 사망자가 발생한 것으로 판단된다.

　확산 방지에서 치료 중심으로 대응 방법을 전환하는 과정에서 보건당국, 의료기관, 환자 간의 미스매치가 불러낸 사고였다고 할 수 있는 것이다. 그러나 지금 중요한 것은 사망 책임에 대한 공방이 아니라 신종플루에 대한 확산 가능성에 대한 정확한 예측과 철저한 대책을 마련하는 일이다.

　복지부는 종전 기준인 37.8도보다 낮은 수준의 발열증상을 보이는 환자에 대해서도 의료진 재량껏 타미플루 등 항바이러스제를 투여할 수 있도록 하고, 또 폐렴이나 급성호흡곤란증후군으로 입원한 모든 환자에게 신종플루 검사를 하기로 했다.

　전국 인플루엔자 치료 거점 병원과 거점 약국에 항바이러스제 50만 명 분을 공급키로 함과 동시에 신종플루 검사를 건강보험에 적용하는 등 신속한 치료 중심의 대응 방식을 강화하고 있다.

그러나 우리나라는 물론 세계 어디에도 아직은 예방 백신이 존재하지 않는다는 점, 최근 단체생활을 하는 곳을 중심으로 집단 발병 사례가 늘어나고 있다는 점, 일주일 정도면 감염 여부가 명확해진다는 점 등을 고려할 때 우선 급한 일은 8월을 가능한 한 안전하게 넘기는 것이다.

이를 위해서는 개별적인 감염자의 집단 감염 가능성을 초기에 차단하는 차원에서 개학시기를 일률적으로 1주일 정도 연기하는 방안을 적극 검토할 필요가 있다.

8월의 고비를 잘 넘기고 난 다음에는 10월 이후 가을과 겨울의 대유행 가능성에 대한 대비가 필요할 것이다. 지금이 겨울인 호주 등 남반구에서 인플루엔자 환자의 90%가 신종플루인 점을 감안한다면, 북반구의 겨울에도 신종플루가 득세할 가능성이 크다.

더욱이 걱정되는 것은 신종플루가 불볕더위를 넘어서서 가을과 겨울로 지속적으로 세력을 이어나갈 수 있는 교두보를 확보하게 될 가능성에 대한 전문가들의 지적이다. 따라서 최악의 경우 신종플루가 대유행 할 수 있다는 전제 아래 철저히 대비하는 것이 급선무다.

지금 신종플루라는 바이러스의 실체에 대한 분석은 거의 이뤄져 있다. 국내에서 백신 생산을 위한 준비도 착착 진행되고 있다. 정부는 대유행에 대비해 신종플루 백신 1300만 명 분의 예산을 책정해 이미 500만 명 분을 확보했고, 나머지 800만 명 분은 공개입찰로 구매키로 했다고 한다.

그러나 문제는 현재의 일정대로라면 12월부터나 효과를 볼 수 있다는 점이다. 따라서 백신의 안전성을 높이는 과정이 아니라면 검증기간을 최대한 단축해 생산시기를 하루라도 앞당기는 노력이 필요하다. 또한 물량을 해외 제약업체에서 조달하는 문제도 해결해야 한다. 단가가 문제라면 가격을 올려서라도 먼저 확보하는 것이 우선이다.

사망 원인을 둘러싸고 보건 당국과 의료기관 간의 책임 공방이 오갔지만, 왜 사망자가 발생했느냐 보다는 이제까지 왜 우리나라에서는 사망자가 없었느냐 하는 점이 더 중요하다.

무엇보다도 신종플루 초기에는 정부·의료기관·국민 모두가 신종플루에 적극 대응했기 때문일 것이다. 이번 사고는 방심은 금물임을 전 국민에게 다시 한 번 환기하는 계기가 됐다.

정부는 불확실한 모든 가능성에 대한 대응책을 마련하고, 의료기관은 초기 진단과 적절한 처방을 위해 최선을 다해야 한다. 또 국민 각자가 손을 자주 씻는 등의 자기 예방은 물론 기침을 할 때에도 다른 사람에게 피해가 없도록 조심하는 등의 위생예절을 지킬 때 신종플루는 충분히 극복할 수 있다. [문화일보, 2009. 8. 18]

보건의료 인력 수급 비전이 필요하다

　최근 보건의료 인력 수급을 둘러싸고 다소 긴장된 분위기가 조성되고 있다. 물론 보건의료 인력 수급의 적정성 문제는 새삼스러운 주제는 아니다. 명쾌한 해답은 없지만 그럭저럭 타협이 이루어져가면서 오늘에 이르고 있다.

　의사·약사·간호사 등 보건의료 핵심 인력의 수급은 의료의 질뿐만 아니라 종사자의 소득 수준과 국민 의료비에도 영향을 미치기 때문에 매우 첨예한 대립이 존재한다.

　일반적으로는 수요자 혹은 시민단체의 입장은 인력이 부족하기 때문에 늘려야 한다고 하고, 해당 직종 종사자들은 인력이 늘어나는 것을 반대하는 분위기가 조성되기 마련이다.

　최근에도 의사 수와 관련해서 공급 부족 상태이므로 늘려야 한다는 주장과 이미 공급 초과 상태이므로 더 늘려서는 안 된다는 주장이 맞서고 있다. 문제의 복잡성은 공급 부족이냐 공급 초과냐는 팩트(fact)인데도 불구하고 서로 다른 주장이 나온다는 데 있다.

물론 사물을 보는 시각에 따라서 다른 해석은 나올 수 있지만, 수급 현상 자체는 팩트일 뿐이므로 두 가지 사실이 동시에 존재할 수는 없는 사안이다.

이러한 상황이 벌어지고 있는 가장 큰 이유는 인력 수급 현황에 대한 보다 엄밀한 조사와 분석이 부족하기 때문이라고 할 수 있다. 이제까지 의사면허증을 발급받은 사람 수는 알려져 있으나 면허증을 소지한 사람 중 몇 사람이 현업에 종사하고 있는지를 정확하게 파악하지 못한다. 이러한 문제는 의사뿐 아니라 약사·간호사 등에서도 마찬가지로 나타나고 있다.

면허증을 받은 사람들이 어디에서 무슨 활동을 하고 있는지에 대한 정확한 통계가 부족한 것이 현실이다. 대충 몇 명이 어디에 종사하고 있다는 정도만을 알고 있을 뿐이다.

이런 상황에서 보건의료 인력 수급의 적정성 여부를 논한다는 것 자체가 어불성설이다. 따라서 지금이라도 보건의료 인력의 시장 실태를 파악할 수 있는 전면적인 조사가 실시되어야 한다.

특정년도에 약대를 졸업한 인력이 지금 어디에서 무엇을 하고 있는지에 대한 대대적인 추적조사가 이루어져야 하며, 현업에 종사하고 있는 인력의 연령 구조도 파악되어야 한다.

이는 결코 쉬운 작업은 아니다. 쉬운 작업이 아니기 때문에 그 동안 하지 못했을 것이다. 그렇지만 이러한 조사가 제대로 되지 못했던 것은 정부가 나서지 않았기 때문이며, 민간은 이러한 조사를 주도할 행정력을 가지고 있지 못하다. 물론 이러한 조사가 성공적으로 이루어지기 위해서는 각 직종의 협회 등 민간 조직의 적극적인 도움이 필요하다.

의료 인력의 장기 수급에 미치는 변수는 아주 많다. 국민 1인당 적정 의료 인력 수, 기술 진보율, 신규 수요 등 가치 판단이 개입될 수밖에 없는 부분이 존재한다.

그렇지만 현상에 대한 공유는 전제되어야 한다. 이러한 기초 위에서 최선의 전제나 가정 조건을 합의하고, 그렇게 만들어진 결과에 대하여 서로가 인정하는 보다 엄밀한 과학적인 접근이 필요하다. 흑백논리에 기초한 갑론을박은 문제 해결에 아무런 도움이 되지 않는다.

우리나라 보건의료 부문에는 가장 우수한 인재들이 모이는 곳이다. 이들 인재가 자신의 능력을 적재적소에서 충분히 발휘할 수 있도록 할 수 있느냐의 여부에 따라 의료의 질도 달라질 수 있지만, 더 나아가 국가 경쟁력에도 영향을 미친다. 따라서 보건의료 인력을 두고 정부가 일방으로 몰아가거나 적당히 타협하는 방식은 지양되어야 하고, 시장에 맡겨두고 방치해서도 안 된다.

최근 보건의료 부문은 새로운 성장 동력을 가진 블루오션으로 인식되고 있다. 해외 환자 유치 등도 붐을 타고 있지만, 바이오 분야의 R&D 수요도 급속히 늘어나고 있다. 보건의료 시장이 글로벌화 되고 있는 것이다.

이러한 의미에서 보건의료 인력 수급 문제도 글로벌 시각에서 살펴볼 필요가 있다. 그러한 의미에서 보건의료 인력의 중장기 수급 계획을 수립하는 것은 매우 중차대한 일임에 틀림없다.

[약사공론, 2010. 1. 18]

남북 관계가 회복되고 각종 협력 사업도 재개될 조짐이다. 무엇보다 의료지원사업의 활성화가 절실하다. 북한은 국가의 무상치료가 보장된 나라이지만, 의료시설 낙후와 의약품 부족 등으로 보건의료 취약국가로 분류된다.

북한 주민의 평균수명은 남자 61.4년, 여자 67.3년으로 한국의 남자 74.4년, 여자 81.8년에 비해 10년 이상 짧다. 영아사망률은 1천 명에 42명으로 한국 5.3명의 8배 수준이다.

또한 결핵과 말라리아 등 각종 질병에 심각하게 노출되어 있다. 인구 10만 명 당 의사와 병상 숫자는 한국보다 오히려 많은 것으로 보고되고 있지만, 실제 의료시설과 수준은 지극히 열악하다.

북한 '인적 자원' 돌봐야

북한의 인적 자원과 한국의 물적 자본의 결합이 남북경제협력의 축이라고 볼 때, 북한 주민의 건강을 돌보는 의료지원사업은 중요한 과제이다.

2000년 이후 대북 보건의료 지원은 꾸준히 확대되어 2007년에는 5716만 달러 규모로 늘어났다. 말라리아퇴치사업 등은 눈에 띄는 성과를 이뤘다. 그러나 전반적인 보건의료 환경 개선은 아직 멀기만 한 현실이다.

획기적인 보건의료 개선을 위해서는 과거와는 다른 새로운 지원 방식을 마련할 필요가 있다. 의료는 인력·시설·의약품 등의 세 요소를 모두 갖추어야 비로소 제대로 효과를 거둘 수 있다.

의료시설을 지어주고 의약품을 보내주더라도 이를 활용할 수 있는 인력이 없으면 쓸모가 없다. 인력과 의약품이 있더라도 검사장비나 의료기구 수술시설 등을 갖추지 않으면 별 도움이 안 된다. 따라서 부분적 지원에 머물고 있는 한계를 넘어서 종합적으로 지원을 해야 한다.

북한의 의료 시스템 구축을 위한 마스터플랜을 북한 당국과 협의하여 함께 짤 필요가 있다.

현재의 의료 실태에 대한 정확한 진단을 토대로 북한에 필요한 의료 수요를 긴급 수요와 중장기 수요로 구분해야 한다. 그런 뒤 이를 기초로 북한에 적합한 의료 시스템의 비전과 목표를 수립하고 구체적 실행 방안을 마련해야 한다. 또 북한이 직접 감당해야 할 것과 우리가 지원할 것을 명확히 나눠 단계적인 추진 계획을 세워야 한다.

이러한 계획에는 북한의 의료 인력 재교육이 반드시 포함되어야 한다. 북한은 의사 수는 많지만 현대적 의료기술을 수용할 수 있는 전문 지식이 부족한 형편이다.

의료시설도 종합병원 급의 첨단 의료장비를 갖춘 시설을 광역권별로 하나씩 새로 건립하거나 리모델링을 해야 할 것으로 판단한다. 필수 의약품 등의 안정적인 수급 체계를 구축하는 것도 중요하다.

‘1회성’ 벗어나 체계적으로

이 모든 것을 우리 정부가 도맡아 해줄 수는 없다. 그래서도 안 된다. 의지를 상실한 북한 의료 당국이 희망을 되찾게 해주되, 스스로 일어서도록 도와주는 방식으로 이끌고 가야 할 것이다.

또한 민간기구 및 국제기구가 1회성 지원으로 생색을 내는 식의 지원은 이제 그만 둬야 한다. 총괄적인 계획 아래 정부와 민간, 국제기구가 각기 역할을 세밀하게 나눠 맡는 것이 바람직하다.

북한에 대한 효과적인 의료 지원을 위해서는 의료 현실을 정확히 파악하는 일부터 서둘러야 한다. 그 동안 WHO(세계보건기구)를 비롯한 국제기구의 현지조사와 탈북 주민들의 진술 등을 통해 파악한 정보만으로는 부족할 뿐 아니라 신뢰성도 그리 높지 않다. 이를 극복하기 위해서도 남북 당국의 상호 신뢰 회복이 긴요하다고 본다.

[한국일보, 2009. 8. 14]

자살 예방 대책 발 벗고 나서자

요즘 자살이 심각한 사회적 문제로 떠오르고 있다. 우리나라 자살률은 2004년 이후 OECD 국가 중 1위인 데다 그 수도 1만 2000명 수준으로 산업재해나 교통사고 사망자 수 7000명 수준보다 훨씬 많다. 특히 교통사고·산업재해 사고에 의한 사망자 수는 감소세인데 비해 자살 사망자 수는 오히려 증가하고 있다.

자살도 여러 가지 유형이 있다. 파산 등 경제적 문제와 이혼 및 배우자 사별 등으로 인한 충격과 사회적 고립에 의해 발생하기도 하고, 정신적 허무와 황폐감 등으로 갑자기 목숨을 끊기도 한다. 정치적·이념적 자살 테러에 의한 죽음도 있다.

어떠한 경우든 잘못된 개인 선택의 결과이지만 이런 선택을 낳게 한 경제·사회·문화적 요인에 대한 심각한 성찰이 필요하다.

무엇보다도 자살의 증가는 산업화·세계화와 관련이 있다. 비교적 안정된 농경사회와 달리 산업화는 불안정성을 증가시킬 수밖에 없다. 도시화에 따른 가족의 해체는 물론 정규직의 감소로 직장의 안정성도 감소하고 있다. 과도한 경쟁 체계 하에서 패자는 있게 마련이고, 이때 자살의 원인이 되는 사회적 고립이 증가할 수 있다.

1998년 IMF 경제위기시 자살률이 급속히 증가한 것이 이를 뒷받침한다. 특히 소득 분배의 편중도 문제가 될 수 있다. 배고픈 것은 참을 수 있지만 배 아픈 것은 참을 수 없다는 우리 속언은 절대적 빈곤이 해소돼도 상대적 빈곤이 사회 갈등을 유발할 수 있음을 뜻한다. 또한 결과를 과정보다 중시함으로써 수단과 방법을 가리지 않는 사회적 분위기가 조성되고, 이 와중에 생명 경시 풍조가 자리 잡고 있다.

삶의 질을 나타내는 여러 지표가 있지만 자살률은 한 나라의 행복 수준을 가늠할 수 있는 지표의 하나로 평가된다. 자살률이 높다는 것은 그 사회 사람들의 삶이 팍팍함을 나타낸다고 할 수 있다.

그 동안 우리 사회는 자살을 개인적 문제로 치부하고 사회적 책임을 방기해왔음을 부정할 수 없다. 우리는 산업재해나 자동차 사고의 발생을 낮추기 위해 만반의 노력을 기울이고 사회적 비용의 지출을 아끼지 않았지만, 자살에 대해선 국가 차원의 대책이 미흡했다.

그나마 2008년 말 자살예방종합대책을 수립하고 범정부적 대처를 시작했지만, 예산 등 실행을 뒷받침하기엔 여전히 부족하다.

자살 문제를 근본적으로 해결하기 위해서는 스트레스를 증가시키는 사회경제적 요인을 제거하는 것이 중요하지만 이를 위해선 긴 시간이 요구된다.

따라서 자살의 원인 자체를 감소시키는 것은 어렵지만 자살 경로를 효과적으로 차단함으로써 자살을 감소시킬 수 있는 용이한 방안부터 찾아 대처하는 일이 시급하다.

최근 인터넷을 통해 만난 사람들끼리 이뤄지는 집단 자살은 사이버 범죄 차원에서 단속이 강화되면 어느 정도 차단이 가능하다. 또 유명

연예인의 자살로 늘어난 소위 '베르테르 효과'는 언론 매체들이 선정적 보도를 자제하면 줄일 수 있다.

농약 등 자살을 쉽게 하는 위험 요소도 노력 여하에 따라 감소시킬 수 있다. 또한 자살 위험이 높은 우울증환자 등 정신질환자에 대해서도 관리 시스템 강화로 효과를 볼 수 있다.

사회·문화적으로 생명 중시 분위기 조성은 종교단체 등과 긴밀히 협력하고, 유아기부터 체계적으로 교육하면 효과를 낼 수 있을 것이다.

근본적으로는 사회 갈등 완화와 사회 통합 강화가 필요하다. 아직도 높은 노인 자살 등 생계형 자살은 소득 및 건강보장정책이 강화되면 효과적으로 통제될 것으로 판단된다.

지난 해 도입된 기초노령연금제와 장기요양보험제가 점차 효과를 나타낼 것으로 보이나 보장률을 좀 더 빠르게 높여 나가야 한다. 자살이 개인 문제가 아닌 사회 문제라는 인식 아래 경쟁 체제에서 공존할 수 있는 사회적 구조를 만들어가야 한다. [서울신문. 2009. 5. 7]

사회 서비스 확충 미룰 일 아니다

2007년 국회예산심의에서 사회 서비스 확충 문제가 초미의 관심사가 되고 있다. 사회 서비스란, 노인 수발·보육 등 개인과 가정에 맡겨져 있던 각종 일 부담을 지역사회나 국가가 대신해주는 것을 통칭한다.

선진국에 비해 우리나라는 사회 서비스 부문이 특히 취약하다는 지적을 받아왔다. 고령화로 증가하는 치매·중풍 노인의 수발과 저출산 문제와 연결돼 있는 영유아 보육 서비스 부족 문제가 대표적이다.

사회 서비스는 그 자체도 중요하지만 일자리 문제와 연결돼 있어 주목을 받고 있다. 제조업에서의 고용 창출이 한계에 부딪히고 있는 현실에서 사회 서비스 확충은 일자리로 연결된다.

일자리가 늘어나면 청소년 실업이나 노인 문제, 고학력 여성의 취업 그리고 과당 경쟁으로 거의 실직 상태나 다름없는 영세자영자들의 일자리가 추가로 만들어질 수 있다.

제대로 된 사회 서비스 창출은 복지 서비스 증가와 일을 통한 복지가 동시에 이뤄지는 일거양득의 효과가 있어 선진국에선 이미 오래 전부터 중점적으로 추진되어 왔다.

정부는 우리 사회의 사회 서비스 부족 인력이 약 90만 명에 달한다고 보고, 내년부터 2010년까지 시장 부문과 공공 부문을 합쳐 매년 20만 명씩 4년 동안 80만 명의 신규 인력을 공급하겠다고 한다.

실천 방안으로 내년도 사회 서비스 예산을 올해보다 2배나 늘린 1조 4000억원으로 잡았다. 야당 등에선 선심성 예산이 아닌가 하고 의심의 눈으로 바라보고 있다. 그러나 예산 항목 하나하나를 보면 우리 사회의 시급한 사업이다. 오히려 때 늦은 감이 있다.

물론 사회 서비스 정책은 시장을 통해 추진될 때 효과성이 극대화될 수 있다. 국회와 정부가 함께 추진하고 있는 '사회적기업지원법'과 '노인수발보험법' 등의 제정이 마무리 단계에 이르렀다.

여기에 정부가 사회 서비스 확충을 가로막고 있는 규제의 완화, 자격제도 정비 등이 보완적으로 추진되면 시장을 중심으로 한 사회 서비스가 확대 공급될 것이다. 그러나 시장이 제대로 작동되도록 하기 위해선 내년에 전문 인력 양성, 수요 기반 확충 등 재정 투자가 절실하다.

최근 언론은 내년 대선을 앞두고 야당이 정부·여당의 선거용 선심성 예산을 집중적으로 파헤칠 태세여서 여야 간 힘겨루기가 치열할 전망이라고 보도했다.

사회 서비스 일자리 예산도 불요불급한 예산이어서 주된 삭감 대상이라고도 한다. 하필 대선이 있는 해에 예산을 대폭 증액 편성해 정치권으로부터 선심성이라는 오해를 자초한 정부 측에도 과전이하(瓜田李下)의 문제가 있지만, 우리 사회의 심각한 사회 서비스 부족 현상을 생각할 때 마냥 미룰 일은 아니다.

당리당략에 앞서 국민 입장에서 우리 사회의 사회 서비스 욕구가

얼마나 절실한지, 부족한 사회 서비스 문제 해결을 위해 어디에 우선
순위를 두고 어떤 일을 해야 할지 다시 한 번 냉철하게 살펴볼 필요가
있다.

　정부도 스스로 오해를 불러일으킨 점을 솔직히 인정하고, 국민을
위해 꼭 필요한 예산이 국회 승인을 받아 집행될 수 있도록 최선을
다해야 한다. [중앙일보, 2006. 12. 11]

복지 선진국 첫걸음 '사회복지통합관리망'

복지와 고용은 국민의 삶과 직결된 문제로 그 중요성이 점차 높아지고 있다. 선진국일수록 삶의 질에 대한 관심이 높고 사회안전망에 대한 국가의 투자 수준과 사회적 참여가 높다.

한국에서도 점차 이러한 징표가 나타나고 있다. 2010년도 예산안을 보면, 복지 분야(노동·주택·보훈·여성 포함)의 예산 규모는 2010년 81조원(예산 24조 9000억원, 기금 56조 1000억원)으로 2009년 본예산보다 8.6% 증가했다.

예산 증가율이 정부 전체 총지출 증가율(2.5%)보다 3배 이상 높을 뿐 아니라 정부 총지출에서 차지하는 비중도 역대 최고 수준(27.8%)이다. 이처럼 복지 재정이 늘어나면서 복지 재정이 정책 취지에 따라 국민에게 누수 없이 전달되는지가 또 하나의 중요한 과제로 떠올랐다.

얼마나 효율적인 구조와 합리적이고 투명한 절차를 통해 행정비용을 최소화할 수 있는가가 그것이다. 그 동안 복지 부문의 재정과 제도가 급격히 확대됐지만, 이를 집행할 전달 체계인 인력과 시스템은 지체된 것이 사실이다. 그러나 사회복지의 수요나 제도 환경의 변화에 적합한 운영 체계를 갖추는 일은 더 이상 늦출 수 없는 과제가 됐다.

지난 2년간 정부는 이에 주목해 '사회복지통합관리망' 구축을 준비해왔다. 각종 복지제도의 집행을 담당하는 지방자치단체의 업무 지원 및 정보 시스템을 '행복e음'이라는 이름으로 개편했다.

이 시스템은 국민들이 신청하고 이용할 수 있는 다양한 복지제도와 관련 정보를 통합적으로 관리하도록 설계됐다. 담당 공무원이 불필요한 행정 업무에 쏟는 시간을 줄여 보다 시급하고 필요한 서비스에 집중토록 하기 위한 것이다.

올해 1월 초 개통된 사회복지통합관리망은 현재 운영 초기 단계에 있어 실제 사용자인 공무원의 적응과 시스템 안정에 일정기간이 필요할 것으로 생각된다. 그러나 시스템이 일단 정착되면 전달 체계를 효율화 할 여러 측면의 파급 효과가 기대된다.

무엇보다 그간 논란이 됐던 복지 급여의 부적정 수급이나 급여 횡령을 포함한 관리 운영상의 문제점을 상당 부분 해소할 수 있을 전망이다. 이미 자료 정비 과정에서 4만 여 명의 부적정 수급자가 확인됐고, 그간 논란이 됐던 급여 횡령이 원천적으로 차단되도록 시스템 설계가 이뤄졌다.

선진국에서도 이 같은 부적정 수급을 모니터링하기 위한 별도의 관리 체계가 운영될 정도다. 사회복지통합관리망은 복지급여제도 운영의 기반으로서, 복지 재정을 효율적으로 집행하도록 할 의미 있는 계기가 될 것으로 보인다.

또 사회복지제도를 이용하는 국민이 좀 더 편리하게 필요한 서비스를 받을 수 있는 여건이 조성될 것으로 기대된다. 복지 서비스가 다양해지고, 100가지 넘게 마련되어 대상자도 늘어나 지방자치단체의 복지 업무가 증가하며 과다한 행정력이 소요된다.

특히 복지사업마다 대상자 선정을 위한 소득·재산 조사를 개별적으로 해야 하는 업무 부담으로 정작 정부의 지원과 보호의 손길이 필요한 곳은 돌아볼 겨를이 없었던 것이 여전한 현실이다.

사회복지통합관리망 운영과 함께 통합적인 조사 행정을 위한 제도 개선을 통해 조사의 부담을 줄이고, 대상자 선정의 신뢰도를 높일 수 있는 여건이 마련될 것으로 예상된다.

사회복지통합관리망의 구축은 선진화 된 정보기술(IT) 환경을 기반으로, 그 동안 누적된 정책 집행상의 문제를 해소하고 공공 서비스 향상을 가능하게 할 출발점이다.

지금까지는 사회복지 서비스를 담당할 인력들이 과다한 문서 행정 조사에 치중하느라 찾아가는 서비스도, 복지 수요자에 대한 보살핌도 어려운 여건이었다. 시스템이 정착되고 이러한 변화가 나타나려면 무엇이 더 필요하고 보완되어야 하는지 관심 있게 지켜보아야 할 것이다. [머니투데이, 2010. 1. 29]

1. 들어가며

최근 극히 일부 공무원의 복지 급여 횡령사건을 계기로 하여 복지 전달 체계가 도마 위에 올랐다. 이번 사건이 아니더라도 복지 전달 체계의 문제점에 대해서는 오래 전부터 지적되어 왔다. 어떠한 전달 체계도 신속·정확·친절이 기본이고 비용이 적게 들어야 한다.

국민들은 혈세로 만들어진 복지 급여가 필요한 사람에게 제대로 누수 없이 전달되기를 바란다. 요즘과 같이 경제가 어려울 때는 복지 수요는 폭증하고 국민의 담세 능력은 떨어지기 때문에 이러한 필요성은 더 커진다고 할 수 있다.

우리나라의 보건복지 서비스는 줄잡아 100가지에 이르고, 이를 통해 지급되는 예산 규모만 해도 13조원이 넘는다. 그렇지만 이를 집행하는 사회복지 공무원은 턱없이 부족하다. 공무원 1인이 전담해야 할 수급 가구는 평균적으로 120가구이지만, 각종 복지 서비스 업무 부담을 합치면 매일 야근해도 시간이 부족한 형편이다.

이런 상황에서는 양질의 서비스는 둘째고, 행정 서류 맞추기도 바쁠 뿐 아니라 부정 수급 방지나 사각지대 해소를 위한 노력을 할 시간은 아예 생각하기도 어려운 실정이다.

그렇다고 정부가 복지 전달 체계 개편을 위한 노력을 게을리 한 것은 아니다. 지난 참여정부 기간에 대대적인 일선 행정 체계의 개편이 있었다. 읍·면·동사무소 조직을 주민센터로 전환하고 각종 행정업무를 정비하였다.

그러나 외형상으로는 깔끔하게 보였지만 일선 복지 공무원의 평가는 다르다. 복지 관련 업무가 전담 공무원에게 집중되는 소위 깔때기 현상이 나타나 병목현상이 빚어지고 있다는 것이다.

이명박정부는 이러한 문제점의 개선을 위하여 개편안을 마련하고 있지만, 부처 간의 업무 조정, 예산의 한계 등으로 시간이 걸리고 있다.

2. 복지 전달 체계 문제점

2006년 7월부터 사회복지 부문에서는 처음으로 전국적 공공 전달 체계 개편이 추진되었다. '주민생활지원'의 개념으로 협의의 사회복지를 넘어서는 통합적 공공 서비스 중심의 지방행정 기능 재편이 시도되었으나 개편 정착에 어려움이 발생하고 있다.

이는 급격하게 확대된 복지 재정, 사회정책 분야 업무 확대에 대응하는 자체적인 혁신 노력 없이, 중앙정부 정책 방향에 따라 개편을 추진하여 지역별 여건을 감안한 설계 및 준비는 미흡하였던 것이 가장 큰 원인이라고 할 수 있다.

〈 시·군·구－읍·면·동의 기본 현황 〉

	행정구역 현황(개소)					평균 면적 (㎢)	평균 인구 (천명)	전체 인구 (천명)	평균 공무원 (명)	복지직 정원 (명)
	전체	5천 미만	5천 ~ 1만	1만 ~ 2만	2만 이상					
자치구	69	–	–	–		49	324	22,383	697	3,988 (평균 17명)
시	75	–	–	–		513	294	21,287	519	
군	86	–	–	–		664	56	4,763	287	
동	2145	136	398	751	860	자료 없음	18	39,608	12	6,235 (평균 1.7명)
읍	212	–	62	72	79	68	20	4,162	27	
면	1205	902	231	66	6	62	4	5,221	16	

＊ 자료 : 강혜규 외(2008) ; 2008년 1월 현재, 행정안전부, 2008 『행정자치통계연보』

＊ 주 : 1) 일반 시 2개, 일반 구 26개는 제외한 수치임.
　　　 2) 복지직 공무원 정원 10,515명 중 시·도 292명이 제외된 수치임.

특히 신규 인력 확충 없이 기존 인력의 전환 배치를 통해 조직 편제상의 효율화를 추구하는 과정에서 과중한 업무 부담의 감소 효과 및 서비스의 질적 개선이 미흡하였다. 이때 지역 특성(도시형 고용연계수요, 농촌형 보건연계수요)을 고려한 조직 모형의 설계도 미흡하였다.

무엇보다도 기존의 경직된 행정단위 하에서의 일률적인 조직 개편은 애당초 한계가 있었다. 읍·면·동 주민센터에 비전문적인 행정직의 추가 배치로 복지직의 업무는 오히려 감소하였다.

주민생활 지원 관련 전문성을 극대화 할 업무 분담과 복지직의 보직(6급 팀장) 배치가 미흡하였다. 복지 대상자 자산 조사, 급여 지급 등의 행정처리에 집중되어 자활·보호·교육 등의 통합적 사례관리가 부족하였다.

현행 지방행정 체계(시·군·구－읍·면·동)는 복지행정 일선 단위로서 한계가 있다. 시·군·구(232개)는 관할 범위가 너무 크고, 읍·면·동 (3600여 개)은 너무 작다.

따라서 읍·면·동에 적정 규모의 인력을 배치하려면 매우 많은 인력이 필요하고(규모의 경제 측면에서 비효율적), 시·군·구를 중심으로 하기엔 접근성이 문제가 된다.

주민생활 지원 개편에 따라 행정직이 보강된 읍·면·동 주민생활지원팀의 평균 인력도 동 주민센터 3.2명, 읍사무소 4.6명, 면사무소 2.8명에 불과(배치 현원, 1908년 7월 현재)하다.

이 중 사회복지직은 동 주민센터 1.9명, 읍사무소 2.7명, 면사무소 1.4명만이 배치된 실정이다. 또한 읍·면·동 단위별로 복지 수요는 다르지만, 수요에 따라 고르게 인력을 배치하는 한계도 드러나고 있다.

3. 복지 전달 체계 개선의 기본 방향

① 공공복지 전달 체계의 역할 정립

무엇보다도 공공복지 전달 체계로서의 기능 강화가 필요하다. 공공 정책의 책임성을 담보할 대상자 선정, 급여 행정, 사후관리 등 통합적 정보관리 시스템 재구축으로 행정 효율화가 필요하다.

또한 자활·자립·보호(care) 등 복지 서비스 지원을 위한 사례관리 및 서비스 연계 제공의 공공 역할 강화는 물론 자산 조사 중심의 사회 복지직 업무 수행 구조를 "서비스 중심"으로 전환하고 민간 자원 연계를 확대해야 한다.

그리고 대응성(responsiveness)·신속성을 향상시킬 접근 경로의 다원화와 콜센터 및 웹기반 상담, 정보 제공 연계(Information & Referrals)

서비스 강화가 필요하다.

② 복지 전문 인력의 확보와 위상 정립

증가하는 업무량과 업무 범위를 소화할 적정 규모의 인력과 업무 분담 체계의 조정이 필요하다. 전문직렬과 일반직렬의 적절한 업무 배치 및 수행 구조를 만들어야 한다.

규모의 경제를 감안한 최일선 창구(사무소)의 범위를 설정하고, 행정 체계 개편 연동 혹은 복지 권역의 별도 설정도 검토해야 할 것이다.

또한 복지-고용-보건-(교육-주거) 등 유관 영역과의 통합적 서비스 제공 시스템의 구축, 도시·군 지역 등 지역 특성에 따른 차별화된 접근, 고용지원센터·보건소 등 공공 서비스 기관과의 연계, 통합적 서비스 제공이 필요하다. 그리고 지자체의 복지사업 기획과 관리 능력을 향상하고, 지자체 복지부서 인력의 역량과 리더십 강화도 필요하다.

인력 운용의 효율성·전문성 강화가 추진되어야 한다. 복지업무 담당 일반직의 역량 강화를 위해서 일정기간 전보 제한을 검토하고, 읍·면·동 일선 창구 배치시 인사고과 가점 부여 및 복지수당 지급(현행 수준 인상)하는 방안도 검토한다. 명확한 업무 부여 및 간략 매뉴얼, 동영상 교육 자료를 배포하는 것도 필요하다.

또한 복지직의 전문 업무 수행 확대 및 적정 규모 충원이 필요하다. 복지 담당 팀장을 배치 확대(현행 읍·면·동 주민생활팀장의 90% 이상이 행정직)하고, 사회복지의 전문직이 담당해야 할 업무와 비교적 단순한 행정업무를 구분하여 복지직의 업무를 전문적 대인 서비스(human services) 기술, 복지 전문 기획 능력이 필요한 업무에 집중 배치하는 것이 바람직하다.

③ 복지와 고용 통합 서비스의 제공

궁극적으로는 동 주민센터의 복지-고용 서비스 창구 기능 강화를 위해서 통합 주민복지·고용센터 설치를 고려한다.

현재 각종 사회복지정책의 일선 창구는 지자체의 동 주민센터 및 읍·면사무소가, 고용 서비스는 고용지원센터가 각각 담당하고 있으나 서비스 인력이 매우 취약하여 적절한 대민 서비스가 곤란한 실정이다. 동 주민센터 및 읍·면사무소 평균 담당 인력은 복지직 1.78명, 행정직 1.41명에 불과하다.

다양한 복지 지원과 구직을 함께 필요로 하는 차상위 취업 취약 계층의 증가가 예상되고, 현행 고용지원센터는 접근성이 매우 떨어지므로 동(읍·면) 주민센터를 중심으로 하여 주민 접근성을 높이고, 콜센터와 정보 시스템 결합, 사회복지 통합관리망과 노동부 워크넷의 연계로 통합적 서비스를 위한 공공·민간의 관련 서비스 주체 간 정보 연계의 실현이 필요하다.

국민들이 가장 친근하고 가까운 거리에서 접근할 수 있는 동 주민센터와 읍·면사무소를 복지-고용을 비롯한 종합적인 서비스의 최일선 접점(Gate way)으로 기능을 강화한다.

이때 복지·고용 상담 인력의 확대 배치가 필요하다. 수요 확대가 예상되는 구직 지원, 위기 가정에 대한 기초 상담을 비롯하여 최일선 창구에서 대민 서비스를 담당할 인력의 확보가 필요하다.

이들 전문 인력은 휴먼뉴딜패키지 서비스, 민생안정지원 서비스 등은 일자리 지원, 자영자 생활 지원, 실직자 지원, 저소득층 생계 지원, 교육·보육 지원, 주거 지원 등 다양하고 폭넓은 제도 이해와 판단력을 필요로 하는 업무로서, 이와 관련한 초기 상담 실시 정보 제공, 의뢰, 연계 업무를 수행할 수 있다.

④ 지방행정 체계의 한계에서 탈피

진행중인 "지방행정 체계 개편" 등 지자체의 광역화, 관할 범위(인구·면적)의 적정 규모 등을 감안하여 복지담당 일선 사무소의 재구성이 필요하다.

시·군·구는 기획·관리 업무 중심, 일선 사무소는 대민 서비스 업무 중심으로 재편하고, 동은 관할 인구 5만~10만을 기준으로 복지담당 일선 사무소의 약 800개(현행 동의 1/3 수준)~400개(현행 동의 1/5 수준)로 설치하는 것이 바람직하다.

이 경우 1개 일선 사무소 복지직 인력이 평균 6~9명 근무 가능(추가 확보 필요한 복지 인력 감소 효과)하다. 읍·면은 관할 인구는 적으나 면적을 고려하여 현행 구역을 탄력적으로 적용하는 것이 바람직할 것이다.

⑤ 통합 사회복지 정보관리 체계의 구축

우리나라는 세계적인 IT 강국이다. 전자정부의 구현을 위해서도 막대한 예산을 투입하여 왔다. 당연히 복지전산망도 구축되고 보완되어 왔다.

그런데 신기한 것은 복지업무에 소요되는 시간은 줄지 않았다는 것이다. 속도가 전산 정보화의 유일한 목적은 아니겠지만 시간 효율성은 제고되어야 한다.

증가하는 복지 서비스를 전산이 제때에 감당하기 어려운 것도 있겠지만, 업무와 전산이 일체화되지 않은 것도 중요한 원인이다. 전산관리가 또 다른 하나의 업무가 되어서는 곤란하다. 더욱이 각종 급여 업무가 서비스별로 관리되다 보니 부정 수급이나 중복 수급 등을 색출하는 데도 시간도 걸리고 한계가 있다.

각 부처별·지자체별로 이루어지는 각종 복지 급여를 관리하고 모니터링 할 수 있는 통합 시스템의 구축이 시급하다.

⑥ 복지 업무 프로세스의 효율성 제고

그렇지만 IT가 효율적으로 구현되기 위해서는 업무 프로세서의 효율성이 선행되어야 한다. 현재의 통합 행정 체계에 대한 재평가가 이루어져야 하고, 다양한 복지 서비스도 정비가 필요하다.

유사한 명칭의 복지 서비스의 통폐합 여부도 살펴보아야 한다. 지역 단위의 사회복지관이 만들어지고 있지만 여전히 접근성이 떨어지고, 최근 지역 단위로 만들어지고 있는 각종 복지 관련 센터들도 각각의 필요성은 있겠지만 연계가 부족하다.

복지행정의 중심이라고 할 수 있는 복지부와 일선 지자체를 연결하는 종적인 네트워크도 약하지만, 공적인 행정 전달 체계와 민간의 복지 서비스 기관들 간의 횡적인 네트워크도 약하다. 복지부는 복지 관련 업무에 대한 지도·감독을 하고는 있지만 회계적인 감독·감사 권한은 없다.

이번에 발생한 복지 급여 횡령사건도 일관적인 감독 체계가 갖추어져 있었더라면 예방될 수 있었을 것이다. 이러한 측면에서 복지부와 행정안전부와의 업무 조정도 조속히 결론이 나야 한다.

4. 지역 특화 희망복지지원센터의 설치

① 도시 지역 특화 모형

최적의 "범위 및 규모의 경제"를 위해서는 통합적 대민 서비스 지원

기구인 「희망복지지원단」의 설치 단위로서 현행 시·군·구, 읍·면·동 단위 모두 부적절하다. 따라서 대도시의 경우 인구 10만 정도를 관할(4~5개 동)하는 권역의 최일선 「희망복지지원단(센터)」 설치가 바람직하다.

동 단위 일선 조직에서는 평균 2명 미만의 복지직이 근무하다보니 업무 분담, 찾아가는 서비스가 곤란한 실정이며, 시·군·구 단위 조직을 일선 창구로 활용하기 위해서는 접근성의 문제가 빈번하게 제기되고 있다.

도시 지역의 경우 시·군·구 「희망복지지원단」을 중심으로 지역 주민과의 최일선 접점의 역할을 강화할 수 있지만, 읍·면·동에 복지업무 담당이 근무하는 한 최일선 창구는 다원적으로 활용될 수밖에 없을 것이다.

이와 함께 민간 복지기관에서도 행정기관으로의 신청 접수가 가능하도록 any-stop 체계를 마련하고, 점차 인터넷·콜센터를 통한 무방문 intake(접수)가 실현되도록 기반을 마련할 필요가 있다.

상대적으로 주민의 이동이 용이하고, 민간 복지기관에 대한 접근성이 높은 도시 지역에서는 시·군·구-읍·면·동의 활용을 효율화 할 수 있는 보다 새로운 접근이 필요하다. 점차 사회복지 업무의 비중이 높아가고 있는 현실을 감안할 때 동 주민센터를 "복지" 중심으로 전환하는 것이 바람직하다.

② 군 지역 특화 모형

읍·면 지역의 경우 지역 복지 자원이 매우 취약하고, 고령화율이 상대적으로 높으며, 특히 기초 수급·차상위 계층 가구의 상당수가 65세 이상 노인 비율이 높아서, 점차 공공 영역에서의 복지-보건 연계 서비스 제공이 핵심적 과제가 되고 있다.

기초 보장 수급자 중 기초노령연금 수급자 비율을 파악한 결과, 동 지역은 인원 기준 27.2%(세대 기준 41.7%)인데 비해 면 지역은 인원 기준 53.6%(세대 기준 70.1%), 읍 지역은 인원 기준 39.2%(세대 기준 54.5%)로서, 읍·면 지역은 전체 기초 보장 가구의 2/3 가량이 노인 세대이다. 따라서 군 지역은 보건·복지 연계 서비스 수요를 감안한 읍·면 희망복지 지원 기능의 강화가 필요하다.

읍·면사무소의 사회복지직과 보건소 및 보건지소의 방문 건강관리 인력을 희망복지 지원 담당으로 지정하여, 사회복지직과 방문 건강관리 인력을 중심으로 상시적인 사례관리 협업 체계를 구축한다.

군청 내 희망복지지원단을 구성하여 다음과 같은 기능을 강화하되, 읍·면 희망복지 지원 담당을 중심으로 찾아가는 서비스, 사례관리를 중점적으로 시행(시·구청을 중심으로 운영하는 도시 지역과 차별화) 한다. 서비스 연계 인력을 보강하여 읍·면 단위 사례관리 강화를 위한 연계 기반 조성, 보건소 방문 건강관리팀, 국민건강보험공단 장기요양보험운영센터 등과 상시적인 사례관리 협업 체계를 구축한다.

보건소를 중심으로 실시되고 있는 방문건강관리사업은 희망복지 지원을 통해 강화하고자 하는 사례관리 사업과 상당 부분 일치하나, 그간 담당자가 비공식적 노력으로 협력 혹은 서비스 연계가 이루어 져왔다.

5. 마무리하며

복지 전달 체계가 개선되기 위해서는 이러한 효율화 작업 외에도 복지 전문 인력의 확충이 필요하다. 적정한 담당 인력의 배치 없이 구조만 바꾸어서는 근본적인 문제 개선은 어렵다.

지금과 같이 복지 수요가 증가하고 있는 시점에는 복지행정 전담 인턴을 대폭 확충하여 실험적으로 운영하는 것이 바람직할 것이다.

복지 전달 체계의 개선은 기존의 고착된 구조를 바꾸는 작업인 만큼 고통이 수반되고 갈등도 있을 수 있다. 그러나 기형적인 전달 체계로 빚어질 수 있는 동맥경화를 타개하기 위해서는 과감한 개선 노력이 필요한 시점이다.

부처 간 벽을 허무는 것이나 중앙과 지방의 명확한 역할을 분담하는 것은 말만큼 쉬운 일은 아니다. 과감한 자기희생과 혁신 노력이 있을 때만이 가능하다. [감사원 '감사', 2009]

농촌을 생산 중심에서 생활 중심으로

압축 성장 과정에서 농촌도 많이 발전했지만 도시와 농촌의 간격은 더욱 벌어지고 있다. 그 동안 도농 격차는 주로 생산 측면을 중심으로 검토됐지만, 향후 격차의 핵심은 '삶의 질'이라고 할 수 있다.

삶의 질은 보건·복지·교육·문화·환경 등 비경제적 요소와 산업·일자리 등 경제적 요소로 크게 나누어 볼 수 있다.

농업이 융성하고 일자리가 많이 생기는 등 경제적 요소가 농촌의 경제력을 높이겠지만, 경제적 요소에 상응하게 비경제적인 요소가 받쳐주지 않으면 농촌의 발전은 기약할 수 없다.

생활 여건이 나쁘면 사람이 떠나고 그 지역은 침체의 늪에 빠져들기 때문에, 이제 지역 발전 계획도 생산 중심에서 생활 중심으로 옮겨가야 할 때다.

정부에서 입안하고 있는 지역 발전 계획도 삶의 질 향상 쪽으로 선회하고 있지만, 여전히 생산 비전만 요란하고 생활 비전은 곁가지에 불과하다.

‘삶의 질 향상 특별법’을 제정하고 삶의 질 향상 기본 계획을 수립해 2005년부터 1차 5개년을 수행했고, 2차 계획에서는 농어촌 서비스 기준을 제정해 국가적으로 최소한 삶의 기준을 정하고 관리하겠다는 내용이 있어 고무적이지만, 얼마나 서비스 체감도를 높일 수 있을 것이냐가 관건이다. .

농촌은 노인인구비율이 빠르게 증가하면서 초고령사회로 진입하고 있다. 이에 따라 복지 수요는 폭발적으로 늘어나고 있지만, 단위 촌락별로 사람 수가 적고 촌락 간의 거리도 상당히 떨어져 있기 때문에 동일한 서비스라고 해도 도시 지역보다 고비용을 발생시킨다. 때문에 비용 대비 효과는 낮아질 수밖에 없다는 것이 난제라고 할 수 있다.

따라서 농촌을 생산 관점에서가 아니라 생활 관점에서 재구조화하는 종합적인 전략 수립이 필요하다. 농촌이 살기 좋은 지역으로 거듭날 때 1300만 명에 이르는 대규모의 베이비 붐 세대가 농촌으로 다시 이동하고, 농촌은 아름다운 자연 환경과 사람이 함께 숨 쉬는 행복한 공간으로 다시 탄생할 수 있을 것이다.

이때 중요한 것은 농촌을 바다 한가운데의 ‘외로운 섬’으로 규정한 계획은 지속 가능성이 없다는 사실이다. 농촌과 도시를 연결하고 농업인과 도시인을 연계하는, 그래서 농촌과 도시가 상생할 수 있는 계획이 만들어져야 할 것이다. [농민신문, 2010. 6. 2]

CHAPTER 5

3만 달러 시대의 도전과 대응

3만 달러 시대의 도전과 대응

우리나라 1인당 국민소득이 금년에 2만 달러가 될 것이라는 전망이 나오고 있다. 1만 달러 함정에서 10년 와신상담한 끝에 이뤄낼 2만 달러지만, 이건희 삼성회장이 5~6년 후의 위기설을 제기한 이후 정몽구 현대·기아자동차 회장도 샌드위치론을 말해 2만 달러 시대도 순탄치 않을 것임을 예고하고 있다.

사실 2만 달러에 이르기까지 전자·조선·자동차·철강 산업 등의 성공은 기적에 가까운 것이었다. 자원도 거의 없고 국토도 좁은 데서 기업과 근로자들의 피와 땀 그리고 지혜가 빚어낸 위대한 성과였기에 3만 달러 달성도 두렵지는 않다.

그렇지만 양적 성장력은 브라질·러시아·인도·중국 등 소위 브릭스(BRICs)에 뒤지고, 질적 기술 수준은 아직 미국·일본·독일 등에 밀리는 국제 환경에서 가장 빠른 고령화와 가장 낮은 출산율을 가진 국내 여건을 헤치고 우리는 생존해야 한다.

우리 경제는 최근 4년 동안 4.2% 성장률에 머물고 있다. 성장 잠재력이 이 정도 수준으로 떨어졌는지 아니면 잠재력은 있는데 이런 상태인지는 명확하지 않지만, 이런 식의 양적 성장은 곧 한계에 부딪힐 것이라는 불안감은 지울 길이 없다.

많은 청년 실업자가 방황하고 있고, 상당수 국민은 지난 10년 동안 더욱 어려워졌다 한다. 이는 외형적인 3만 달러 달성과 동시에 실질적인 삶의 질이 3만 달러가 되는 것이 중요함을 의미한다.

1만 달러까지의 힘은 인적 자본에 있었다. 우수하고 비교적 저렴한 노동력이 없었다면 1만 달러 달성은 불가능했을 것이다. 반면에 2만 달러 시대는 물적 자본이 주도했다. 국제 경쟁력을 갖춘 대기업 자본의 힘이었다.

그러나 3만 달러 시대는 인적 자본도 물적 자본도 모두 한계 상황에 도달하고, 새로운 지적 자본이 성장을 주도한다.

여기서 중요한 것은 인적 자본, 물적 자본, 지적 자본을 연결하는 고리가 되는 사회적 자본의 생산성이다. 사회적 자본은 법과 제도, 노사 관계를 포함한 각종 사회적 관행 등을 통칭한다.

성장 잠재력을 높이기 위해서는 사회적 자본을 효율적으로 재구축해야 한다. 인적 자본과 물적 자본, 심지어는 지적 자본조차도 국경 없이 넘나들기 때문에 3만 달러 국가가 되기 위해서는 국가가 발전에 필요한 각종 자본을 유인할 수 있는 매력적 구조가 돼야 한다.

그런데 현재 국가 시스템으로는 한계가 있다. 압축 성장 과정에서 뒤틀어져 있는 국가 시스템을 효율적으로 바로잡아야 한다. 무엇보다도 자유화와 글로벌화는 우리가 넘어야 할 위기이자 기회라는 점을 인식하고 적극 대처해야 한다.

최악의 규제인 수도권 규제부터 원점 상태에서 재점검해 경쟁력을 제한하는 규제는 과감하게 혁파해나가야 한다. 중앙과 지방을 이분법적으로 보는 균형 발전 계획은 수정돼야 한다.

경쟁 제한으로 평등해지는 규제 정책은 하향평준화로 귀착된다. 금융·물류·통신·방송 등 산업 규제뿐 아니라 보육·교육·보건·환경 등 각종 사회제도와 전반적인 정치·행정 제도를 유연하고 생산적인 구조로 개혁해야 한다.

노사 관계도 무원칙한 투쟁 일변도의 갈등 구조로는 안 된다. 원칙이 통하는 법치국가가 되기 위해서는 사회를 하나로 통합하는 사회복지 시스템이 완성돼야 한다. 부자와 빈자가 서로를 이해하고 돕는 신뢰관계가 사회적 자본의 핵심이기 때문이다.

진정 우리가 원하는 3만 달러 시대는 뼈를 깎는 노력 없이는 이뤄질 수 없다는 점을 명심해야 할 것이다. [국민일보, 2007. 3. 27]

걱정, '비전 2030' 보고서

정부가 발표한 '비전 2030' 보고서를 보면 2030년에 우리나라가 1인당 국내총생산 4만 9000달러, 삶의 질이 세계 10위권에 들어가는 명실공히 세계 일류국가가 된다고 한다.

사람이 살아가는 데 꿈과 희망은 중요하다. 그렇지만 공허한 내용이면 대마초를 한 대 피워 보는 것과 별다른 차이가 없다. 희망 보고서는 실현 가능성이 있어야 한다. 최근 일본이 15년 여의 침체에서 벗어나는 기미를 보이지만, 우리가 불황에서 벗어나는 데는 좀 더 많은 시간이 필요할지 모른다.

이런 상황에서 국가는 황당한 애드벌룬을 띄우지 말고 과거 급속한 성장 과정에서 뒤틀어진 국가 시스템을 효율적으로 바로잡아 저출산과 고령화라는 파도를 넘어야 한다.

저출산과 고령화 대책으로 무엇보다도 시급한 국정과제는 연금 개혁이다. 2030년이 되기 전에 국민연금·공무원연금·사학연금·군인연금 등 이른바 4대 공적연금의 개혁이 시급하다.

2030 보고서에는 국민이 좋아할 것만 나열하고, 정말 살기 좋은 나라가 되기 위해 국민이 감내해야 할 고통을 숨기고 있다.

예를 들어 발등의 불인 연금 개혁을 하겠다면서 2030년에는 1200만 명의 노인 중 3분의 2가 연금을 받고, 연금 급여는 퇴직 전 소득의 50% 수준으로 만들겠다고 한다.

현재의 국민연금 급여도 실질적으로는 퇴직 전 소득의 25%가 되기 어렵고, 공무원연금조차 50%가 되지 않는 데도 개혁해야 한다고 난리 치고 있다. 그런데 연금 급여 수준을 퇴직 전 소득의 50%로 만들겠다고 하니 연금 '개혁'을 하겠다는 것인지, '개악'을 하겠다는 것인지 알 수 없다.

보건복지부·행정자치부·국방부·교육인적자원부 모두 연금제도 개선 방안을 논의하지만, 급여 수준을 올려주겠다는 식의 내용이 2030 보고서에 실렸다는 것은 공적연금과 관련해 부처 간 협의가 잘못됐음을 의미한다.

4대 공적연금은 4개의 법에 따로 규정되어 있지만, 공적연금의 개혁 논의는 함께 다뤄야 한다. 공무원연금·군인연금·사학연금 등 3개 특수직역 연금은 급여 구조가 거의 같고, 국민연금도 재정적 측면에서 다른 연금과 동일한 문제에 직면해 있기 때문이다.

문제를 풀려면 4대 공적연금의 개혁을 동시에 다룰 위원회를 만들어야 한다. 위원회에서는 책임 있는 심의 의사 결정 기능과 전문적인 연구 분석이 동시에 이뤄져야 하는데, 책임 있는 의사 결정이란 측면에서 민의를 대변하는 국회에 설치하는 것이 바람직하다.

이때 지난 해 말 국회 국민연금개혁특위의 실패 경험을 되풀이하지 않는 것이 중요하다. 국민연금개혁특위가 실패한 이유는 논의기간이 너무 짧았고, 재정적으로나 구조상으로나 문제가 더 심각한 공무원연금 등을 논의에서 제외한 데다, 위원회 산하에 실질적인 개혁 방안을 논의할 전문위원회가 없었기 때문이다.

연금 개혁은 매우 시급하지만, 급하다고 졸속으로 해서도 안 된다. 연금 개혁은 한 번 하면 제도 변경이 어렵고 사회적 비용이 막대하다. 정치적인 성과에 눈이 어두워 충분한 국민 합의를 거치지 않은 상태에서 서둘러 법령을 개정하면, 개혁 후 폭풍을 견디기 어려울 뿐 아니라 몇 년 가지 않아서 또 개정을 논의해야 한다.

연금개혁안은 2030년이 아니라 2100년까지도 큰 손질 없이 가져갈 수 있는 백년대계여야 국민의 지지와 신뢰를 얻을 수 있을 것이다.

4대 공적연금의 개혁은 국민 부담을 가중시킬 수 있다는 점에서 정치적으로 인기가 없을 수 있지만, 과거 정권이 일회용으로 써먹던 비전 장사보다는 저출산 고령화사회에 지속 가능한 복지국가의 초석을 놓는다는 점에서 나중에라도 칭송들을 일이다. [동아일보, 2006. 9. 2]

한국 경제 희망은 있는가?

　2007년 새해가 밝았지만 우리 경제는 구름으로 잔뜩 덮여 있다는 전망이 대세이다. 내리막길의 경제에서는 언제까지 어디까지 내려갈 것인가가 주요 관심사가 된다.

　재경부장관은 '상저하고', 즉 상반기는 낮지만 하반기는 높아질 것이라는 희망 담긴 메시지를 보내고 있지만, 상당수 경제 전문가들은 금년 경제의 불확실성을 우려하고 있다.

　금년 경제의 위험 요소로는 부동산시장 불안과 가계 금융위기, 환율 불안, 노사 분규, 북핵 리스크, 대선 국면의 혼란 등이 꼽히고 있다. 이 중에서 부동산 불안이 발등의 불로 보인다.

　부동산 대책은 양면성을 가지고 있다. 부동산 가격이 작년같이 폭등하는 것도 문제지만, 부동산 가격 폭락은 가계 금융부터 파탄시키면서 건설 경기를 불황의 늪으로 몰아넣고 일파만파로 경제 전반을 장기침체로 빠지게 할 우려가 있다.

　일본의 1990년대 장기 불황이 소위 버블경제의 붕괴로 시작되었다는 점을 유의할 필요가 있다. 그렇다고 부동산 가격이 지금과 같이 올라가도록 내버려둘 수도 없으므로 하향 안정 추세로 만드는 것이 바람직하다. 오를 대로 오른 부동산 가격을 인위적으로 내리려는 정책은 부동산시장과 가계 금융을 대혼란에 빠지게 할 우려가 있다.

따라서 정부의 직접적인 개입 정책보다는 적정 수준의 금리 조정과 부동산 규제 조절로 부동산시장이 자기 역동성을 가지고 안정될 수 있도록 유도해나가는 것이 필요하다.

우리 경제를 그나마 지켜왔던 것은 수출이다. 2006년 수출 전선의 적신호는 주로 환율 때문에 발생했다. 많은 수출 기업들은 대미 달러 환율은 900원 선이 마지노선이라고 주장하고 있기 때문에 이미 920원대로 내린 환율은 위험 수위라고 할 수 있다.

최근의 국내외 전망에 따르면, 상반기에는 900원선이 깨질 수도 있겠지만, 하반기에는 오히려 상승할 전망이다. 국내 경상수지 흑자 폭 축소와 글로벌 달러 가치의 반등이 하반기 이후 나타날 수 있어 원화의 절상 폭이 제한될 것으로 보기 때문이다.

유가를 비롯한 국제 원자재 가격이 비교적 안정세를 보이고 있고, 미국 경제가 여착륙하고 있으며, 일본·중국·EU·동남아시아 등 우리의 주요 교역국의 경제도 비교적 호황 상태를 유지하고 있어 금년에도 수출 부문의 지지력은 견고할 것으로 보인다.

참여정부 초기부터 우리 경제의 발목을 잡았던 것은 내수 침체다. 소비와 설비 투자 모두 좀처럼 진작되지 않고 있다. 특히 금년에는 노사 분규의 격화, 북핵 리스크의 현실화, 대선에 따른 정책 혼선의 가능성 등이 예상되고 있어 침체 국면을 전환할 힘은 여전히 미약해 보인다.

내수 침체는 수출산업과 내수산업, 대기업과 중소기업, 제조업과 서비스산업 간의 선순환 구조의 동맥경화 현상과 미래에 대한 불확실성, 정부 정책에 대한 불신 때문에 가중되고 있다.

이렇게 볼 때 2007년 한국 경제는 해외 요인이나 경제적 요인보다는 국내적 요인과 비경제적 요인에 의한 불안 요인이 산재되어 있는 것으로 판단된다. 그러나 불확실성과 불신을 하루아침에 걷어내기는 어렵고 현 정부가 그렇게 할 힘도 없어 보인다.

이제는 우리 국민 스스로가 미래에 대한 희망을 가지고 힘써 나아갈 수밖에 없다. 그 동안 그래왔듯이 우리 국민은 이러한 위험 요인을 슬기로운 지혜와 창의적인 정신으로 오히려 기회 요인으로 전환해나갈 것임을 믿는다. [국민일보, 2007. 1. 2]

참여정부, 정치보다 경제로

경기선행지표라고 할 수 있는 증권시장에 빨간 불이 켜졌다. 주가지수가 작년 말보다 5% 하락했고, 거래량은 최근 7년래 최저치를 기록했다. 주가와 거래량이 동시에 감소했다는 것은 침체 국면을 의미한다. 이렇게 연초부터 증시가 불안한 출발을 보이고 있는 것은 무엇 때문일까?

일본 증시는 최근 견고한 상승세를 나타내고 있는 반면, 미국 증시는 높은 상승 후 휴식기를 가지고 있다. 따라서 해외시장 요인은 중립적이라고 할 수 있다. 그렇다면 내부적 요인으로 볼 수밖에 없다.

먼저 증권시장의 수급 구조를 보면 외국인의 매도가 계속되고 있고, 국내 투자자들도 바닥을 확인하고 있는 모습이다.

연기금의 매수 여력도 보수적 투자 성향을 볼 때 주가를 끌어올릴 만큼 적극성을 기대하기 어렵다. 부동산이 위축되면 증시에 자금이 몰려올 것 같지만 그렇지도 않다. 따라서 최근의 증시 침체는 투자자들이 우리 경제의 펀더멘털(fundamental)을 불안하게 보고 있기 때문인 것으로 판단된다.

최근 노무현 대통령은 지난 4년 동안 부동산 가격이 오른 것만 빼놓고는 별로 잘 못한 것이 없다고 했다. 실제로 수출 3000억 달러, 1인당 국민소득 2만 달러의 성적표로 볼 때 가시적인 성과는 없다고 할 수 없다. 그렇지만 국가 잠재 능력에 못 미치는 4년 평균 4.6% 성장률은 대선 공약으로 걸었던 7% 성장과는 거리가 있다.

특히 일자리 부족은 여전하고 정권 초기에 기대했던 분배 문제도 복지 지출 확대에도 불구하고 개선되지 못했다. 또 노 정부의 반기업 정서가 문제시되고 있지만, 정부가 기업활동을 제한하기 위해 추진한 입법도 일반인이 생각하는 것과는 달리 많지 않아 의아스러웠다.

그런데 최근 하이닉스반도체의 이천공장 건설이 수도권 규제 방침에 밀려 무산된 사례를 보면서, 노 정부에서 경제가 잘 안 되는 이유를 명료하게 이해하게 되었다. 노 정부는 말로는 기업 규제 완화를 내세우지만, 지역 균형 발전이라는 명분에 밀려서 기업의 긴박한 투자 요구를 묵살한 것이다.

반도체산업에서 투자 시점의 중요성은 재론할 것도 없지만, 일자리 창출보다 균형 발전을 선택한 정부를 보면서 많은 기업인은 망연자실했을 것이다.

노 정부는 기업의 생산을 통한 일자리 창출은 막으면서 국민의 호주머니에서 세금을 거둬 억지로 만드는 공공적 일자리 창출에는 열을 올렸다. 이런 식의 정책 우선순위 조정의 난맥상이 노 정부의 경제 성적표를 만들고 있는 것이다.

지금 경제가 잘 안돌아가는 것을 전적으로 노 정부 책임으로 전가하는 것은 바람직하지 않지만, 노 정부도 남은 1년을 그냥 이대로 보내서는 안 된다.

특히 연초부터 변동성이 높은 환율은 수출 경쟁력의 요체라고 할 수 있는 만큼 더 선진화된 환율관리기법의 개발이 요구된다. 일본이 오랫동안 높은 무역수지 흑자를 누리면서도 환율을 안정적으로 유지하고 있는 비결을 한시바삐 벤치마킹해야 할 것이다.

또 일자리 창출의 핵심은 기업의 투자 환경 조성에 있다는 점을 명확히 인식하고, 투자를 막는 각종 수도권 규제를 재점검하고 과감하게 혁파해야 한다. 한편 부동산 문제도 잘못된 것으로 인식되는 정책은 초연하게 버릴 줄도 알아야 한다.

끝이 좋으면 처음까지 새롭게 평가될 수 있다는 생각으로 정부가 정치보다는 경제를 중시하는 방향으로 급선회하기를 온 국민은 희망하고 있다. [국민일보, 2007. 1. 30]

큰 정부, 작은 정부의 선택

　세금과 관련된 논쟁은 항상 뜨겁다. 국민은 세금을 적게 내고 싶어 하지만 국가에 대한 기대는 큰 야누스적인 존재이다. 세금 부담이 과중하다는 목소리와 함께 국가 지원을 요구하는 목소리도 끊이질 않는다. 그러나 조세 규모는 정부 규모에 비례한다고 볼 때, 큰 정부에는 높은 조세 부담이, 작은 정부에는 낮은 조세 부담이 따른다.

　근대 민주주의 국가의 탄생 배경에는 전제군주의 무분별한 세금 징수에 대한 저항이 숨어 있다. 국회의 중요 기능 중의 하나는 국가 예산을 심의 의결하고 조세 부담을 법으로 정하는 것이다.

　국회는 국가 서비스와 국민 부담의 양방향 길에서 민의를 저울질한다. 국민은 선거를 통해서 큰 정부냐, 작은 정부냐를 두고 방향을 선택한다. 우리의 선거 과정을 보면 이러한 요인보다는 지연·학연 등 막연한 기준이 결정적 요인으로 작용한다. 좌냐 우냐 하는 것도 큰 정부냐, 작은 정부냐의 관점이 아니라 단순한 이념 편향적이다.

　국민들이 우왕좌왕하는 사이에 국정 방향도 표류한다. 그 동안 참여

정부의 방황도 이러한 측면에서 해석할 수 있다.

그러나 세금 부담자와 국가 서비스 수혜자가 일치할 경우는 국민 선택이 단순하지만, 서로 다를 경우에는 심각한 계층 간 갈등이 발생할 수 있다.

수혜자의 입장에서는 많이 주겠다는 후보를 선택하겠지만, 부담자의 입장에서는 부담을 줄이겠다는 후보를 선택하게 된다. 그런데 수혜도 받고 부담도 하는 중간 계층이 다수 존재하면 선택은 좀 더 복잡하게 된다. 중간 계층은 수혜와 부담의 기로에서 망설이게 된다. 우리나라는 1997년 금융위기 이후 중간 계층이 줄어들고 저소득층이 증가하고 있다.

이런 상황에서 수혜자 층이 증가해 복지 확대를 주장하는 큰 정부를 요구하는 소리가 높아질 것 같지만 현실은 정반대이다. 참여정부가 복지를 한다고 외쳤지만 복지 혜택을 받는 사람은 극히 일부이고, 경제 불황으로 인하여 체감하는 세금 부담은 더 높아졌기 때문이다.

저성장으로 인한 괜찮은 일자리의 감소와 사업 부진은 세금에 대한 부정으로 이어진다. 국민연금과 건강보험 같은 사회보험도 혜택보다는 부담으로 작용하여 복지에 대한 부정적 시각이 증가하고 있다.

반면에 부동산 부자 엿 먹이는 높은 종합부동산세는 그 과세의 적정성 여부를 떠나서 대부분 국민으로부터 지지를 받게 된다. 이러한 정책 혼선의 연속이 사회 정의를 흐리게 만들고 포퓰리즘 정부를 만들어왔다.

우리나라의 2006년 조세와 사회보험료의 합인 국민부담률은 26.7%이다. 이는 경제협력개발기구(OECD) 국가 평균 수준 37.5%와 비교할 때 높지 않다. 그럼에도 불구하고 선진국 국민의 조세나 사회보험료에 대한 국민 저항은 우리나라만큼 높지는 않다. 왜 그럴까.

선진국의 경우 대부분 국민이 조세 부담자인 동시에 국가 서비스 수혜자이다. 이들의 선택은 조세와 국가 서비스의 수준을 그 당시의 경제사회 실정에 맞게 적절히 선택하고 조정하는 것이다.

이에 비하여 우리나라는 저소득층 일부를 제외하고는 대부분이 조세 부담자일 뿐 수혜자가 아니라고 생각하기 때문에 경제가 불황이 되면 조세 부담이 적은 작은 정부를 선택할 유인은 증가할 수 있다. 그러나 인구 고령화 등 사회적 위험의 급속한 증가로 정부 역할은 어느 정도 커질 수밖에 없고, 조세 부담은 늘 수밖에 없다.

지금까지는 정부 예산에서 복지 예산의 상대적 비중을 늘리거나, 예산을 절감하거나 혹은 국가 부채를 늘리는 방법으로 가능하였지만 그것도 한계가 있다. 여기에 국민 선택의 어려움이 있다.

정치권은 앞으로 있을 두 차례의 선거에서 국민이 큰 정부와 작은 정부 중 하나를 선택할 수 있도록 책임 있는 정책 비전을 제시하고, 승리한 쪽이 국민이 선택한 방향에 따라 처음부터 일관성 있게 정책을 추진할 수 있도록 하는 것이 선진국의 정치 방법이다.

[서울신문, 2007. 3. 19]

정책 선거 실종선고

　대선을 한 달 여 앞둔 시점인 데도 후보 간 정책 논쟁은 조용하기 그지없다. 6·10 항쟁 이후 네 명의 대통령을 국민의 손으로 뽑았지만, 이 분들 모두가 임기 말 지지도가 30%를 유지하기 어려웠다.

　이것은 국민들이 대통령직 수행 과정 혹은 결과에 대하여 대체로 만족하지 못하였음을 의미한다. 지난 네 명의 대통령 모두에서 유사한 결과를 보이고 있는 것은 개별 대통령의 능력 여부를 떠나 우리나라의 정치 시스템 혹은 정치 과정에 문제가 있지 않은지 짚어볼 필요가 있다.

　민주주의 사회에서는 합의가 쉽지 않다. 우리나라도 합의에 걸리는 시간이 점차 길어지고 있다는 것은 주지의 사실이다. 그런 의미에서 대선 과정은 정당마다 정책 공약을 내걸고 공약을 중심으로 격론을 벌이고, 선거에서 이긴 정치 집단은 자신의 공약에 대해서 국민의 지지를 받은 것으로 보고 그 공약을 실행에 옮기면 된다.

　이러한 정책 선거가 이루어질 때 그 지난한 선거 과정은 낭비가 아니라 가장 효과적인 국민 합의를 도출하는 시간이 되는 것이고, 이렇게 될 때 효율적인 민주주의라고 할 수 있다.

그러나 현재와 같이 정책 공약이 실종된 선거 하에서는 대통령이 집권 후에도 자신의 정책을 하나하나 처음부터 논의에 부치고 합의를 위하여 시간을 소모하여야 한다.

우리나라와 같이 5년 단임제를 채택하고 있는 국가는 길지 않는 5년 동안 대통령이 하고자 하는 정책이 있다고 하여도 임기 내에 실현시키기에는 시간이 부족하게 된다.

정책 선거가 어려운 이유는 우리나라의 정당 구조가 이념 성향에 따라서 보수와 진보로 대립하기보다는 지역당적 성격을 가지고 있기 때문이다. 정치 선진국의 공통된 특징은 각 정당이 이념적 프리즘으로 구분될 수 있다는 점에서 우리의 정치 현실과 차이를 보이고 있다.

우리나라의 각 정당이 내거는 공약을 유심히 살펴보면 보수적인지 진보적인지를 알 수 없는 경우가 많다. 더욱이 선거 공약은 '공약(公約)'이 아니라 '공약(空約)'이라는 인식이 아직도 있다. 따라서 무책임한 선심성 공약이 판치게 되고, 이 과정에서 정책이 가져야 하는 정체성은 사라지게 되는 것이다.

민주주의가 포퓰리즘으로 흐르게 된다면 그 나라의 장래는 기대하기 어렵다. 그렇다고 국민의 욕구를 충족시키는 정책을 무조건 포퓰리즘으로 몰아붙이는 것도 옳지 않지만, 이성보다는 감정에 호소하는 것은 정책 선거를 어렵게 하는 또 하나의 원인이 된다.

한편 제시된 공약은 구체적이어야 하고 실현 가능한 것이어야 한다. 재원 조달에 대한 대책도 없이 내놓은 공약이야말로 경계해야 할 포퓰리즘의 정형이다.

어떤 정치 시스템이든지 선거는 국민이 정책을 선택하는 장이어야 한다. 선거가 집권당의 과거 정책을 평가하는 의미도 있지만, 이것도 정책의 일관성과 연속성의 전제하에서 가능한 것이다. 소소한 정책 하나까지 그러한 의미를 부여하기 어렵다고 하더라도 국가의 향방을 결정짓는 교육정책, 시장정책, 분배정책, 통일정책 같은 굵직한 정책은 분명하게 주장하고 확실하게 책임지는 관행이 만들어져야 한다.

이번 대선도 이미 막바지에 들어가고 있어서 정책 선거의 가능성은 희박해 보인다. 그렇지만 또 한 번의 잃어버린 5년이 되지 않기 위해서 각 대선 주자들은 마지막 순간까지도 정책 선거에 대한 기대를 버려서는 안 된다.

이번 선거에서 우선순위가 높고 국민 합의가 어려운 대표 공약 세 가지만 걸어보자. 우리 국민도 비록 잘 보이지는 않더라도 자신의 신념에 맞는 정책을 찾고 그 정책에 대하여 투표하자. 집권한 국가 지도자는 선택받은 그 정책은 소신 있게 실행하자. 이렇게 새로운 정책 선거의 막을 열어보자. [서울신문, 2007. 11. 13]

재정 세제 개혁 시급하다

국가 채무가 눈덩이처럼 증가하고 있다. 우리나라의 국가 채무가 GDP에서 차지하는 비율은 지난 10년 사이 2.7배 증가하여 2006년에는 283조원 규모로 증가했다.

1997년 12.3%에 그쳤던 GDP 대비 국가채무비율이 참여정부가 들어선 2003년 23%로 올라선 이후 매년 가파른 상승세를 이어오며 올해 33.4%를 기록할 것으로 예상된다.

정부는 2003년 이후 국가 채무 증가의 78%는 앞 정부에서 발생한 공적자금의 국채 전환(53조원), 외환시장 안정용 재원 조달(69조원), 서민 주거 안정을 위한 국민주택채권 발행(11조원)에 기인한다고 주장하지만, 앞 정부에서 발생한 53조원 외에는 참여정부가 나랏돈을 제대로 관리하지 못한 것에 기인한다.

저성장에도 불구하고 조세 및 사회보험료 부담을 대폭 증가시킨 것도 부족해서 나라 빚까지 증가시킨 것을 잘했다고는 할 수 없다.

우리나라 국가 채무의 가장 큰 문제점은 재정 당국의 국가 채무에 대한 안이한 시각이다. 정부는 경제협력개발기구(OECD) 국가의 평균 채무가 GDP의 77% 수준인 것과 비교하면 높은 수준이 아니라고 한다. 10년 전만 하여도 재정 당국은 적자 재정을 편성하면 큰일 나는 것으로 경계하면서 각 부처의 예산 증액 요구를 막아왔다.

그런데 지금은 기획예산처가 나서서 이 정도 국가 채무는 문제되지 않는다고 주장한다. 국민이 우려하는 것은 국가 채무의 규모 자체보다 나라 빚을 대수롭지 않게 생각하는 정부의 태도다. 현 세대가 부담해야 할 세금을 미래 세대로 전가시키는 국가 채무가 증가되지 않도록 균형 재정을 유지하는 것은 재정 당국의 기본적인 의무다.

국가 채무가 부담스런 것은 국채에 대한 이자 지급 때문이다. 국채 이자 부담은 참여정부 집권 첫해인 2003년 7조원에서 2004년 9조원, 2005년 10조원, 2006년 12조원으로 증가하였다. 2007년에는 참여정부 최대 규모인 13조원에 이를 것으로 전망되고 있다.

참여정부 5년 동안 국채 이자를 갚는 데만 50조원의 정부 예산을 쓰고 있다. 국채 이자가 예산 총지출에서 차지하는 비중이 2007년 5.2%이어서 원금 상환은 물론이고 이자 상환도 국민 경제의 부담이 되고 있다.

우리나라의 국가채무비율은 증가 속도가 지나치게 빠르다는 것이 특히 문제다. 일본의 국가 채무는 GDP 대비 180% 수준으로, OECD 국가 중 가장 높다. 국채의 상당 부분이 버블경제 붕괴 이후 10여 년 계속된 불황기에 늘어난 것이다. 경기를 진작시키기 위하여 매년 적자 재정을 편성하다보니 오늘날 빚덩이 정부가 된 것이다.

우리나라 경제가 일본과 같이 장기 불황 상태가 아닌가 하는 우려가 있지만, 국가 채무의 증가 현상을 보면 이 역시 일본과 닮은꼴이어서 걱정이다.

국가 채무의 문제점은 심각하지만 대책은 단순하다. 1997년 이전 정부가 국가 채무를 극히 낮은 수준으로 유지하였기 때문에 최근 10년간 국가 채무가 급속히 증가했음에도 불구하고 아직은 견딜 만한 수준이다.

향후의 예산 편성시 원래의 우리나라 재정 당국이 우직스럽게 견지하여 왔던 균형 재정 기조로 회귀하고 GDP가 꾸준히 증가한다고 가정하면, GDP에 대한 국가채무비율은 하락될 수 있다.

다시 말해 아직은 재정 당국의 균형 재정 의지와 지속적인 경제 성장만 있으면 국가 채무 문제는 해결 가능하다. 그러나 이런 기조가 향후 5년 이상 유지된다면 국가 채무 문제가 일본 꼴로 전락할 가능성이 높다는 점을 인식하고 적극적인 재정 세제 개혁을 서둘러야 한다.

[국민일보, 2007. 2. 27]

세금 늘리기로는 경제 살리기 어렵다

최근 정부가 발표한 2006년 세제개편안에 대한 우려의 목소리가 높다. 무엇보다도 서민과 중산층 가계의 세 부담만 지나치게 높였다는 것이 비판의 초점이다.

세제개편안에는 소주와 액화천연가스(LNG)의 세율 인상과 신용카드 소득 공제 인하, 주택자금 소득공제율 소득 공제 인하, 주택자금 소득공제율 범위 축수, 자경(自耕) 농지 양도소득세 감면 축소 등 제목만 보아도 서민의 부담이 크게 늘 수밖에 없는 내용들로 채워져 있다.

이러한 조치는 작년에 이어 올해에도 세수 부족 규모가 4조~5조원 정도로 예상되는 상황에서 내년에 안정적인 세수 확보를 위해서 불가피하게 선택한 고육지책(苦肉之策)으로 판단된다.

그러나 정부가 간과하고 있는 것이 국민들의 주머니 사정이다. 우리나라는 지난 3년간 경기 불황으로 대부분의 서민 가계는 잔뜩 위축되어 있어서 정부 사정보다 어렵다면 더 어려운 상황이라는 점이다.

물론 개편안 내용 가운데는 소주에 대한 주세율 인상 등과 같이 국제적 무역 기준에 맞추기 위한 부분, 연금 소득 공제 폭 확대 등 퇴직 연금 활성화를 위한 부분, 각종 감면제도의 폐지를 통한 조세의 투명성을 높이려는 노력이 없는 것은 아니다. 또한 세수의 감소 가능성이 큰 상태에서 국가 재정 기능의 유지를 위한 자구 노력을 전혀 이해할 수 없는 것도 아니다.

그렇지만 정부의 징세행위는 단기적인 정책 조정이나 단순한 세수 확보 이전에 국가의 총체적인 기능이 제대로 돌아가도록 하는데 기여하는 것이어야 한다.

지금 현재 우리 경제에 필요한 조세 개편의 방향은 침체된 경기를 활성화하는 것, 선진 경제 구조로의 이행을 촉진하는 것, 왜곡된 세정 구조를 바로잡는 것이어야 한다.

그런데 정부의 세제개편안은 위축돼 있는 서민 가계의 세 부담을 키움으로써 그나마 살아나려는 민간 소비 회복을 위축시키지 않을까 우려된다. 더욱이 세금 우대 종합저축 대상 축소, 주택자금 소득공제율 소득 공제 인하, 주택자금 소득공제율 범위 축소 등은 서민들의 저축 및 내 집 마련 노력을 더욱 어렵게 만들 것으로 보인다.

요즘과 같은 경기 불황기에 세수 부족 해법은 세수 확대 노력 이전에 불요불급한 정부 지출을 먼저 줄이는 것이 순서일 것이다. 참여정부 이후에 늘어난 공무원 수가 5만여 명이고, 이에 필요한 예산만 1조원이라고 하니, 이번 세수 개편안으로 확보하고자 하는 세수 증가액과 맞먹는 금액이다.

한편 정부는 중소 자영업자의 납세 편의를 내세워 새로운 간편 납세제도를 도입했다. 새로운 간편 납세제도 적용 대상 사업자가 아직 정해지지 않았지만, 현재 거론되고 있는 연간매출액 10억원 이하 사업자로 할 경우 법인은 총사업자의 60%, 개인 사업자는 98%가 간편 납세 대상이 된다. 자영자에 대한 세정이 혼탁해질 것은 자명한 이치다.

정부는 여기에다 그 동안 거래의 투명성 제고와 자영자의 세수 확대에 크게 기여한 것으로 평가되는 신용카드 소득 공제 한도도 축소할 것이라고 한다. 이는 그 동안 정부가 기울여왔던 왜곡된 세정 구조를 바로잡는 노력에 역행하는 것이다.

우리나라의 전체 결제에서 신용카드가 차지하는 비율은 40% 수준으로, 70%를 웃돌고 있는 선진국에 비해서는 아직도 낮다는 점, 자영자의 소득파악률이 여전히 50% 내외 수준이라는 점 등을 감안할 때 이러한 제도 개편은 시기상조로 보인다.

서민 가계의 부담을 가중시키는 것이 주요 내용인 이번 세제 개편안은 반드시 재고되어야 한다. 경기 활성화와 함께 국가 경쟁력 제고를 촉진하면서도 불안한 국민의 마음을 조금이라도 더 헤아리는 세제 개편안이 나오기를 기대한다. [문화일보, 2005. 8. 30]

정부기금 과감하게 정비하라

기획예산처가 평가단의 기금 존치 평가 결과를 국무회의에 보고했다. 현재의 공적기금 57개를 39개로 통폐합한다는 것이다.

이번 기금 평가의 원칙과 내용을 살펴보면, 자체 재원이 없거나 있다고 하더라도 재원과 사업 간 연계성이 미약한 기금 8개를 폐지하여 일반회계로 전환하고, 성격과 기능이 유사한 기금 시너지 효과를 높이기 위해 11개의 기금을 3개로 통합하며, 정부기금을 유지할 필요성이 없어진 기금 2개는 민간화 한다는 것이다.

국가의 재정활동은 일반회계, 특별회계 기금의 형태로 이루어지는데, 이 중 기금제도는 국가사업 중 독립성과 지속성이 필요한 부문의 효율적인 운영을 위해서 활용되어 왔다.

현재 정부기금의 규모는 285조원으로 일반회계의 2배에 이른다. 너무 비대할 뿐만 아니라 칸막이 식 기금 운영으로 국가 재정활동의 투명성을 흐리고, 자원의 낭비와 비효율을 초래하고 있다는 지적을 받아왔다. 더욱이 최근에는 기금 운용기관의 도덕적 해이 문제가 불거지기도 했고, 기금이 정부 부처의 쌈짓돈처럼 사용된다는 의혹의 눈길도 받아왔다. 기금의 이러한 문제점들 때문에 새 정부가 들어서고, 정부 효율화 문제가 제기될 때면 약방의 감초처럼 기금 정비는 개혁 대상의 일순위가 되어 왔다.

그 동안 1993년에 114개였던 기금이 1999년에는 76개, 현재는 57개로 꾸준히 축소 조정되어 오다가 이번에 다시 39개로 정비하겠다는 것이다. 이러한 기금 정비는 국가 재정 운영의 효율성과 투명성을 높인다는 차원에서 일단 바람직한 조치라고 할 수 있으나 몇 가지 해결해야 과제가 여전히 남아 있다.

첫째, 기금의 정비는 엄격한 기준과 원칙에 의해 일관성 있게 이뤄져야 한다. 기금평가단의 초안에는 보다 대폭적 기금 통폐합 안이 제시됐으나 부처와의 논의 과정에서 다수의 기금이 대상에서 제외된 것으로 알려지고 있다. 개선 안이 국무회의에 상정도 되기 전에 이런 식의 조정이 이뤄진다면, 관련 법안이 국회에 통과되는 과정에서 이러저런 이유로 유야무야되어 태산명동(泰山鳴動)에 서일필(鼠一匹) 식으로 되지 않을까 우려된다.

둘째, 수적인 구조 조정 못지않게 기금 운영 방법의 혁신이 필요하다. 기금의 여유자금은 칸막이 없이 통합적으로 운영될 수 있게 하여 정부 예산 운영의 효율성을 높여야 한다. 일반회계에서는 자금이 부족하여 차입하면서 기금 회계에서는 여유자금으로 자산 운영한다는 것은 잘못된 것이다. 따라서 사업 성격상 존속의 필요성이 있다 하더라도 국가 자금이 통합적으로 관리될 수 있도록 만들어져야 할 것이다.

셋째, 일반적인 국가사업을 위한 기금과 사회보험성기금은 성격이 근본적으로 다르므로, 평가 잣대와 규제관리 방법이 달라야 한다. 국민연금 기금과 같은 사회보험성 기금은 연금 가입자와 수급자를 위한 책임 준비금의 성격을 가지고 있으므로, 기금이 많다 하더라도 사실상 가입자에게 지급해야 할 부채이기 때문에 여유자금이 아니다. 따라서 사회보험성 기금에 대해서는 일반 기금과 다른 운영의 자율성과 책임성을 주되, 재정 건전성에 초점을 맞춰 감독해야 한다.

넷째, 최근 논의되고 있는 연기금의 부동산 및 주식시장 투자 허용은 빠른 시일 안에 매듭지어져야 한다. 사실, 연기금 가운데 여유자금을 많이 가지고 있는 국민연금 등은 이미 부동산 및 주식시장에의 투자가 허용돼 있다. 따라서 현재의 논쟁은 의미 없는 소모전에 지나지 않는다. 연기금의 투자 대상 확대 여부는 기금관리기본법에서 일괄적으로 규제할 사안이 아니라 개별 기금에서 각 기금의 성격에 따라서 결정해야 할 문제로 판단된다.

다섯째, 이번에 통폐합 대상에서 빠져 있는 기금도 단계적으로 정비 방안이 마련돼야 할 것이다. 이번 통폐합에서는 힘없는 기금이 우선적으로 포함되고, 덩치가 큰 기금들에 대해서는 평가가 미흡하다는 주장이 있다. 따라서 이번에 존치로 결정된 기금이라 하더라도 사업의 필요성에 대한 계속적인 평가가 필요할 것이다. 일반회계로 가야 할 것은 보내고, 민영화해야 할 사업은 민영화하고, 정리해야 할 사업은 과감하게 정비해야 할 것이다.

이번 정부기금의 통폐합 방안은 이제까지보다는 이제부터가 중요하다. 통폐합 방안을 구체적으로 입법화하고 과감하게 실행해야 하는 과정이 남아 있기 때문이다. 정부기금의 통폐합이야말로 정부가 솔선수범해야 할 개혁의 일순위이고, 작고 강한 정부의 출발점임을 인식해야 할 것이다. [문화일보, 2004. 9. 1]

고소득 전문직과 '노블레스 오블리주'

국정감사에서 고소득 전문직의 도덕성이 눈총을 받고 있다. 국민건강보험공단에 대한 2009년 국정감사 자료에 의하면, 지난 해 하반기와 올 상반기 의료기관·약국·공인회계사 사무실 등 전문직 사업장 1만 73곳을 조사한 결과 38%가 소득을 낮춰 신고한 것으로 드러났다.

그러나 사회보험료는 빙산의 일각에 불과하다. 기획재정부에 대한 국정감사 자료에 따르면, 고소득 전문직의 세금탈루률은 44.6%이다. 이에 대해 세금 납부를 유도하면 17조 7000억원을 더 신고할 수 있고, 소득세율 17%를 적용하면 약 3조원의 세금을 더 걷을 수 있다고 한다.

고소득 전문직의 세금 및 사회보험료 탈루는 어제 오늘의 일이 아니다. 국정감사의 인기 메뉴이기도 하지만 국세청이 세금을 걷기 시작한 이후 계속해서 지적돼 온 문제다.

물론 신용카드 사용이 늘어나고 현금 지출도 영수증을 받는 문화가 점차 활성화하면서 다소 줄어들고는 있다지만 근절되지는 않고 있는 것이다.

세금을 많이 내고 싶은 사람은 아마도 없을 것이다. 그리고 합법적으로 세금을 덜 내기 위해서 노력하는 절세행위를 탓할 일은 아니다. 그러나 고의로 소득을 낮춰 신고함으로써 탈세하는 행위는 정당하지 못하다.

특히 건강보험의 덕을 많이 보는 의사·약사가 건강보험료를 탈루하거나 체납하는 것은 모양새가 좋지 않다. 세법에 대한 전문 지식이 높은 변호사·회계사 등이 탈세를 하는 것 역시 눈살을 찌푸리게 한다.

자유 시장경제 체제 아래서 소득이 고르게 배분되지 않는 것은 불가피하다. 소득불평등도를 나타내는 지니계수 등을 보면, 경제·사회적 양극화 현상이 1997년 외환위기 이후 악화됐다가 크게 개선되지 않고 있다.

불평등한 소득의 재분배를 거론하기 전에 불평등한 사회일수록 소득의 차이는 정당성을 가져야 한다. 기회 균등까지는 가지 않더라도 정당한 절차와 정당한 노력에 의해 이뤄진 소득에 대해 배가 아플 수는 있지만, 비판을 하기도 어렵고 비판하는 것도 바람직하지 않다.

그러나 국가 기능을 유지하기 위해 담세 능력에 비례해서 조세를 부담하는 것은 국민으로서의 당연한 의무다. 따라서 조세 탈루는 비난을 피하기 어렵다.

우리 사회는 선진 외국에 비해 돈이 있어도 마음대로 쓰기 힘든 사회라고 한다. 비싼 아파트에 사는 것도, 외제차를 타는 것도 눈치 보이고, 골프를 치는 것도 부담스러운 경우가 많다. 이러한 풍조가 생기게 된 것은 부자들의 소득이 다소는 불로소득이고, 다소는 부정한 방법으로 이뤄졌다는 세간의 인식 때문이다.

과거 빠른 성장이 이뤄지던 개발 연대에는 이러한 부당한 소득 형성 과정이 일부 용인되기도 했다. 너나 할 것 없이 돈 벌기에 바빴고,

대부분 소득이 늘어나고 있었기 때문이다. 그러나 저성장 시대, 특히 불황기에 이러한 부당행위는 좀처럼 용인받기 어렵다.

전문직은 전문적인 지식으로 살아가는 사람이다. 갈수록 복잡다기해지는 사회에서 전문직이 있기 때문에 일반 국민은 좀 더 편하게 살아가고 있다고 볼 수 있다. 따라서 전문직이 각고의 노력으로 얻은 전문성을 근거로 하여 더 많은 소득을 얻는 것을 비판할 사람은 아무도 없을 것이다.

그러나 대부분의 전문직은 상위 20%에 속하는 사람들로서, 우리 사회를 이끌어가는 지도층이기도 하기 때문에 보다 높은 수준의 노블레스 오블리주를 기대하게 된다.

전문직은 단순히 높은 소득만을 목적으로 살아가지는 않는다. 전문직은 소득 못지않게 프라이드로 산다. 그러나 노블레스 오블리주에 기초하지 않은 프라이드는 더 이상 고상하지도 않고 자랑스럽지도 못하다. 사회보험료와 세금을 제대로 내는 것은 최소한의 의무이기도 하지만, 전문직의 명예이기도 하다는 사실을 잊지 말아야 할 것이다.

[문화일보, 2009. 10. 17]

최근 그리스의 국가 재정위기로 세계 금융시장이 다시 요동치고 있다. 그리스 재정위기는 방만한 재정 운영에서 비롯된 것이지만 보다 본질적인 문제가 있다.

미국도 금융위기를 겪었지만 광활한 국토와 자원 그리고 선진국 중 가장 젊은 인구 구조를 가지고 있기 때문에 유럽과는 사정이 다르다. 유럽은 선진(先進) 시스템은 가지고 있으나 자원이 풍부하지 못하고, 무엇보다도 늙어가는 인구 구조를 갖고 있다. 사회가 안정감은 있으나 경제적 역동성은 찾아보기 힘들다.

'요람에서 무덤까지'로 상징되는 유럽식 복지국가가 과연 지속 가능할 것인가 하는 의문은 1980년대 이후 유럽에서는 일상화된 질문이다. 유럽 국가들은 제 1, 2차 석유 파동을 거치면서 연금제도 등 제도 개혁을 이루고 과감한 역내 경제 통합을 이뤘다.

이로써 급한 불을 끄는 듯했으나 글로벌 경제위기 발생 이후 침체의 늪에서 빠져나오는데 더딘 속도를 보였다. 마침내 그리스 같은 약체 국가부터 파탄의 징후를 나타내고 있다. 지금으로는 유럽의 위기가 어느 정도까지 악화될지는 알 수 없지만, 유럽의 복지국가가 제2의 구조 조정을 요구받게 될 것이라는 점은 분명한 것 같다.

유럽과 비슷한 상황에 처해 있는 곳이 일본이다. 장기적인 경제 침체에서 벗어나지 못하고 있는 일본은 최근 20년간 빠른 인구 고령화를 겪어 왔고, 국가채무비율도 지속적으로 높아졌다.

문제는 우리나라가 미국보다는 유럽이나 일본의 전철을 밟을 가능성이 있다는 점이다. 일부에선 우리나라는 유럽·일본과 달리 잘 나가고 있다고 하지만, 현재의 우리나라 인구 구조는 근대화 이후 가장 양호한 상태라는 점을 간과해서는 안 된다.

아직은 노인인구비율이 11%에 불과하고 유년(幼年) 인구까지 감안하면 인구부양비율은 근대화 이후 가장 낮은 30%대 수준이다. 이런 최고 조건에서도 지난 10여 년간 평균 경제성장률이 5%에 미치지 못했다.

그렇다면 우리의 인구 구조가 유럽이나 일본보다도 더 노령화되면 미래가 장밋빛이 되리라 누구도 장담 할 수 없다. 우리나라는 2030년이 되면 세계 4위의 노인국가가 되고, 2050년이 되면 노인인구비율만 40%에 육박하여 세계 제1의 노인국가가 될 것으로 전망된다.

유럽 국가라고 모두 같은 위기 구조를 가지고 있지 않다는 점에 주목해야 한다. 상식과 달리 복지 지출 비율이 높다고 해서 재정적으로 취약한 것만은 아니다. 오히려 노인인구비율이 높은 나라일수록 더 위험하다. 현재 재정 취약성을 노출하고 있는 그리스·이탈리아·스페인 등의 국가는 유럽에서 노인인구비율이 높은 나라들이다.

반면 스웨덴·핀란드·덴마크 등은 복지 지출 비율은 높지만 건전한 재정 국가에 속한다. 이들 국가는 요즘 우리의 걱정거리인 저출산 문제도 심각하지 않고, 노동시장은 비교적 유연하면서 사회 통합도 높은, 그래서 국가 경쟁력이 항상 세계 상위권에 속하는 효율적인 국가들이다.

유럽 국가의 복지 재정을 비롯한 사회 시스템을 보다 냉철하게 비교 분석할 필요가 있다. 거기에서 우리의 미래를 지속 가능하고 효율적으로 만들 수 있는 길이 무엇인지를 엿볼 수 있다.

우리나라의 GDP 대비 국가채무비율은 40% 수준에 불과하다. 위기에 처한 남유럽 국가와 같이 100%를 넘는 수준은 아니지만, 인구 고령화 등으로 인한 재정 지출이 앞으로 급속히 늘어날 경우 우리나라도 위험해질 수 있다. 지금부터 긴장의 끈을 놓아선 안 된다.

[조선일보, 2010. 5. 27]

안전불감 사회에서 위험관리 사회로

어처구니없는 사고로 귀중한 목숨을 잃는 불상사가 또 발생했다. 해외 토픽으로 먼 나라 이야기로 들렸을 법한 '상주시민운동장 압사 사고'가 한국발 기사로 세계에 타전됐다. 부끄럽고 안타깝고 슬프고…, 만감이 교차하는 사고라 하지 않을 수 없다.

1인당 국민소득 1만 5000달러 시대에 일어난 이번 사고가 우리 사회에 울리는 경종은 무엇인가.

사건의 원인은 좀 더 조사해 봐야겠지만, 90년대 중반 우리 사회를 강타했던 서해 페리호 침몰, 성수대교 붕괴, 삼풍백화점 붕괴 등의 사고와 닮은꼴이라고 할 수 있는 안전불감증이 빚어낸 인재라고 봐야 할 것이다.

1990년대에 일찌감치 정리된 것 같은 유사 사고가 다시 발생했다는 점에서 문제의 심각성이 있다. 따라서 이번 참사를 단순한 우발적인 사고로 그냥 지나칠 게 아니라 선진사회로 나아가는 우리나라가 일종의 퇴행성을 보이고 있지는 않은지 철저하게 따져볼 필요가 있다.

먼저 사건이 누구의 책임인지와 함께 사고가 왜 발생했는지를 명확하게 규명해야 한다. 상주시와 MBC·경찰·이벤트사 등 이번 사고와 관련 있는 당사자들이 서로 책임을 회피하기에 급급할 게 아니라 이번 사고가 일어날 수밖에 없었던 프로세스를 하나하나 분석해봐야 한다.

다중이 모이는 공공장소에서의 사고 위험은 항상 예견될 수 있는 것이다. 그럼에도 불구하고 안전요원을 제대로 배치하지 않는 등 사전 대비를 소홀했다는 점은 대회 관계자의 안전불감증을 감지할 수 있는 대목이다.

우리 국민은 의외로 위험에 '용감'하다. 우리나라는 경제협력개발기구(OECD) 회원국 중 교통사고·산업재해 등에서 여전히 수위를 달리고 있다. 해마다 교통사고로 6000여 명이, 산업재해로 약 3000명이 목숨을 잃고 있다.

월남전 기간에 한국군 총 전사자가 4960명이었던 사실을 감안하면 거의 2배에 해당하는 아까운 목숨들이 매년 안전불감증으로 희생되고 있는 것이다.

그렇지만 안전을 위한 비용 지출에는 여전히 인색한 곳이 한국이다. 사고에 의한 사회적 비용은 실로 막대하다. 교통사고 비용은 15조 5000억원, 산업재해 비용은 12조 4000억원이라고 한다. 매년 28조원이 이들 재해에 의한 사회적 비용으로 지출되고 있다는 연구도 있다. 여기에는 물론 가족과 친지의 상실에 따른 정신적 비용은 포함돼 있지 않다.

더욱이 세계화가 가속화하면서 이러한 위험들도 글로벌화하고 있다. 하루가 멀다 하고 일어나고 있는 국제 테러, 사스(SARS·중증급성호흡기증후군)로 불리는 조류독감 등 대형 전염병, 생활 주변의 가스 사고, 지진이나 태풍 등 자연 재해들로부터 우리는 과연 안전지대에 있는지를 생각하면 우리가 너무나 많은 위험에 노출돼 있다는 사실을 깨닫게 된다.

우리 사회를 더 이상 이러한 위험들에 방치해서는 안 된다. 위험이 사고로 실현되면 이미 늦다. 위험은 위험 상태일 때 관리해야 한다.

문제는 위험관리 비용이다. 위험을 관리하기 위해서는 많은 비용이 소요된다. 그러나 위험관리 비용은 낭비로 인식되기 쉽다.

최근 미국 남부지방의 두 차례에 걸친 허리케인 피해는 예견된 위험에 대한 비용 지불을 미루다가 일어난 인재의 대표적인 유형이다. 만약 강한 비바람에도 견딜 수 있도록 댐시설 보강비용을 아끼지 않았다면, 그 비용의 수백 배의 피해액을 줄일 수 있었을 것이다.

이번 상주시 공연장 압사사고도 안전관리를 위한 비용을 무시한 결과라고 하지 않을 수 없다. 우리나라가 살 만한 행복한 나라가 되기 위해서는 안전한 사회가 먼저 이뤄져야 한다.

안전한 사회는 노력 없이 그냥 만들어지지 않는다. 그러나 안전을 위한 비용 지불로 대참사를 막을 수 있다면 비용 편익적으로 보면 편익이 확실히 클 것이다. 잘 보이지 않는 안전 편익을 위해 눈앞의 현실적인 비용을 지불할 수 있는 사회가 합리적이고 지혜로운 사회일 것이다.

이제는 안전에도 투자할 수 있는 여유가 필요한 시점이고, 이 여유가 사실은 행복의 길이라는 사실을 인식해야 한다.

[문화일보, 2005. 10. 5]

패러다임의 대전환이 필요하다

　우리나라의 사회보장 지출은 OECD 기준으로 GDP 대비 10% 선에 근접하고 있다. 그러나 이러한 복지 예산의 증가에도 불구하고 소득 분배 상태는 개선되지 않고 있다는 점이다.

　이는 현재의 복지정책이 고령화가 급속히 진행되고 있는 등 복지 수요는 폭발적으로 증가하고 있음에도 불구하고 과거의 복지정책을 단순 확대 재생산하고 있기 때문이다. 따라서 패러다임의 대전환을 통한 사회안전망의 체계적인 재구축이 필요한 시점이다. 이를 위해서는 크게 네 가지를 생각해 볼 수 있다.

　첫째, 각종의 사회적 위험으로부터 국민을 보호하여, 평생 건강하고 활력 있는 삶을 영위할 수 있도록 함으로써 사회적 생산성이 극대화하는 평생관리 체계를 구축하여야 한다.

　평생에 걸쳐서 개인의 적성과 능력에 따른 인력 개발 및 관리가 이루어질 수 있는 교육 및 훈련 시스템을 정비하고, 자유롭고 탄력적인 고용 시스템의 구축을 통하여 일에 대한 만족도와 효율성을 동시에 제고한다.

건강한 삶이 유지될 수 있도록 예방 및 보건 인프라가 구축되고, 질병 및 재해 발생시 최소한 경제적인 보장이 이루어질 수 있도록 한다. 한편, 각종 보건 및 복지 통합 서비스가 효과적으로 제공될 수 있도록 하여야 할 것이다.

둘째, 단순한 현금 급여의 제공보다는 스스로 자립할 수 있는 서비스를 우선적으로 제공하되, 노동이 단순히 복지 급여를 절약하는 수단이 아닌 삶의 보람을 증대시키는 것이 될 수 있도록 제공되어야 한다.

사회적 급여가 시설이나 기관 중심으로 제공되는 것을 지양하고, 개인에게 직접 제공함으로써 개인이 자유롭게 개인에게 필요한 서비스를 선택할 수 있게 하여 서비스의 질과 양이 시장에서 다양하게 제공될 수 있도록 하여 고용 창출 및 생산성 향상을 유발할 수 있도록 효율화하고 경쟁력을 높여야 한다.

사적으로 해결하기보다는 사회적으로 해결하는 것이 효율적인 분야에 대한 사회재(社會財)의 공급을 적극적으로 증대시켜 사회적 후생을 증대시킨다. 공공재가 직접적으로 제공되어야 하는 부문에 대해서는 '경쟁 및 책임 경영' 시스템을 도입함으로써 내부시장원리(internal market principle)를 강화하여 국가 자원을 효율적으로 배분하고 비용의 낭비를 줄여야 한다.

셋째, 각종 사회보장 시스템을 사회적 위험에 따라 재정립하여 중복적인 급여와 제도를 통합하여야 한다. 공급자 중심의 복지 서비스 제공의 틀에서 벗어나 수요자 중심의 '통합 서비스' 제공을 위한 '제도 간 연계 체계'와 One-stop-service 체계를 구축해야 한다.

이를 위해 노동보건복지제도·정책·조직을 통합적인(integrated) 시각에서 체계화하며, 서비스 행정의 효율성을 제고하고 수요자의 노동

보건복지 정보에 대한 접근 편의성을 향상하는 정보화 시스템을 구축해야 한다. 분립적인 관리 운영 체계를 과감하게 통합하여 비용 효과적인 서비스 전달 체계를 구축하고, 1층적 사회보장 시스템을 통합하고 2층적 사회보장 시스템은 집단과 직역의 특수성에 맞도록 지속 가능한 책임 경영 체계를 구축한다.

넷째, 복지에는 부담이 항상 동반함을 인식하면서 적정한 부담의 증가를 통하여 보다 효과적인 복지가 창출될 수 있는 분야를 중심으로 우선적으로 보편적인 복지 영역을 확보한다. 이와 함께 부담과 급여의 재분배 시스템을 정립하여 형평성과 평등성이 조화될 수 있도록 한다.

복지 증진에 필요한 재원은 개인과 정부, 노동자와 사용자가 공평하게 분담하여 복지 공조 체계를 구축하며, 중앙과 지방 간에 난립된 비용 부담 구조와 정부의 비효과적인 지원 체계를 정비하여 비용 효과적으로 재정립하여야 한다.

특히 복지가 개인의 자발성과 가족의 역할을 억제하지 않고 오히려 개인의 창의와 능력을 발휘할 수 있는 여건을 조성하고, 가정의 가족 부양 부담의 경감을 통하여 가정이 경제적 문제로 파탄하거나 불행하지 않도록 지원하는 복지 역할을 제고하도록 하여야 한다.

사회보장제도는 더 이상 특정한 취약 계층을 위한 제도가 아니다. 선별적·사후적·제한적 복지 개념에서 벗어나 보편적·예방적·종합적인 복지 체계를 구축하여야 한다.

자유 시장경제의 발전을 위해서는 노사정이 하나 되는 사회적 협력 체계의 기반이 있어야 하고, 이의 근간을 이루는 것은 제대로 된 사회 안전망의 구축이라는 점을 명확하게 인식해야 한다.

[복지타임즈, 2009. 4. 13]

경제 대통령 MB가 정권 초기부터 힘겨워하고 있다. MB의 성장 중시 경제정책은 안정을 해쳤다는 이유로 엄청난 공격과 질타를 받았다. 경제 효율성을 높이자는 공기업 민영화 논리는 집단 이기주의에 밀려 후퇴에 후퇴를 거듭하고 있다.

그 와중에 일반 국민 대상 국민연금은 지난 2007년에 대폭 삭감해놓고서는 공무원연금 등의 개혁은 뒷전이다. 소득세·재산세 등 감세정책도 비판 여론이 만만치 않다. 경제 글로벌화의 핵심인 한미자유무역협정(FTA) 국회 인준은 말도 꺼내기 힘든 국면이다. 경제를 살리기 위한 각종 정책들이 표류하고 있는 것이다.

국민들은 경제 대통령을 선택하고서는 경제를 살리려고 하는 대통령의 구체적인 정책에 대해서는 왜 번번이 반대하고 있는 것일까.

정권 외부에서는 최고경영자(CEO)의 리더십 부족, 청와대의 컨트롤타워(control tower) 문제, 초기 정책 대응의 실패 등을 문제로 지적하고, 내부에서는 유가 등 원자재 가격의 폭등, 국제 금융위기 및 경기 침체, 일부 세력의 선동 문제를 지적하고 있다.

물론 이러한 지적들 하나하나가 일리가 없는 것은 아니지만 보다 근본적인 원인은 경제 개혁에 대한 불안으로 판단된다. 국민들은 경제를 살려야 한다는 필요성은 인정하고 있지만 세계화와 경쟁 질서를 두려워하고 있다.

개혁 과정에서 생겨나는 구조 조정의 고통과 개혁 후 경쟁에서 도태됐을 때 낙오자로서의 삶이 부담스러운 것이다. 개혁이 성공하자면, 아니 제대로 추진이라도 하려면 이러한 불안 심리를 아우를 수 있는 제도적 기반의 마련이 전제돼야 한다.

선진국이 된 국가와 선진국의 목전에서 좌절한 국가의 가장 큰 차이는 물적 자본이나 인적 자본보다는 사회적 자본의 차이라고 지적하는 학자가 많다. 사회적 자본(social capital)이란, 사회 구성원들이 공동의 문제를 해결하는데 적극적으로 참여하는 사회의 신뢰 구조 혹은 네트워크를 말한다.

세계화와 자유주의 방향의 개혁에 대한 신뢰는 개혁의 정당성을 주장하는 미사여구로 만들어지는 것이 아니라 개혁에 따른 불안을 잠재우고 국민을 안심시킬 수 있는 구체적이고 실제적인 사회안전망의 구축으로 높아질 수 있는 것이다.

MB정부는 그 동안 경제 개혁만을 주장했을 뿐 이러한 개혁의 전제 조건에 대해서는 제대로 부각시키지 못했다.

우리나라는 외형상으로는 선진국 사회보장제도를 두루 갖추고 있는 것으로 보이지만 아직 뿌리는 내리지 못하고 있다. 최소한의 사회안전망이 군데군데 구멍이 나 있는 것이다. 따라서 MB정부는 경제개혁의 기치와 함께 복지 청사진도 함께 제시해야 한다. 무엇보다도 YS정부 이후 꾸준히 확대해왔던 복지제도를 성장과 선순환 할 수 있도록 재구조화해야 한다.

올해부터 실시된 65세 이상 저소득 노인에게 지급되는 기초노령연금과 치매·중풍 노인의 간병을 국가가 지원하는 노인장기요양보험을 안착시켜야 한다. 지난 정부에서 미흡했던 장애인 소득 보장 및 요양 보장도 결론을 내야 한다. 보육도 국가와 가족 간 책임의 균형점을 조속히 찾아야 한다.

건강보험은 보장과 재정 안정 사이에서 적정선을 모색해야 한다. 구조적 실업에 대비한 고용보험의 기능 점검과 재해 예방에 맞춘 산재보험 재설계도 필요하다. 공무원연금 등 특수직역 연금은 지속 가능한 구조로 바뀌어야 한다.

사회보험료 징수 통합도 어떠한 형태로든지 매듭을 지어야 하고, 복지 전달 체계는 효율적 구조로 변화해야 한다. 전자 바우처 방식의 사회 서비스도 실험을 마치고 확산 여부를 결정해야 한다. 산적한 사회정책 과제를 해결하기 위해서는 심도 있는 광범위한 연구가 진행돼야 하고 국민 합의도 긴요하다.

경제 개혁이 성공을 거두기 위해서는 복지 개혁도 함께 가야 한다. 선진 일류국가는 경제가 크고 강한 국가일 뿐 아니라 온 국민이 인간답게 잘사는 국가여야 모든 국민이 개혁에 동참할 수 있을 것이다.

[서울경제, 2008. 8. 5]

사회보험, 관리 효율성 높여야

산재보험·건강보험·국민연금·고용보험 등 이른바 4대 사회보험 제도에서 관리비용의 적정성 여부에 관한 문제가 제기되고 있다.

2005년 예산 기준으로 사회보험 관련 비용을 보면 43조원의 보험료 수입 규모에 직원 1만 8045명이 예산 1조 9009억원을 사용하고 있고, 사회보험료 수입 대비 관리비용의 비율은 4.4%이다.

이는 민영보험의 사업비 비율(15~30%)에 비하면 낮지만, 강제 보험으로서 마케팅 비용이 크게 필요하지 않은 특성을 고려하면 적지 않은 수준이다.

사회보험제도는 최근의 경제적·사회적 여건 변화로 심각한 도전과 함께 한계에 직면하고 있다. 무엇보다도 인구 고령화가 빠르게 진행되고 있고, 국민의 복지 욕구는 폭발적으로 증가하고 있는 반면 경제성장률은 둔화되고, 정부 재정은 적자 구조에서 벗어나고 있지 못하고 있다.

또한 사회보험 비용은 크게 증가되고 있지만, 사회보험의 사각지대는 축소되고 있지 않아서 사회보험이 역할을 제대로 하고 있지 못하다는 비판의 목소리가 높아지고 있다.

비효율 탓 민간보험 도입 주장도

우리나라의 사회보험제도는 선진국에서 발전된 제도를 대부분 발전적으로 차용하여 왔다. 개별 제도로 보면 급여 구조에서나 비용 구조 측면에서 외국과 비교할 때 갖출 것은 모두 갖추고 있는 완성도가 높은 제도이지만, 수요자인 국민의 입장에서 볼 때 다양한 욕구를 충족시켜주지 못하고 있다.

개별 제도에서는 각 제도에서 발생하고 있는 문제점을 해소하기 위하여 다각적인 노력을 하고 있지만 한계성을 탈피하지 못하고 있다.

특히 최근에는 사회보험의 민영화 혹은 경쟁 체제 도입의 필요성 등의 주장이 나오고 있다. 과거에는 보험에 '도덕성 해이(moral hazard)' 혹은 '역선택(adverse selection)' 문제 등이 있어 이러한 영역에 대한 민간보험회사의 진입은 민간보험회사의 입장에서도 이익이 불확실한 상태였다.

그러나 이제는 이러한 불확실성 요인에 의하여 발생할 수 있는 보험시장 실패 요인을 제어하는 기법들이 개발됨에 따라 사회보험 고유 영역을 명확하게 구분하기 힘들어지고 있는 것이다.

우리나라에서도 산재보험의 경쟁 체제 도입, 건강보험의 비급여 부분에 대한 민간보험 도입, 공적연금의 3층 보장 체계로의 이행 등 사회보험 자체를 변화시키는 요인들이 하나씩 제기되고 있다.

이러한 상황에서 사회보험의 관리 효율성을 스스로 제고시키지 않으면, 민간보험회사에 의하여 타율적으로 시장이 잠식될 수밖에 없는 상황이다. 더욱이 우리나라의 경우 사회보험에 대한 정부 지원이 미미하기 때문에 관리 운영이 공공 부문에서 일반적으로 나타나기 쉬운 비효율성을 노정시킬 경우 사회보험 존재 자체에 대한 회의가 대두될 수 있다.

이제 사회보험도 더 이상 배타적 독점 영역으로 보호받지 못한다는 인식 위에서 사회보험 자체의 효율성 제고를 위한 노력이 필요하며, 이는 사회보험제도 간 연계와 통합에 의하여 가장 효과적으로 달성할 수 있다고 판단된다.

이러한 자발적인 개혁이 있을 때 사회보험 영역에 대한 민간보험회사의 진입은 명분과 실리 모두가 없어지게 될 것이다.

4대 보험 간 연계·통합 필요

물론 관리 운영 체계를 하루아침에 바꿀 수는 없을 것이다. 그리고 변화의 과정에서 많은 아픔이 있을 수 있다. 그러나 아직은 성장하고 있는 조직들이기 때문에 변화와 발전이 가능하다. 조직이 완전히 고착되고 나면 변화 자체가 불가능하다. 이러한 한계는 선진국의 고착된 사회보험 체계에서 많이 볼 수 있다.

우리나라의 사회보험이 전 국민의 사랑을 받는 제도로 발전되기 위해서는 제도가 완전히 뿌리내리기 전에 굽어진 조직은 펴지게 하고, 쓸모없는 가지는 과감히 잘라내는 과정이 필요하다. 이는 부처 간 이해, 조직 간 이해의 벽을 넘어 어떻게 제도 개혁 논의를 점화시키느냐에 달려 있다. [한국일보, 2005. 12. 12]

사회보험 통합 징수 성공하려면

건강보험·국민연금·산재보험·고용보험 등 4대 사회보험의 보험료 징수를 국세청 산하 징수공단으로 통합하는 방안이 추진되고 있다고 한다.

그 동안 동일한 대상자에 대해 유사한 보험료를 4대 보험이 따로따로 징수하는 것이 비효율적이고, 보험료 원천 징수 대행 의무를 지고 있는 사업주에게도 부담을 가중시킨다는 비판을 받아온 점을 고려할 때, 이번 정부 방침은 개혁다운 개혁의 하나로 받아들여지고 있다.

1998년에도 사회보험통합추진기획단을 만들어 통합 방안을 논의했지만, 이해 당사자의 반발로 무산된 경험이 있다. 따라서 통합이 성공하기 위해서는 국민 공감대를 형성하려는 노력이 필요하다.

사회보험제도를 좀 더 깊이 들여다보면 통합의 필요성이 훨씬 높아진다. 장애와 관련해 산재보험에서는 장해연금, 국민연금에서는 장애연금으로 운영된다.

장애 등급 기준도 다르다. 근로자가 일을 하다 병이 나면 산재보험에서는 원래 앓던 병이라고 주장하면서 건강보험에 떠밀고, 건강보험은 근로 과정에서 발생한 재해라고 산재보험에서 해결하라고 한다.

비슷한 상황인데도 어떤 사람은 산재보험과 국민연금 혜택을 다 보기도 하고, 다른 사람은 어느 쪽에서도 도움을 받지 못하는 경우도 있다. 제도가 따로 놀다 보니 급여가 중복되고 충돌하는 것이다.

4대 보험이 가입자 관련 자료를 연계한다고는 하지만 제대로 되지 않아 국민연금에서 소득을 높게 신고한 사람이 건강보험에서는 소득을 숨겨 체납보험료를 탕감 받는 엉터리 같은 일이 벌어진다.

우리나라는 비정규직과 영세자영자 비중이 크고, 인구 고령화 등으로 복지 수요가 급증하고 있다. 지금처럼 제각각의 조직으로는 국민의 수요를 따라갈 수가 없다. 따라서 이번 기회에 사회보험의 틀을 바꾸는 방안을 검토해야 한다.

정부의 방침대로 징수 조직을 단순히 통합하는 것보다는 급여 조직까지 완전 통합하고, 급여제도도 가입자 위주로 개선하는 게 국민만족도를 높일 수 있다.

98년에는 국민연금과 고용보험을 시행한 지 얼마 안 돼 통합을 논하기에는 시기상조였던 면이 있었지만, 지금은 사회보험을 둘러싼 대내외 여건이 통합을 요구하고 있다. 만약 징수 조직만 합한다면 국세청의 소득세 징수와 연계 및 통합도 함께 고려돼야 할 것이다.

선진국에서는 사회보험료 징수를 국세청이 하는 경우가 많다. 사회보험료가 성격상 조세와 크게 다르지 않기 때문에 사회보험료와 조세를 다른 기관에서 걷을 필요성이 점차 없어지고 있다.

물론 현행 국세청 조직으로는 사회보험료를 징수하기에 역부족이라 할 수 있으므로, 기존 사회보험공단의 징수 조직과 국세청 조직의 통합관리가 필요하다.

마지막으로 사회보험 통합이 단순히 인력 감축이나 구조 조정 차원에서 이뤄져서는 안 된다. 앞으로 노인수발보험과 근로장려세제(EITC)를 새로 도입하려면, 5인 미만 사업장이나 비정규직 근로자에 대한 관리를 강화해야 하고 이를 위해서는 인력이 많이 필요하게 된다.

사회보험 통합으로 줄어드는 인력을 이러한 제도 발전과 서비스 개선에 투입한다면 추가 비용을 최대한 절감하면서 사회보험 종사자의 고용 불안을 최소화할 수 있을 것이다.

이러한 측면에서 노동조합도 반대보다는 제도의 혁신 과정에 적극 동참하는 자세가 필요하다. 지금처럼 조직이 따로 가면 유휴 인력 때문에 구조 조정의 불안이 사라지지 않을 것이다. 사회보험의 경쟁력 확보만이 가장 확실하게 일자리를 보장할 수 있다.

사회보험제도의 주인은 정부나 공단이 아니라 가입자이고 수급자인 국민이라는 점을 인식할 때 사회보험의 발전 방향은 보다 명확하게 될 것이다.

이번 징수 통합 논의는 온 국민을 하나로 통합할 수 있는 지속 가능한 사회보장제도 정립의 시작일 뿐이다. 이번 제도 개선을 계기로 사회보험이 참으로 국민에게 신뢰받고 사랑받는 제도가 되기를 기대한다. [중앙일보, 2006. 8. 23]

사회보험 관리 체계 개혁 미뤄선 안 돼

　정부는 2009년부터 국세청 산하에 사회보험징수공단을 설립해 사회보험료를 일괄적으로 거두겠다고 한다. 그 동안 국민연금·건강보험·산재보험·고용보험 등 이른바 4대 사회보험 관리와 관련, 각 제도를 관장하는 공단에서 개별적으로 징수하면서 효율성과 형평성·편의성 측면에서 문제가 있다는 지적을 받아왔다.

　사회보험료는 부과·징수 방법이 국세청의 소득세와 대동소이하고, 대상자도 거의 중복되는 데도 불구하고 각 공단이 따로 소득을 파악하고 보험료를 부과·징수하는 것은 누가 봐도 비효율적임을 알 수 있다.

　가까운 예로 수도·전기 요금은 관리하는 곳이 다르지만 통합 고지·징수되고 있다. 하지만 이러한 개혁 작업이 제대로 추진될지에 대해서 벌써부터 비관적으로 보는 이들이 많다.

　왜냐하면 지난 1999년 DJ정부 초기 서슬이 퍼렇던 시기에도 사회보험통합추진기획단이 구성되어 통합 방안이 구체적으로 논의되었지만, 이해 당사자의 반발로 유야무야로 끝난 경험이 있기 때문이다.

사회보험제도는 복지부와 노동부 등 2개 부처, 3개의 공단이 관련되어 있고, 2만 명의 인력과 2조원의 예산이 관리 운영에 투입되고 있다. 당연히 이해관계가 매우 복잡하게 얽혀 있다. 따라서 통합 논의는 매우 민감하게 될 수밖에 없어 강한 부처 및 조직 장악력이 필요하지만, 정권 후반기라는 시기적인 제약이 엄존한다.

우리나라는 급속한 인구 고령화와 세계화로 인한 경쟁 격화로 사회적 위험이 급증하고 있어 복지 지출의 증가는 피할 수 없는 사정이다. 그러나 복지 지출을 감내해야 할 경제는 저성장의 늪에서 벗어나지 못하고 있어 증세를 통한 재원 조달은 한계에 부딪혀 있다. 따라서 복지 시스템의 효율성 제고를 통한 예산 절감으로 복지 수요의 증가에 대응하는 것이 시급한 실정이다.

특히 사회보험은 관리 인력의 절반 이상이 보험료 징수에 매달려 있기 때문에 부과 징수 체계의 통합만으로도 관리비용을 크게 줄일 수 있을 것으로 예상된다.

그러나 보다 효과적인 개혁이 되기 위해서는 정부의 통합징수안에서 한 발 더 나아가 사회보험료 징수 업무만이 아니라 국세청의 조세 징수 업무와의 통합도 함께 고려되어야 한다.

선진국에서는 별도의 징수 공단 없이 사회보험료 징수 자체를 국세청이 직접 하는 경우가 많다. 사회보험료가 그 성격상 조세와 크게 다르지 않다는 점에서 사회보험료 징수와 조세 징수를 독립적인 것으로 전제할 필요성이 없어지고 있는 것이다.

조세 징수시 사회보험료를 덧붙여 거둘 경우 통합징수공단 조직을 신설하지 않고도 보험료 징수가 가능하다. 이 경우 통합징수공단 신설에 따른 비용 부담을 우려하는 시각도 일소할 수 있다.

한편 보험료 부과 징수 업무가 국세청으로 위탁될 경우, 현재의 사회보험공단 조직은 정보통신(IT)의 발전 등 새로운 기술 환경의 발전에 부합하면서 국민의 다양한 서비스 욕구를 충족시킬 수 있는 구조로 개편되어야 한다.

현재의 사회보험 운영 체계는 전문화된 서비스를 제공하기에는 미흡하고, 과거의 제한된 업무만을 처리하기에는 너무 비대하다는 지적을 받아왔다.

보험료 징수 등 단순 반복적인 업무는 통합 일원화를 통해 신속 간편하게 처리하고, 국민 건강 및 안전관리, 고용 안정 및 소득관리 등 다양한 사회적 서비스가 필요한 영역들에 대해서는 보다 밀착된 고급 서비스의 제공을 통해 수요자 중심의 운영 체계로의 전환이 요구된다.

[서울신문, 2006. 11. 1]

사회보험 징수 통합 교통정리를

국민연금과 건강보험 등 사회보험료 징수 통합과 관련하여 의견이 분분하다.

정부는 사회보험료를 국민건강보험공단 중심으로 통합 징수하는 것으로 가닥을 잡고 추진하고 있는 것으로 알려졌지만, 최근 두 개의 의원 입법안이 국회에 제출되어 혼선이 빚어지고 있다. 당초 정부안과는 별도로 국세청 산하의 징수공단신설안이 제출된 것이다.

현재 우리나라 4대 사회보험의 관리비는 2조원 내외로 추정되고 있다. 사회보험 운영에 투입되는 인력만 해도 2만 명 선에 이르고, 이들의 절반가량이 적용 징수 업무에 매달려 있다. 직장 가입자의 경우 적용 대상이 거의 동일한 데도 각 공단에서 개별적으로 징수하고 있다.

보험료 부과 기준도 제각각이다. 국민연금과 건강보험은 과세대상 소득 기준을 사용하고 있는 반면, 산재보험과 고용보험은 임금총액 기준을 사용하고 있다.

또한 기업이 부담하고 있는 사회보험 관련 행정관리 업무도 적지 않아 특히 중소기업주의 불만의 대상이 되어 왔다. 따라서 이러한 문제를 해소하기 위한 대안으로서 사회보험료의 징수 통합 방안이 제기되어 왔던 것이다.

부과 기준 일원화와 통합 징수

4대 사회보험 적용 징수 통합과 관련된 논란이 새삼스러운 것은 아니다. 국민의정부 시절인 1999년에 사회보험통합추진기획단을 구성하여 사회보험제도의 효율성·형평성·편의성을 제고하려는 시도가 유야무야 된 이후 2006년에 사회보험료징수공단설립안이 제기됐다.

국세청 산하 사회보험료징수공단설립안은 건강보험공단·국민연금공단·근로복지공단 등 3개 공단에서 각각 징수해왔던 사회보험료 부과 기준을 일원화하고 통합 징수함으로써, 효율성 제고와 함께 보험료를 납입하는 기업의 편의성을 높여주자는 취지에서 추진되었다.

물론 사회보험료징수공단의 인력은 기존의 각 사회보험 공단 인력의 재배치를 통해 이루어지겠지만, 사회보험료징수공단 본부와 100여 개의 지부·지사 운영을 위해서는 엄청난 경상비용 증가를 동반하게 되는 것이다.

징수 통합을 위해 새로운 거대 공단을 만들어야 한다는 구상은 노동조합 등 이해 관계자의 반발도 거셌지만, 효율성 측면에서 비판을 받아오다가 여야 간 국회 내 상임위 간에 의견 대립으로 폐기됐다.

선진국의 경우 새로운 공단의 설립 없이 국세청이 소득세와 사회보험료를 함께 징수하거나, 한 개의 보험기관에 위탁하여 통합 징수하거나, 사회보험관리 자체를 하나로 통합하여 운영하고 있다.

사회보험료는 그 성격상 조세와 동일한 구조를 가지고 있으므로, 사회보험료는 국세청에서 통합 징수하는 것이 가장 바람직하다. 그것이 어렵다면 기존의 사회보험공단 중 한 곳에서 일괄 징수하는 방안이 적절하다. 국세청이 통합 징수한다는 것은 별도의 거대 공단을 신설하는 것과는 크게 다른 것이다.

건강보험 인프라 그대로 사용

이명박정부에서는 참여정부 통합 방안의 문제점을 개선하면서 원래 취지를 살리는 대안으로 국민건강보험공단에 사회보험료 징수를 위탁하는 방안을 마련하고 추진 중에 있다.

국민건강보험공단은 가입 대상 범위를 사실상 전 국민을 대상으로 하고 있기 때문에 포괄 범위가 가장 넓고, 현재의 건강보험공단 징수 인프라를 그대로 사용할 수 있는 장점이 있다.

이제는 10년을 끌어오던 징수 통합과 관련된 논란을 마무리하고, 국민을 위한 사회보험 서비스의 개발을 위해 지혜를 모아야 할 시점이다. [내일신문, 2008. 11. 20]

기업은 좋은 일자리 만들고
국가는 노사 유연성 해결하라

소득이 높고 안정성 높은 일자리 창출이 관건

경제 회복으로 좋아지던 고용시장이 2009년 연말 두 달 간 주춤하고 있다. 그러나 경제성장률이 4~5% 수준으로 회복하면 고용도 회복될 것으로 보인다.

고용정보원의 전망에 의하면 취업 인구가 20만 명가량 증가할 것으로 내다보고 있다. 이는 상당 부분 회복 국면을 보이는 것이지만 충분하지 않은 것이 문제이다. 정부는 새해 벽두부터 일자리 창출을 국정 최우선 과제로 두고 백방으로 노력하고 있지만, 획기적인 묘안이 만들어지는 데는 시간이 필요한 상황이다.

사실 고용 없는 성장 문제는 2009년 한 해의 문제만은 아니다. 1997년 금융위기를 계기로 기업 구조 조정과 대량 해고가 이루어지는 과정에서 본격화 되었다.

우리나라가 노동력 부족국가인지 노동력 잉여국가인지도 명확히 해야 한다. 이 부분에 관한 한 불명확한 것이 사실이다.

고령화사회와 저출산을 이야기할 때는 노동력 부족국가라는 전제 하에서 하고, 청년 실업이나 여성 실업, 중·고령층 실업 등을 이야기할 때는 일자리 부족이 문제가 논의된다면 정책은 중구난방으로 빠지기 쉽다. 국가는 우리나라의 적정 인구가 얼마가 되어야 하는지, 사람들이 어디에서 어떻게 먹고 살게 할 것인지 등에 대하여 비전을 가지고 대책을 강구해야 한다.

청년층에게 필요한 좋은 일자리와 중·고령층 등을 위한 생계형 일자리의 우선순위도 고민해야 한다. 경기가 불황일 때는 생계형 일자리 제공이 관건이라면, 경기가 정상화되는 상황에서는 소득이 높고 안정성도 높은 좋은 일자리를 많이 만드는 것이 관건이다.

베이비 붐 세대가 비운 일자리, 청년 일자리로 대체 효과 가능

노동시장 전망을 해보면 기술 진보와 노동생산성 증가로 일자리는 계속 감소될 것이고, 글로벌 경쟁 강화로 노동절약적 경향을 부정할 수도 없다. 그나마 다행이라면 출산율 감소로 중장기적으로 일자리 수요도 감소된다는 점이다. 향후 20년간 베이비 붐 세대가 노동시장을 순차적으로 빠져나갈 것이고, 10년 이후에는 출산율이 감소된 인구계층의 노동시장 진입이 시작된다.

올해부터 베이비 붐 세대가 본격적으로 은퇴하기 시작하는 시점이다. 따라서 베이비 붐 세대가 남기고 간 빈자리를 청년층이 진입할 수만 있다면, 청년 실업 문제가 구조적으로 해결될 수 있는 가능성이 있다. 그러나 대기업들이 베이비 붐 세대가 차지하고 있던 일자리를 비정규직 일자리로 전환할 경우에는 이마저 어렵게 된다.

일본의 경우 베이비 붐 세대인 '단카이 세대'가 은퇴하면서 청년 실업 문제가 일시적으로 완화된 경험을 가지고 있다.

최근 베이비 붐 세대의 은퇴와 관련하여 정년 연장 등이 논의되고 있으나 베이비 붐 세대가 자연스럽게 비운 일자리가 청년 일자리와 trade-off 관계에 있다는 점을 상기할 필요가 있다. 일자리가 한정되어 있다면 결국 선택의 문제가 남는다는 것이다.

서비스 일자리가 대안

지난 해는 경제가 어려워 고용 사정이 좋지 않았다 하더라도 경제가 회복되는 금년에는 취업 전선에 희망이 보여야 한다. 그러나 경제가 성장하는 만큼 일자리가 함께 늘어나지 않는 구조가 문제다.

한국은행이 발표한 2007년 고용지표에 따르면, 특정 산업 부문에서 10억원의 생산이 늘어날 때 해당 산업을 포함해 전 산업에서 직간접적으로 유발되는 취업자 수를 의미하는 전산업취업유발계수는 2000년 18.1명에서 2007년 13.9명으로 줄었다.

특히 제조업의 취업유발계수는 13.2명에서 9.2명으로 크게 감소했고, 수출의 취업유발계수는 2000년 15.3명에서 2007년 9.4명으로 감소했다. 우리 경제의 견인차인 제조업과 수출 부문의 일자리 창출 능력이 떨어지고 있는 것이다.

반면에 서비스업의 취업유발계수도 하락하고는 있지만 18.1명으로 제조업의 두 배 수준에 이른다. 그렇지만 서비스업의 취업유발계수가 높은 것은 서비스업이 제조업에 비하여 생산성이 낮은 것이 주원인이므로 서비스업 진흥만 외칠 일도 아니다.

서비스업 일자리 중 그 자체가 생산적인 전기·통신·금융·운수 영역은 매우 한정적이고, 대부분의 서비스 일자리는 제조업의 성장이 전제되어야 늘어날 수 있는 일자리인 점을 유념할 필요가 있다. 서비스 선진화를 통한 일자리 창출은 약간의 고소득 일자리를 증가시킬 수는 있어도 근본적인 대책은 되지 못한다.

전통적 서비스 부문도 살아남을 수 있도록 지원책을 강구해야 한다. 대기업 대자본이 유통시장까지 잠식하는 것은 적절히 통제되어야 한다. 동네 음식업이나 동네 슈퍼마켓, 미용실 등과 재래시장에 대한 보다 적극적인 정책이 마련되어야 한다.

산업별로 볼 때 보건 및 사회복지사업의 취업자 증가율이 두드러진 점도 주목할 필요가 있다. 보건복지부 자료에 따르면, 보건 및 사회복지사업 취업자 수는 2008년 10만 2000명, 지난 해 11월은 15만 6000명으로 취업유발계수는 사회복지 서비스가 32.7, 의료 및 보건 분야가 16.7이다.

이는 2008년 노인장기요양보험제도 도입과 사회 서비스 일자리 증가 등에 기인한 것으로, 이러한 보건복지 부문 취업자는 인구 고령화가 심화됨에 따라 계속적으로 증가할 것으로 전망된다. 그렇지만 보건복지 부문 일자리 중 상당 부분은 조세나 사회보험료에 의존한 공공 부문에서 발생하고 있다는 점에서 한계를 가지고 있다.

청년 실업, 좋은 일자리 필요

고령화와 복지 수요 증가에 따른 보건복지 서비스 일자리의 증가는 당분간 지속될 것으로 판단된다. 그렇지만 보건복지 서비스 일자리 중 상당수는 수발(care)과 관련된 것이다.

이들 일자리에 대한 보상 수준은 높지 않은 상태이므로, 일자리 증가에도 불구하고 좋은 일자리가 되기 어려운 측면이 존재한다. 이러한 일자리가 좋은 일자리가 되기 위해서는 무엇보다도 종사자의 임금 혹은 처우를 개선하는 것이 필요하다.

청소년들의 새해 희망으로 '취업'이 1순위가 된 것은 2010년 만의 일은 아니다. 청년들이 원하는 일자리는 좋은(descent) 일자리이다. 좋은 일자리란, 소득 수준도 높아야 하지만 직업의 안정성이 우선이다. 대한민국에서 좋은 일자리는 공무원·공기업·대기업 그리고 일부의 고소득 전문직이지만, 이들 일자리 수는 매우 한정적이고 하늘의 별따기다.

제 때 일자리를 찾지 못할 것으로 우려한 청년들은 졸업을 늦추거나 대학원에 진학해 노동시장에의 진입을 늦추고 있다. 졸업 후 한참 동안 일자리를 구하지 못한 청년들 중 일부는 아예 구직을 포기한 경우도 속출하고 있다.

좋은 일자리를 찾지 못한 일부는 프리타로서 시간제 비정규직에서 그날 벌어 그날 먹고 사는 희망 없는 생활을 하기도 한다. 그리고 일부는 그나마도 거의 아무것도 하지 않고 부모에 기대어 살아가는 소위 니트족 혹은 캥거루족도 있다.

취업에 대비해 열심히 공부하라고 다그치지만 모든 취업 예비군이 열심히 해도 공급 초과된 노동시장에서는 일자리가 없는 사람은 있기 마련이다.

대학 진학률이 85%를 웃도는 상황에서 대학 졸업생들의 일자리에 대한 눈높이도 높아질 것은 당연하다. 좋은 일자리를 찾는 상황에서 눈높이를 낮추라고 하기에는 쉽지 않다.

우리나라의 실업자 수를 약 90만 명 정도라고 할 때, 중소기업 등에 취업된 외국인 근로자 수 100만 명과 비슷하다. 실업자들이 외국인 근로자가 일하는 자리에 들어가면 실업 문제가 해결된다. 그렇지만 외국인들이 채우고 있는 일자리 대부분은 청년들이 꺼리는 3D(Dirty, Dangerous, Difficult) 업종이다. 미스 매칭 문제가 존재하는 것이다.

노동시장이 완전히 유연화 되고 동일노동 동일임금이 관철되는 시장이라면, 직장의 이동이 잦아져도 좋은 일자리 문제가 오늘날 대한민국만큼 심각하지는 않을 것이다.

기득권을 가진 근로 계층은 좋은 일자리를 차지하고 있는데 반해, 신규 진입층이나 퇴출층에게는 불안정한 일자리만 주어지기 때문에 문제가 되는 것이다. 잘 나가는 대기업 생산 현장에서 나타나고 있는 정규직, 비정규직, 하청업체 파견직 간에 벌어지는 임금 차이는 분명히 차별이다.

일자리 대책에는 선택이 요구

고용 문제의 해법으로서 일자리 나누기(work sharing)는 유럽 복지국가를 중심으로 추구되어 왔던 정책이지만 근본적인 해결책은 되지 못한다. 노동시간 단축은 일자리 나누기의 수단 중 하나이다. 근로자 수는 늘어나지만 국가 전체적으로 노동시간 총량이 늘어나는 것은 아니기 때문이다.

좋은 일자리 대책과 생계용 일자리 대책은 구분하여 접근하는 것이 필요하다. 기존에 좋은 일자리로 분류되는 공무원·공기업 일자리를 늘리기가 어렵다면, 결국 기업에서 좋은 일자리를 만들어낼 수밖에 없다. 문제는 경직적인 노사 관계 하에 기업들이 신규 채용을 꺼리고 있으므로, 이를 어떻게 풀어주느냐는 순전히 국가의 몫이다.

시장경쟁적 일자리와 자급자족적 일자리에 대한 구분도 필요하다. 시장경쟁적 일자리는 좋은 일자리로 경쟁이 필요하다면, 자급자족적 일자리는 경쟁이 필요하지 않는 일자리이다. 때문에 시장경쟁적 일자리는 기업이 중심이 되어 창출하면 되지만, 자급자족적 일자리는 정부가 예산이나 규제 등으로 적절히 조절하여야 한다.

공공 부문 구조 조정과 좋은 일자리 감소 문제도 함께 검토되어야 한다. 공공 부문의 효율성 제고는 조세 등 국민 부담의 감소와 직결된다. 이는 민간 투자와 민간의 일자리 증가를 촉진한다는 점에서는 맞지만, 얼마 있지도 않은 좋은 일자리가 줄어드는 효과에 대한 입장 정리가 있어야 한다. 결국은 속도가 문제가 될 것이다.

해외로 나가는 일자리, 국내의 외국인 일자리를 어떻게 우리 국민의 일자리로 만드느냐 하는 것이 관건이다. 그러나 이미 고임금 국가 입장에서 이를 뒤로 돌린다는 것은 쉽지 않다.

기업이 국내에 머물 수 있도록 하기 위해서는 감세와 규제 철폐 등으로 과감한 투자 유인을 제공해야 한다. 외국인 근로자 정책도 좀 더 명확히 해야 한다. 정책이 갈팡질팡하는 사이에 사회 문제는 더욱 심화되는 것이다.

궁극적으로 내수 확대가 관건

고부가가치의 제조업과 수출에서 발생한 경제적 잉여가 서비스업과 내수로 환류될 수 있도록 여건을 만들어주어야 한다. 우리나라는 알다시피 대외의존도가 매우 높은 국가에 속한다.

일본과 중국은 수출을 많이 하는 국가이지만 우리나라만큼 대외의존도가 높지는 않다. 취업 유발 효과가 높은 내수가 강화되지 않으면 일자리 문제도 한계에 봉착한다. 대한민국이 생산의 공장도 되어야 하지만 소비의 천국도 되어야 한다.

사교육비 부담을 이유로 사교육시장에 대한 제재가 강화되고 있지만, 그나마 돈이 있는 계층이 돈을 막 쓰는 곳이 교육시장이다. 이를 통하여 교육 서비스로 먹고사는 사람이 많은 상황에서 이마저 못쓰게 하면 국내의 돈의 흐름을 차단하는 꼴 밖에 되지 않는다.

일자리 측면에서 보면 사교육을 막을 것이 아니라 그것은 그것대로 두고, 대신 공교육을 더욱 강화하고 저소득층의 교육 기회 확대를 위해 정부가 더 노력하는 것이 바람직한 정책 방향일 것이다.

한편 건설업의 고용 유발 효과가 예전만 못한 상황에서 다른 나라에 비하여 GDP에서 건설업의 비중이 과다할 정도로 높은 것도 주의 깊게 보아야 할 대목이다.

우리나라의 경우 제조업과 수출에서 벌어들인 잉여를 주택 및 부동산에 과도하게 투자하고 있지 않은가 살펴보아야 한다. 재개발이나 재건축을 위하여 한참 더 살 수 있는 집과 아파트를 헐고, 더 높고 더 넓은 아파트와 빌딩을 짓는 것 자체도 낭비다. 이 과정에 우리나라의 부는 모두 부동산에 집중되고 있다 해도 과언이 아니다.

정도가 지나친 투자는 부동산 가격을 더 올려놓고, 많은 사람들은 자신이 평생 모은 재산의 전부이기 때문에 부동산 가격이 혹시라도 떨어질까 노심초사한다. 심지어는 은행 대출로 부동산을 구입한 사람들은 이자율 변동에 민감하게 되고, 이는 소비의 위축으로 이어진다.

따라서 늘어난 부가가치가 소비로 환류되지 못하고 부동산에 갇히게 되어 항상 내수 부족으로 이어진다.

문제는 이러한 부동산이 국부로서 얼마나 가치가 있는가 하는 것이다. 총량적으로는 투자된 주거용 부동산이 투자 자산으로 환류될 수 없다. 부동산에 편중된 우리나라 국민의 자산관리 성향도 조정되어야 한다.

일자리도 사회적 합의가 필요

사람들이 안정적인 일자리를 찾는 것은 당연하다. 우리나라와 같이 불안정성이 큰 국가일수록 그러한 욕구는 더 커질 수밖에 없다. 안정적 일자리를 만드는 것이 한계가 있다면, 경제적 안정성을 제고할 수 있도록 사회 시스템을 만들어야 한다.

의료비·교육비·주거비 등 필수적인 항목에 대해서는 사회안전망을 공고하게 만들어야 한다. 노동시장의 유연성이 높아지더라도 확고한 사회보장으로 안심할 수 있다면 국민 불안은 크게 낮아진다.

우리나라보다 실업률이 두 배 이상 높은 데도 불구하고 서구사회가 안정적인 것은 바로 사회 연대에 기초한 보장제도에 기인한다.

2009년의 일자리 해법이 경기 변동에 대한 대응에 있었다면, 경기 회복 국면기의 2010년 일자리 문제는 고용 없는 성장에 대한 구조적 해법이 필요하다. 따라서 중장기적 시각에서 기술 진보에 따른 일자리 감소에 대응할 수 있는 국가 시스템 재구축 방안에 대한 보다 진지한 논의와 사회적 합의가 요구된다. [월간중앙, 2010. 2월호]